Samsung Galaxy S26 – alle Modelle

Für Einsteiger ohne Vorkenntnisse

Verlag:
BILDNER Verlag GmbH
Bahnhofstraße 8
94032 Passau

http://www.bildner-verlag.de
info@bildner-verlag.de

ISBN: 978-3-8328-0745-0
Bestellnummer: 0762

Autoren: Andreas Lehner, Anja Schmid
Herausgeber: Christian Bildner

Druck: CPI Clausen & Bosse GmbH, Birkstr. 10, 25917 Leck

Bildquellen:
Cover: ©www.peopleimages.com - stock.adobe.com
Seite 10: ©realstockvector - stock.adobe.com

Inhaltsverzeichnis

Einleitung

Machen Sie sich mit den wichtigsten Einstellungen, Apps und Anwendungsmöglichkeiten Ihres neuen Galaxy-Smartphones aus der S26-Reihe von Samsung vertraut. Wir starten mit der Einrichtung Ihres Android-Handys, erklären grundlegende Einstellungen und zeigen Ihnen im Laufe des Buchs, wie Ihr Smartphone zum täglichen, hilfreichen Begleiter werden kann.

Was ist Android?

android

Android ist das Betriebssystem Ihres Smartphones. Es bildet die Plattform zur Speicherung der Apps und zur Ausführung aller Gerätefunktionen. Gerätehersteller, wie Samsung, Google, Xiaomi, Sony etc., verwenden Android.

Dennoch gleicht sich die Smartphone-Bedienung der verschiedener Geräte nur bedingt. Grund hierfür ist, dass viele Hersteller die Nutzeroberfläche von Android verändern und ein eigenes, androidbasiertes System installieren. So geht auch Samsung vor und nennt seine Bedienoberfläche One UI.

Android 16 wurde im Juni 2025 veröffentlicht. Ausgeliefert wird Ihr Samsung Galaxy S26, S26 Plus bzw. S26 Ultra mit dieser Android-Version sowie One UI 8.5 – Samsung verspricht Android-Updates bis mindestens 2033.

SIM-Karte kaufen

Neben dem Handy benötigen Sie noch eine SIM-Karte oder eSIM. Diese dient der Authentifizierung im Netz. Nur mit einer aktivierten SIM können Sie telefonieren, unterwegs im Internet surfen, also kurz Ihr Smartphone sinnvoll nutzen. Dieses Kapitel umreißt grob Ihre Möglichkeiten beim Kauf einer SIM-Karte, erhebt aber keinen Anspruch auf Vollständigkeit.

Grundsätzlich sind zwei Arten von Verträgen zu unterscheiden: Laufzeitvertrag und Prepaid. Sie können sich in einem der vielen Telekommunikationsgeschäften oder Elektrofachmärkten beraten lassen und dort einen Vertrag abschließen. Natürlich ist auch eine Bestellung im Internet möglich, dann erhalten Sie die SIM-Karte und die weiteren Informationen per E-Mail und Post. Letztendlich können Sie auch eine Prepaid-Karte in einem Supermarkt oder Elektrofachmarkt mitnehmen. Die meisten Unternehmen, wie Telekom, Vodafone, O2 oder 1&1, bieten sowohl Verträge mit einer Mindestlaufzeit als auch Prepaid-Tarife an.

Laufzeitvertrag: Hier entscheiden Sie sich für ein Angebot aus Datenvolumen (für Internet, WhatsApp etc.) und Kosten für Telefonate/SMS. Zusätzlich wird meist ein einmaliger Bereitstellungsbetrag fällig. Je nach Vertrag werden Telefonate und das Versenden von SMS in Freiminuten/-einheiten angegeben oder aber als „Flat" ausgewiesen, d. h. egal wie viele Anrufe Sie tätigen oder SMS schreiben, diese sind bereits mit dem Zahlungsbetrag abgegolten. Zusätzliche Kosten können dennoch anfallen, z. B. bei Telefonate ins Ausland. Ein Vertrag kann eine Mindestlaufzeit von einem Monat bis maximal 24 Monaten haben. Erst nach Ablauf dieser Zeit wird eine Kündigung wirksam oder Konditionen können geändert werden. Der Vertrag kann auch die Bereitstellung eines neuen Smartphones alle paar Jahre beinhalten.

Prepaid-Karte: Hier fallen in der einfachsten Form keine fixen monatlichen Kosten an, es gibt also keine Grundgebühr, keinen Mindestumsatz und keine Vertragslaufzeit. Sie kaufen eine Art Starterpaket, das bereits ein Guthaben enthält. Dieses verbrauchen Sie dann für Telefonate (Abrechnung pro Minute), SMS und wenn Sie unterwegs im Internet surfen, WhatsApp benutzen etc. (Abrechnung des verbrauchten Datenvolumens). Auch hier zahlen Sie meist einen einmaligen Betrag für die SIM-Karte. Wenn das Guthaben verbraucht ist, besser kurz davor, laden Sie neues Guthaben auf. Dieser Vorgang kann auch (z. B. via Lastschrift) automatisiert werden.

Darüber hinaus gibt es auch Mischformen, wie Prepaid- oder Postpaid-Verträge mit Telefonie- und SMS-Flatrate, die um Datenvolumenangebote erweitert werden können. Die Tarifoptionen gelten dann für die nächsten 4 Wochen und sind meist täglich kündbar. Damit ähneln sie dann schon mehr den Laufzeitvertragsangeboten.

Identifikationsverfahren

Beim Erwerb einer Prepaid-SIM-Karte müssen Sie sich mit einem Ausweisdokument identifizieren. Das ist gesetzlich vorgeschrieben und dient mehr oder weniger der Verbrechensbekämpfung. Wenn Sie die Karte in einem Mobilfunkgeschäft kaufen, können Sie das gleich vor Ort erledigen.

Wenn Sie eine Karte im Internet bestellen oder im Supermarkt kaufen, müssen Sie ein Identifikationsverfahren durchlaufen, bevor Sie die Karte nutzen können. Hierzu haben Sie entweder beim Kauf der Karte Informationen erhalten oder, wenn Sie die Karte online gekauft haben, wurden Ihnen diese via E-Mail zugesandt. Erst nach erfolgreicher Identifikation wird die Karte aktiviert. Es ist auch möglich, dass die SIM-Karte erst nach einem positiven Identifikationsverfahren versendet wird.

- **Video-Ident:** Sie benötigen Computer, Laptop oder Tablet mit Webcam, Lautsprecher und Mikrofon, sowie eine gute Verbindung ins Internet. Sie haben einen Link erhalten, über den Sie im Browser einen Videochat öffnen. Im Video müssen Sie dem Mitarbeiter des Unternehmens Ihr Ausweisdokument (z. B. Reisepass oder Personalausweis) zeigen.
- **Post-Ident in der Postfiliale:** Sie suchen eine Postfiliale auf, hier zeigen Sie das mitgelieferte Formular vor, das die Informationen zum Mobilfunkvertrag enthält und Ihr Ausweisdokument.
- **Post-Ident mit Online-Ausweis:** Nach 2017 ausgestellte Personalausweise verfügen über eine Online-Ausweisfunktion, die im Bürgeramt aktiviert werden kann. Mit der vom Vertragspartner bereitgestellten Vorgangsnummer und der POSTIDENT-App bestätigen Sie anschließend Ihre Identität einfach mit der eID via NFC-Schnittstelle Ihres Smartphones.
- **Partnershop:** Das Unternehmen hat einen Partnershop oder eigene Shops in denen Sie das Identifikationsverfahren durchführen können, auch wenn Sie die Karte nicht dort gekauft haben.

SIM-Karte

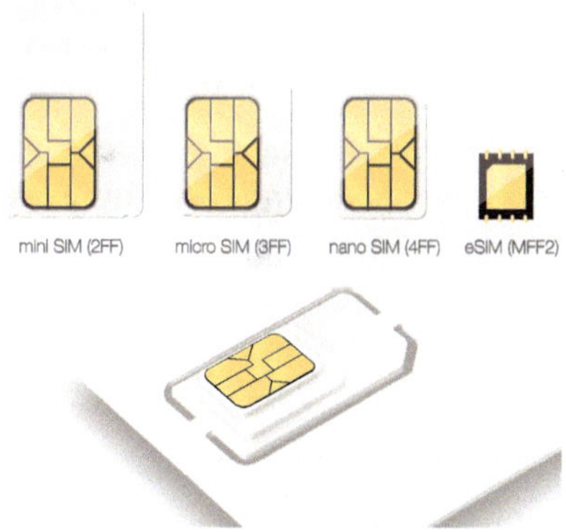

SIM-Karten gibt es in verschiedenen Größen: mini, micro und nano. Die derzeit gängigen Smartphones verwenden nano-SIM-Karten. Es ist möglich, dass Sie eine große Karte mit vorgestanzten Sollbruchstellen erhalten und Sie sich die passende Größe herausbrechen. Die neueste Errungenschaft - die **eSIM** - ist keine physische, auswechselbare Karte mehr, sondern ein fest verbautes Modul im Gerät. Die notwendigen Teilnehmerinformationen werden dann via Internet auf die eSIM übertragen. Danach kann das Handy ganz normal genutzt werden. Noch nicht jedes Smartphone verfügt über die eSIM-Option, Geräte der Galaxy S-Reihe verfügen über diese Möglichkeits jedoch schon seit 2020.

Mit der Eingabe des Codes ***#06#** in der Telefon-App rufen Sie übrigens die EID-Nummer des verbauten eSIM-Chips ab. Mobilfunkanbieter benötigen diese Nummer manchmal für das Wechseln oder Einrichten Ihres eSIM-Profils. Auch im Falle eines Diebstahls ist sowohl die EID als auch die IMEI für die Ermittlungen der Polizei relevant, da diese Ihr Gerät eindeutig identifizieren.

PIN und PUK

Zusammen mit Ihrer SIM-Karte erhalten Sie eine PIN und einen PUK. Die SIM-Karten-PIN geben Sie ein, wenn das Smartphone neu gestartet wurde. Diese dürfen Sie nur dreimal falsch eintippen, dann ist die Karte gesperrt. In diesem Fall benötigen Sie den PUK, den Sie ebenfalls zusammen mit Ihrer SIM-Karte bekommen haben. Diesen meist achtstelligen Code müssen Sie dann eingeben, um Ihr Smartphone wieder zu entsperren.

Netzabdeckung

Ein guter Handyempfang am Wohnort ist wünschenswert. Leben Sie in einer Stadt, müssen Sie sich um die Netzabdeckung nicht so viele Gedanken machen; auf dem Land sieht das oft anders aus. Hier sollten Sie überprüfen, ob und in welcher Qualität das Mobilfunknetz des gewünschten Anbieters verfügbar ist.

Mobilfunkstandard 2G, 4G oder 5G – was ist das?

2G, 4G oder 5G sind Bezeichnungen für die verwendete Technologie zum Austausch von Daten über das Mobilfunknetz. Dabei bezeichnet die jeweils höhere Zahl einen schnelleren und zuverlässigeren Standard.

Vielleicht haben Sie auch schon von LTE gehört? 4G und LTE werden heute synonym verwendet, obwohl es sich genau genommen nicht um die gleiche Technologie handelt. Die Bundesnetzagentur gibt an, dass rund 97% der Fläche in Deutschland durch mindestens einen Netzbetreiber mit einem 4G-Netz versorgt sind; für das 5G-Netz sind es 91% (Stand Januar 2024). Es fällt auf, das 3G fehlt. Dieses Netz wurde sukzessive abgeschaltet (Die Telekom bietet es seit Mitte 2021 nicht mehr an). 2G wird nur noch zur Sicherheit zur Verfügung gestellt. Damit kann man zwar telefonieren, das Surfen im Internet ist aber kaum möglich.

Welchen Mobilfunkstandard Sie nutzen, hängt von folgenden Faktoren ab: Smartphone, Vertrag und Verfügbarkeit am aktuellen Standort. Jedes neue Smartphone nutzt momentan 4G, viele sind schon 5G-fähig. Der abgeschlossene Vertrag muss Ihnen den Zugang zum jeweiligen Netz ermöglichen. Zusätzlich muss das entsprechende Netz am Aufenthaltsort verfügbar sein. Das ist bei 5G noch nicht überall der Fall und selbst die 4G-Abdeckung ist bei einer Fahrt über Land nicht immer gegeben.

In Deutschland gibt es vier netzbetreibende Mobilfunkanbieter:

Betreiber & Netz	**Welcher Anbieter nutzt es auch:**
Deutsche Telekom (D1-Netz)	Congstar, Edeka, klarmobil, freenet
Vodafone (D2-Netz)	Lidl Connect, 1&1, Otelo, freenet
Telefónica Deutschland (O2-Netz)	Aldi Talk, Tchibo, Blau, klarmobil
1&1-Netz	1&1

Das 1&1-Netz befindet sich gerade erst im Ausbau. An Orten, wo noch keine eigene 1&1-Antenne funkt, greift das Unternehmen seit 2024 auf das Vodafone-Netz zurück. Viele Anbieter, wie beispielsweise freenet oder klarmobil, nutzen auch je nach Vertrag die Netze eines anderen Betreibers.

Zur Überprüfung der Verfügbarkeit geben Sie beispielsweise die Suchbegriffe „Netzabdeckung Telekom“ in Ihren Browser am Computer ein und rufen die passende Telekomseite auf - verfahren Sie so analog mit den anderen Anbietern. Hier können Sie dann Ihre Adresse ❶ eintippen, um die verfügbaren Mobilfunkstandards ❷ an Ihrem Standort anzuzeigen.

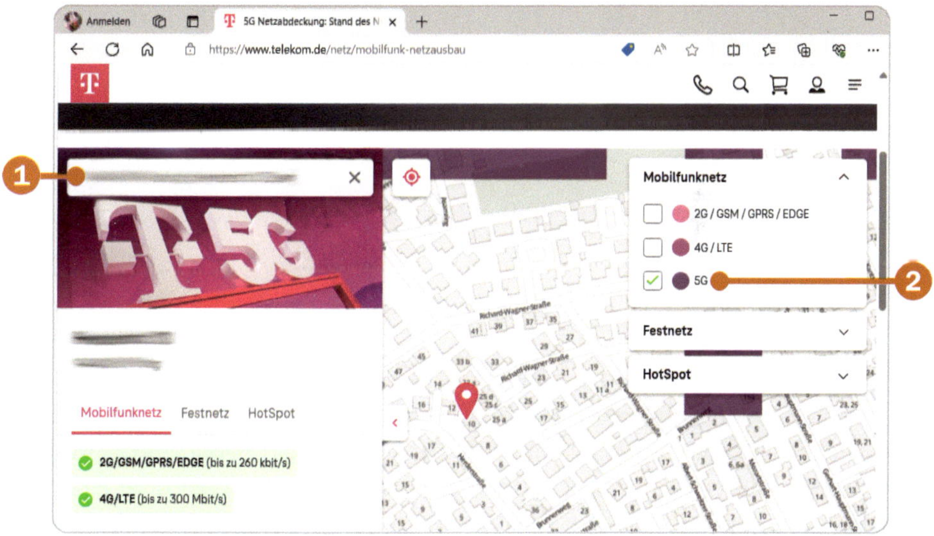

In diesem Beispiel sehen Sie, dass am eingegebenen Ort momentan noch kein 5G-Netz verfügbar ist. Das muss Sie nicht davon abhalten einen 5G-Vertrag abzuschließen, da Sie ja an anderen Orten davon profitieren und auch meist keine gesonderten Verträge für 5G und 4G angeboten werden.

Die Bundesnetzagentur stellt ebenfalls eine Übersicht zur deutschlandweiten Netzabdeckung zur Verfügung. Geben Sie dazu in Ihren Browser *Mobilfunk-Monitoring Karte* ein.

Auf der Webseite ist es möglich durch Auswahl der verschiedenen Netzbetreiber schnell anzuzeigen, welche Anbieter, was an Ihrem Standort zur Verfügung stellen. Im Beispiel ist zu sehen, dass der ausgewählte Mobilfunkanbieter am gewählten Ort noch kein 4G-Netz ❸ zur Verfügung stellt. In diesem Fall sollten Sie überprüfen, ob ein anderer Anbieter hier vielleicht mehr kann.

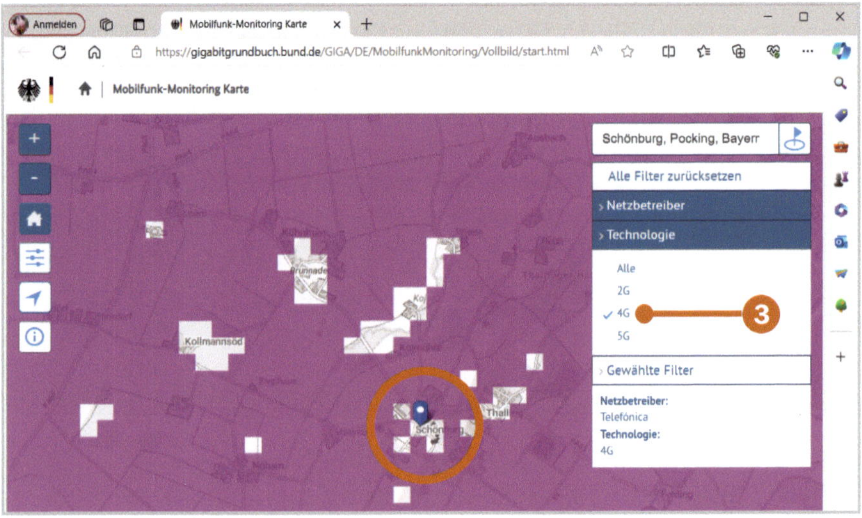

Nutzung von WLAN und mobilen Netzen

WLAN steht für Wireless Local Area Network, also ein kabelloses lokales Netzwerk. Für Zuhause haben Sie im Zuge eines Vertragsabschlusses mit einem Provider (z. B. Vodafone, Telekom, 1&1 etc.) vermutlich bereits einen Internetrouter (samt integriertem Kabel-Modem) erhalten, welcher über ein TV-Kabel oder eine Telefon- bzw. Glasfaserleitung mit dem Internet verbunden ist. Dieser Router wiederum erzeugt ein WLAN-Signal, über das Sie dann sowohl mit dem Smartphone als auch Computer, Laptop oder Tablet kabellos eine Verbindung zu Ihrem Heimnetzwerk und somit auch zum Internet herstellen. Außerhalb eines WLANs verbindet sich das Smartphone über das Mobilfunknetz mit dem Internet (mobile Datenverbindung).

Mobiles Netz: Beim Erwerb der SIM-Karte wird Ihnen als Teil Ihres Vertrags ein bestimmtes Datenvolumen für den laufenden Monat zur Verfügung gestellt, z. B. 10 GB (ein Gigabyte), oder die Daten werden nach Nutzung abgerechnet. Sie verbrauchen Datenvolumen beispielsweise, wenn Sie gerade **nicht** mit einem WLAN-Netzwerk verbunden sind und im Internet surfen oder Messenger-Apps, wie zum Beispiel WhatsApp, verwenden. Sie nutzen dann eine mobile Datenverbindung. Wenn das festgelegte Datenvolumen aufgebraucht ist, ist die Nutzung der genannten Dienste zwar theoretisch noch möglich, aber praktisch zu langsam, da die Geschwindigkeit von den Anbietern „gedrosselt" wird. Manche Verträge sehen aber auch vor, dass das Datenvolumen für diesen Fall automatisch kostenpflichtig erweitert wird.

Da Ihr Datenvolumen im Regelfall entweder begrenzt ist oder Sie für dessen Nutzung entsprechend der verbrauchten Menge bezahlen, ist es besser, datenintensive Tätigkeiten im heimischen WLAN zu erledigen, z. B. YouTube-Videos anschauen, viele Fotos verschicken oder Updates durchführen. Natürlich gibt es auch Tarife, die Ihnen beispielsweise mit 50 GB pro Monat oder 10 GB pro Tag ein äußerst komfortables Datenvolumen zur Verfügung stellen. Dann müssen Sie nicht so sehr darauf achten. Allerdings würden wir raten, große Updates oder Downloads von Filmen trotzdem im WLAN durchzuführen .

Nützliches Zubehör

Ladegerät: Das Samsung Galaxy S26 wird nur mit einem USB-C-Kabel, jedoch ohne Netzteil ausgeliefert. Sollten Sie bisher noch kein passendes Netzstecker besitzen, den Sie weiterhin verwenden möchten, so achten Sie beim Kauf eines Neuen unbedingt darauf, dass dieser Super Fast Charging 3 unterstützt. Ob die Schnellladefunktion bereits aktiviert ist, prüfen Sie in den *Einstellungen* ⚙ unter *Akku* ▸ *Einstellungen für das Aufladen* ▸ *Schnellladen* ⬤.

Hülle und Displayschutz: Schützen Sie Ihr Smartphone durch eine Hülle vor Schäden. Taschen und Schutzhüllen gibt es in allen Farben und Formen. Daneben gibt es auch Displayschutzfolien und -gläser, die den Bildschirm gegen Kratzer und Bruch schützen und zusätzlichen Reflexionsschutz bieten können. Das blasenfreie Aufbringen der Schutzfolie kann unter Umständen Schwierigkeiten bereiten. Der Fingerabdrucksensor Ihres Smartphones befindet sich auf dem Display. In der Regel kann trotz Schutzfolie das Smartphone per Fingerabdruck entsperrt werden. Beim Einlesen des Fingerabdrucks kann eine Folie allerdings hinderlich sein.

Eingabestift: Wenn Ihnen die Fingereingabe über den Bildschirm Probleme bereitet, empfehlen wir einen Eingabestift. Das Ultra-Modell verfügt über einen integrierten S Pen (siehe Seite 175). Er erleichtert die Auswahl kleiner Symbole enorm. Achten Sie beim Kauf darauf, keine günstigen Eingabestifte mit Metallspitze zu kaufen, da diese das Display zerkratzen können.

Haltegriff/Handyhalter: An der Rückseite des Handys kann zusätzlich ein Griff angebracht werden, der das einhändige Halten des Smartphones erleichtert.

Externer Akku/Powerbank: Auf Reisen hilft ein externer Akku. Wenn gerade keine Steckdose in der Nähe ist, können Sie das Handy so wieder aufladen.

Je nachdem, wie Sie Ihr Handy nutzen, gibt es eine Reihe weiterer Hilfsmittel, z. B. Objektive und Stative für Smartphonefotografen, KFZ- und Fahrradhalterung für diejenigen, die mit dem Handy navigieren oder Bluetoothlautsprecher bzw. -kopfhörer für Musikliebhaber.

Über dieses Buch

- Befehle und Bezeichnungen von Schaltflächen sind zur besseren Unterscheidung farbig und kursiv hervorgehoben, zum Beispiel: Öffnen Sie die Smartphone-*Einstellungen*.
- Die Nummerierungen ❶ im Text beziehen sich in der Regel auf die darunter aufgeführten Bilder. Auf Ausnahmen wird hingewiesen.
- Die meisten Möglichkeiten, um das Smartphone an Ihre Wünsche anzupassen, finden Sie in der App *Einstellungen* ⚙. Daneben verfügen auch einzelne Apps über einen Bereich für Anpassungen. Dieser wird in der Regel ebenfalls als Einstellungen bezeichnet und oft auch durch ein Zahnradsymbol visualisiert. Deshalb fügen wir zur besseren Unterscheidung für die App *Einstellungen* das Symbol ⚙ ein.
- Der Glossar bietet Hilfe, wann immer Sie im Text einen Begriff nicht verstehen.
- Das Samsung Betriebssystem One UI und die installierten Apps werden laufend aktualisiert. Das kann zu Abweichungen von den hier gezeigten Inhalten führen.

Spickzettel

Schnelle Bedienungshilfen für das Smartphone.

Wichtige Bedienungsschritte haben wir für Sie auf Spickzetteln zusammengefasst. Ausführliche Erläuterungen finden Sie selbstverständlich auch im Buch. Die Spickzettel helfen, wenn Sie schnell etwas nachschauen möchten. Damit sie leicht zu finden sind, haben wir sie an den Anfang des Buchs gesetzt.

Auf den nächsten Seiten finden Sie Kurzanleitungen für folgende Themen:

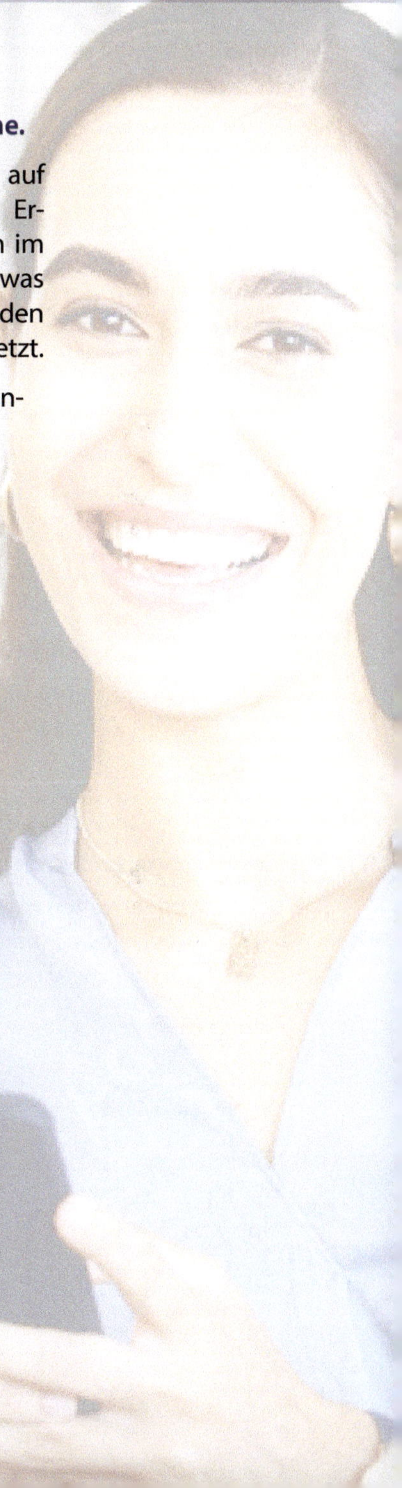

1 Fingersteuerung

Tippen = Öffnen

Einmaliges, kurzes Tippen auf eine App, auf ein Symbol oder einen Menüeintrag ▶ öffnet die App, öffnet ein Auswahlmenü oder zeigt ein Untermenü an.

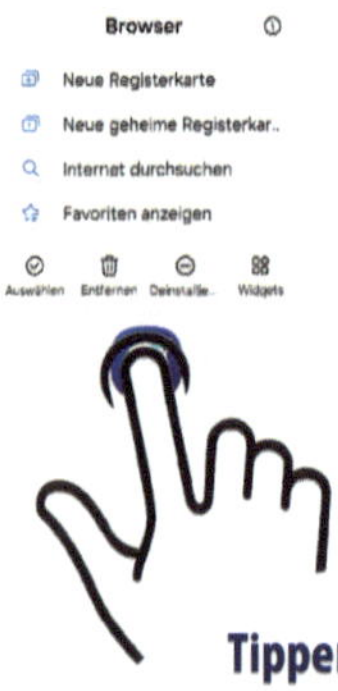

Tippen und halten = Kontextmenü anzeigen

Tippen und den Finger auf dem Bildschirm bzw. einer App halten ▶ öffnet ein Menü (Kontextmenü), welches Befehle anzeigt, die für das angetippte Element zur Verfügung stehen.

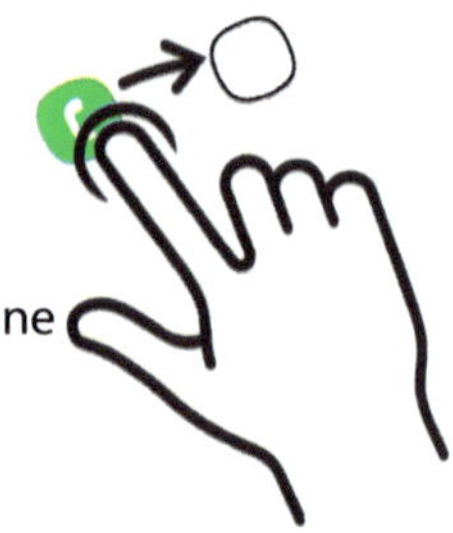

Tippen, halten und ziehen = Verschieben

Das App-Symbol antippen, gedrückt halten und an eine Position ziehen ▶ App verschieben.

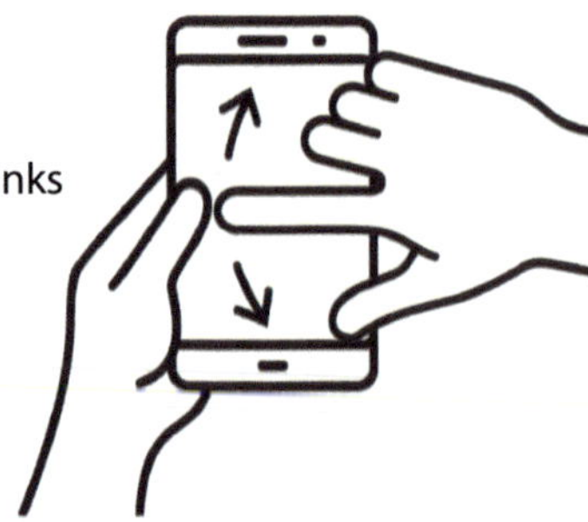

Wischen = Blättern, auch scrollen genannt

Mit dem Finger von unten nach oben bzw. von rechts nach links und natürlich auch jeweils umgekehrt über das Display streichen ▶ blättern zwischen verschiedenen Seiten oder Bildschirmen.

Zwei Finger auseinander ziehen = vergrößern, auch zoomen genannt

Ziehen Sie auf dem Bildschirm zwei Finger auseinander ▶ der angezeigte Inhalt wird vergrößert. Beim Zusammenziehen der Finger wird der Inhalt wieder verkleinert.

2 Kleine Taschenlampe brenn!

Wahnsinnig praktisch, wenn man draußen im Dunkeln mal schnell ein Licht benötigt, ist die Funktion Taschenlampe. Sie gehört zu den Schnelleinstellungen.

1 Wischen Sie vom oberen Rand über den Bildschirm und zeigen Sie die Schnelleinstellungen an. Das Symbol befindet sich in der obersten Zeile rechts ❶.

2 Tippen Sie auf die Taschenlampe, um diese zu aktivieren. Diese wird weiß hinterlegt ❷.

3 Wenn Sie etwas länger auf das Symbol tippen, können Sie die Helligkeitsstufe der Taschenlampe regeln. Bestätigen Sie mit *OK* ❸.

Über den gleichen Weg schalten Sie die Taschenlampe wieder aus.

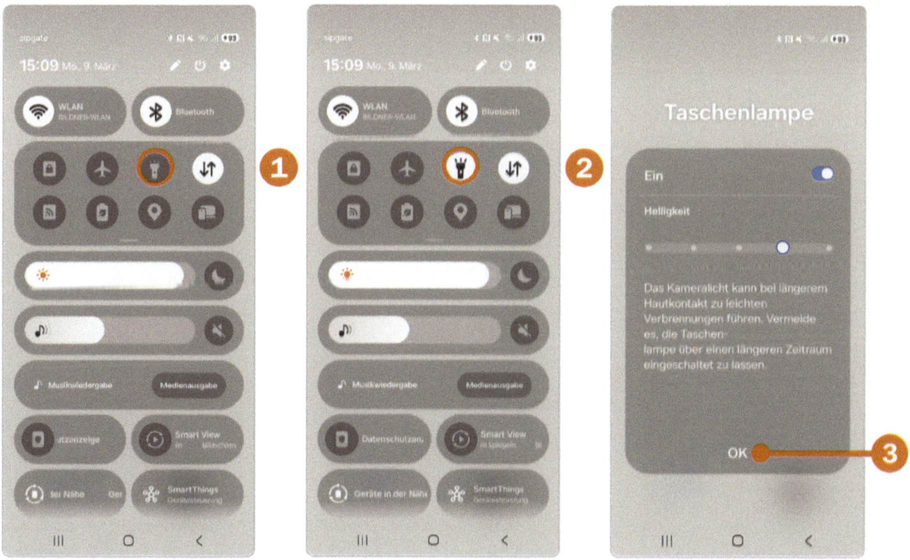

Weitere Informationen finden Sie ab Seite 65.

3 Die Sprache der Apps verstehen

Apps haben ihre eigene Sprache. Wenn Sie diese verstehen, können Sie sich schnell auch in neuen Anwendungen zurechtfinden. Folgende Befehle werden immer durch ähnliche grafische Darstellungen gekennzeichnet.

Befehl	Symbol
Suchfunktion	
Mehr-, auch Burger- oder 3-Punkte-Menü genannt: Anzeige von weiteren Bearbeitungsbereichen, z. B. Einstellungen oder Konto	 oder 
Teilen, Inhalte der App versenden via E-Mail, WhatsApp etc., auf einem Cloud-Speicher ablegen oder in eine andere Anwendung laden	
Löschen des markierten Elements	
Einstellungen der App aufrufen	
Schließen, z. B. eingeblendete Werbung	
Chat: Nachricht schreiben	
Kontaktinformationen hinterlegen oder einfügen	
Wecker oder Erinnerung ist aktiv	
Warenkorb/Einkaufswagen	
Favoriten: Das markierte Element kann als Favorit festgelegt werden und wird dadurch gesondert angezeigt.	
Video starten	
Video pausieren	
Kalender anzeigen	

Befehl	Symbol
Brief/E-Mail	
Dreieck mit Ausrufezeichen: Warnung oder wichtige Information	
Datei anhängen	
Anzeigen, z. B. eines Kennworts, und wieder verstecken	
Cloud (Wolke): zusätzlicher externer Speicherplatz	
Standortermittlung (GPS-Ortung) benötigen viele Apps, um passende Informationen bereitzustellen, z. B. Wetter.	
Offlinemodus, Schlafmodus oder Flugmodus: Alle Netzverbindungen, WLAN und Bluetooth werden deaktiviert.	
USB-Dateiübertragung/-Tethering, Android Auto, MIDI, Webcam	
Startseite der App	
Über die Glühbirne erhalten Sie Tipps oder weitere Infos.	
Durch Antippen des Häkchens bestätigen Sie eine Eingabe.	
Bearbeiten eines Eintrags	
Neue Benachrichtigung	1 / 6
Hinweis auf die Funktion aktive Near-Field-Communication, mit der unter anderem die Zahlung via Smartphone möglich ist.	
Weitere Informationen	
Oranger Punkt an einem Eintrag: Hier gibt es eine Neuerung oder Aktualisierung. Tippen Sie den Eintrag an oder öffnen Sie das Menü, um zu erfahren, was sich geändert hat.	
Hinweis, dass es sich hierbei um eine KI-Funktion handelt.	

4 Freunde anrufen

1 Öffnen Sie die App *Telefon* und wählen Sie unten *Kontakte* ❶ aus.

2 Tippen Sie auf die Kontaktdaten der Person, die Sie anrufen möchten. Dadurch wird die Telefonnummer ❷ des Kontakts angezeigt.

3 Tippen Sie auf das Telefonsymbol ❸.

4 Die Person wird angerufen. Durch Antippen des roten Hörers beenden Sie das Gespräch.

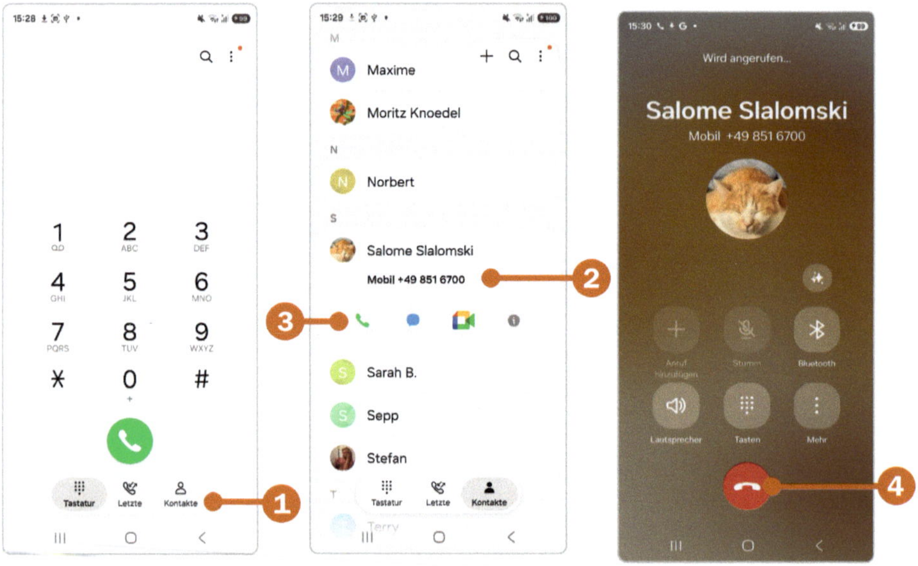

Wenn Sie versehentlich die falsche Person anrufen, können Sie durch Antippen des roten Hörers ❹ den Anrufversuch abbrechen.

Weitere Informationen finden Sie ab Seite 111.

5 In WhatsApp chatten

1 Öffnen Sie WhatsApp . Tippen Sie den Chat mit der Person an ❶, der Sie eine Nachricht schreiben möchten. Falls Sie sich mit einem Freund noch nicht ausgetauscht haben, tippen Sie auf *Neue Nachricht* ❷ und wählen dann den gewünschten Kontakt ❸ aus.

2 Tippen Sie in das Nachrichtenfeld und geben Sie Ihre Antwort ein. Über das Büroklammer-Symbol und Auswahl von *Galerie* können Sie auch ein Bild verschicken und mit ein Emoji einfügen.

3 Tippen Sie auf *Senden* ❹.

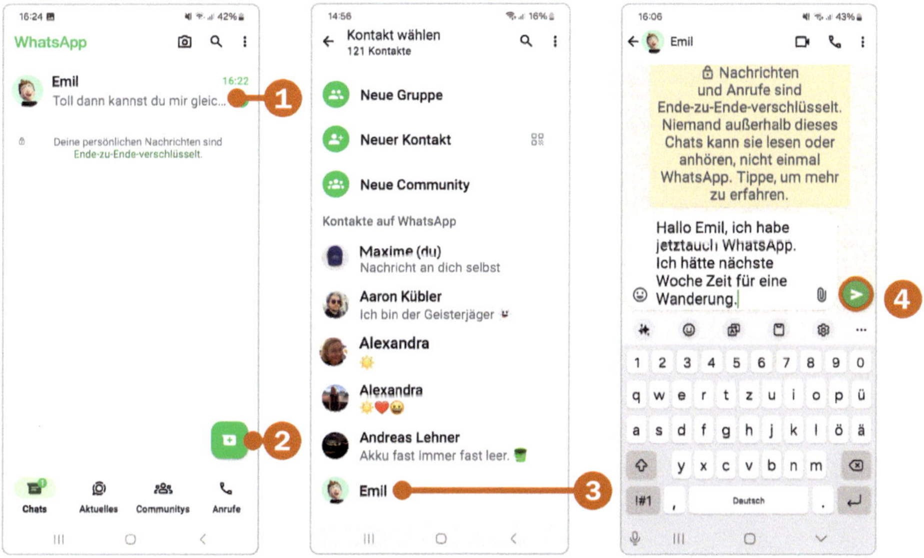

Weitere Informationen finden Sie ab Seite 132.

6 Videotelefonat in WhatsApp

1 Zeigen Sie den Chat mit der Person an, die Sie anrufen möchten. Tippen Sie oben rechts auf das Videosymbol ❶ und bestätigen Sie mit Antippen von *Anruf*.

2 Am bequemsten ist es, wenn Sie das Handy auf dem Tisch an etwas anlehnen; vielleicht können Sie auch etwas zweckentfremden, z. B. einen Notenständer. Achten Sie darauf, dass die Frontkamera nicht verdeckt wird.

3 Zunächst sehen Sie sich selbst auf dem Bildschirm des Smartphones. Nachdem der Angerufene das Gespräch angenommen hat, erscheint dieser groß auf dem Bildschirm.

4 Durch Antippen des roten Hörers ❷ beenden Sie das Gespräch.

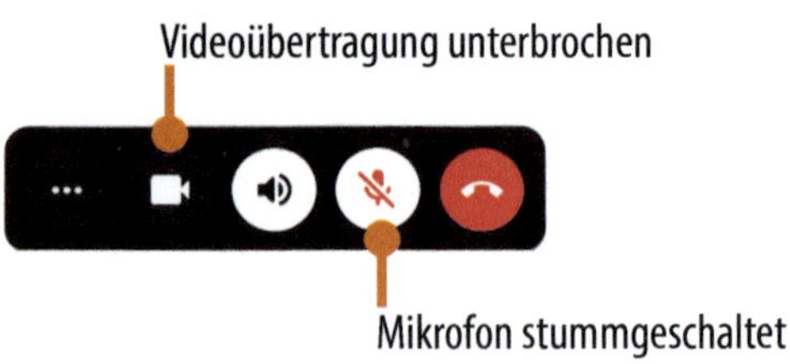

Weitere Informationen finden Sie ab Seite 132.

7 Foto knipsen

1 Öffnen Sie die App *Kamera* . Der Aufnahmemodus *Foto* ❶ ist ausgewählt.

2 Richten Sie das Smartphone auf das Motiv und wählen Sie das passende Objektiv ❷ und die gewünschte Auflösung aus.

3 Tippen Sie mit dem Finger auf den Teil des Motivs, auf den scharf gestellt werden soll ❸.

4 Tippen Sie auf den Auslöser ❹.

5 Sie sehen, dass die Aufnahme funktioniert hat, wenn das geknipste Foto als Vorschaubild ❺ erscheint.

Weitere Informationen finden Sie ab Seite 139.

8 Foto verschönern und versenden

1 Zeigen Sie das Bild in der App *Galerie* an und tippen Sie auf das Stift-Symbol ❶ und dann auf das Filtersymbol ❷.

2 Wählen Sie einen Filter, z. B. *Sonnenstrahl* ❸ aus und tippen Sie rechts oben auf *Speichern*.

3 Tippen Sie dann auf das Symbol für *Senden* ❹. Hier stehen verschiedene Optionen zur Verfügung, wie Sie das Foto verschicken können z. B. Gmail, WhatsApp oder auch Nachrichten sind möglich. Allerdings kann der Versand über Nachrichten, auch als MMS bezeichnet, zusätzliche Kosten verursachen. Wir wählen hier *Gmail* ❺, also den Versand als E-Mail-Anhang.

4 Geben Sie dann in Gmail die Empfängeradresse, einen Betreff, eine kurze Nachricht ein und tippen sie auf *Senden* ❻.

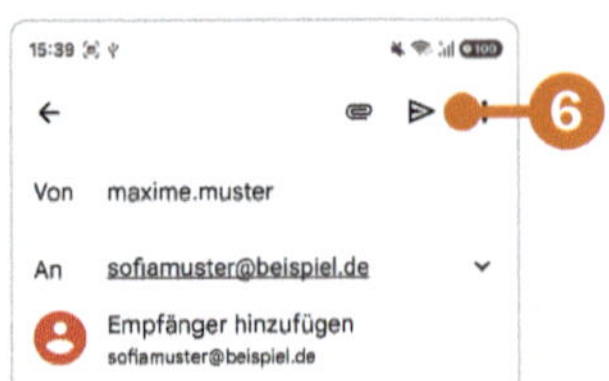

Weitere Informationen finden Sie ab Seite 50.

9 Termin eintragen

1 Öffnen Sie die App Kalender. Tippen Sie auf den Tag, für den Sie einen Termin eintragen möchten, und dann auf das Plus-Symbol ❶.

2 Geben Sie eine Bezeichnung für den Termin ein ❷.

3 Tippen Sie auf die Uhrzeit ❸ und dann nochmals auf die Uhrzeit, um die Zahlentastatur anzuzeigen. Geben Sie den Beginn und ggf. ein Ende des Termins ein.

4 Tippen Sie auf *Speichern* ❹.

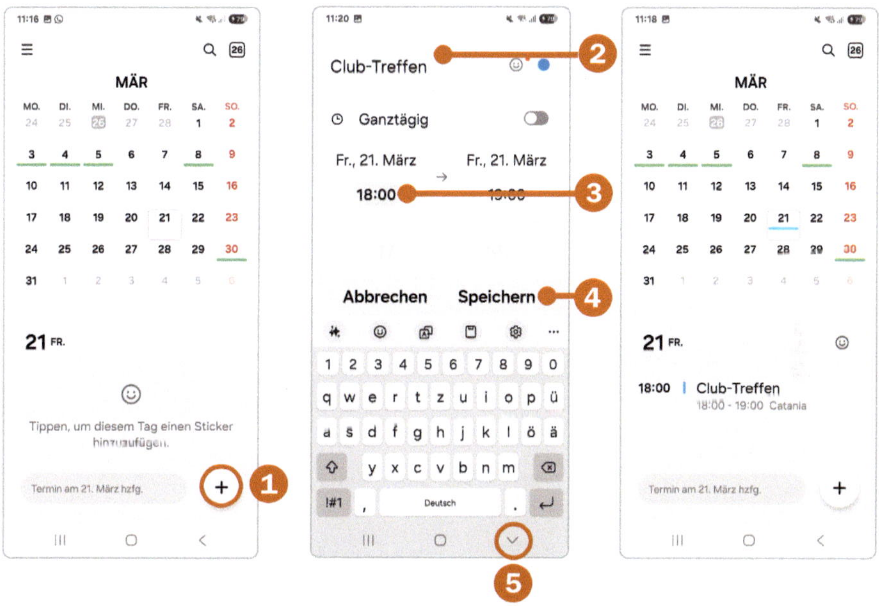

Tipp: Durch Antippen von ❺ blenden Sie die Tastatur wieder aus und gelangen so leichter zu den weiteren Feldern des Terminformulars.

Weitere Informationen finden Sie ab Seite 162.

10 Alarm für den nächsten Morgen

1 Öffnen Sie die App Uhr und zeigen Sie den Bereich *Alarm* ❶ an.

2 Falls schon ein Alarm vorhanden ist, dessen Weckzeit passt, ziehen Sie den Regler ❷ auf die Position *Ein*.

3 Sonst tippen Sie auf das Plus-Symbol ❸ und stellen oben die neue Weckzeit ein. Tippen Sie dann auf *Speichern* ❹. Dieser Alarm ist nun aktiv.

4 Oben wird noch mal Datum und Uhrzeit des nächsten Alarms angezeigt ❺. So können Sie verifizieren, dass der Alarm korrekt eingestellt ist.

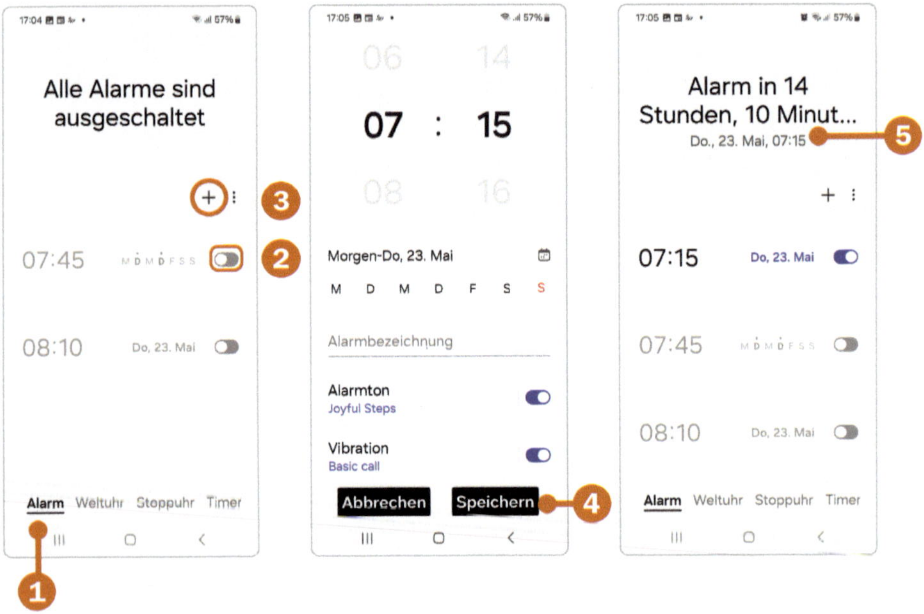

Weitere Informationen finden Sie ab Seite 167.

Bedienelemente am Gehäuse

Kameramodul mit:
Ultraweitwinkelkamera,
Weitwinkel- und Telefotokamera
bzw. Periskop-Telefotokamera und
Laser-Autofokus beim Ultra-Modell

LED-Blitz

Mikrofon und Belüftungsöffnung

Lautsprecher

Frontkamera für Selfies

Lautstärkenwippe:
oben lauter,
unten leiser

Funktionstaste

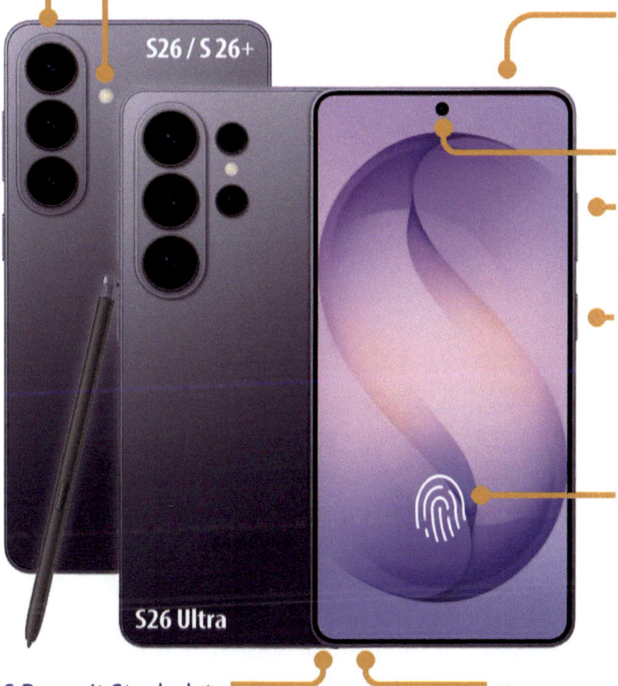

Fingerabdrucksensor

S Pen mit Steckplatz
beim Galaxy S26 Ultra
Mehr hierzu auf
Seite 175

Unten am Gerät
Lautsprecher
USB-C Multifunktionsbuchse
Mikrofon
SIM-Karten-Steckplatz

Öffnen Sie den SIM-Karten-Slot
mit dem mitgelieferten Werkzeug

Ist der Bildschirm schwarz, kurz die Funktionstaste drücken, um diesen zu aktivieren.

1 Handy einrichten und loslegen

Wenn Sie Ihr neues Smartphone gerade aus seiner Schachtel befreit haben, dann gibt es jetzt einiges zu tun: SIM-Karte einlegen, Verbindung mit einem WLAN herstellen und Konto einrichten. Vielleicht wurde das alles schon für Sie erledigt, dann können Sie die nächsten beiden Kapitel überspringen und gleich auf Seite 42 fortfahren.

Diese Dinge sollten Sie zur Hand haben, bevor Sie mit der Einrichtung Ihres Smartphones beginnen:

- SIM-Karte mit PIN
- Name Ihres WLANs und Kennwort
- Benutzername und Passwort für das Google-Konto. Falls Sie eine E-Mail-Adresse wie etwa *beispielname@gmail.com* oder *beispielname@googlemail.com* verwenden, dann haben Sie ein Google-Konto und können diese Adresse nutzen.

1.1 SIM-Karte einlegen und Einrichtung starten

- **SIM-Karte:** Laden Sie den Akku Ihres Handys ggf. auf. Legen Sie eine SIM-Karte ein. Dazu verwenden Sie den mitgelieferten Schlüssel und stecken diesen an der unteren Seite des Smartphones in das kleine Loch des Kartenhalters. Dadurch wird dieser entriegelt und kann entnommen werden. Achten Sie darauf, nicht aus Versehen den Schlüssel in die Mikrofonöffnung zu stecken. Diese sieht genauso aus wie die Entriegelungsöffnung des SIM-Kartensteckplatzes, befindet sich allerdings außerhalb der Abdeckung des Kartenhalters. Es können bis zu zwei Nano-SIM-Karten oder eine Nano-SIM sowie eine eSIM verwendet werden. SIM-Karte und Kartenhalter haben eine abgeschrägte Ecke; daran erkennen Sie, wie die Karte eingelegt werden muss.

- Drücken Sie zum Erststart die Funktionstaste länger und geben Sie, wenn erforderlich, Ihre PIN (vierstellige Zahl, die Sie zusammen mit Ihrer SIM-Karte erhalten haben) ein. Tippen Sie auf die blaue *Starten*-Schaltfläche und wählen Sie Ihre Sprache/Nationalität aus.
- Bestätigen Sie mit *Weiter*.

- **Endbenutzer-Lizenzvereinbarung:** Bevor Sie die Lizenzvereinbarung akzeptieren, können Sie durch Antippen von *Details* die einzelnen Informationen anzeigen und durchlesen. Durch Antippen des Pfeilsymbols links unten ‹ gelangen Sie wieder zur vorigen Seite. Alle Einträge, die nicht mit *optional* gekennzeichnet sind, müssen ausgewählt ❶ werden, um fortfahren zu können. Erst dann können Sie auf *Weiter* tippen.
- **Mit einem anderen Gerät einrichten:** Nun werden Sie gefragt, ob Sie Ihr neues Smartphone mithilfe eines anderen Gerätes einrichten möchten. Folgend gehen wir davon aus, dass es sich hierbei um Ihr erstes Smartphone handelt. Tippen Sie links unten auf *Manuell einrichten* ❷.
- **WLAN:** Verbinden Sie das Smartphone mit Ihrem WLAN. Hierzu wählen Sie aus der Liste der vorhandenen Netze Ihres aus und geben das Passwort ein. Tippen Sie dann auf *Verbinden*. Nach Verbindungsaufbau wird das Netzwerk blau hinterlegt. Tippen Sie auf *Weiter* ❸.

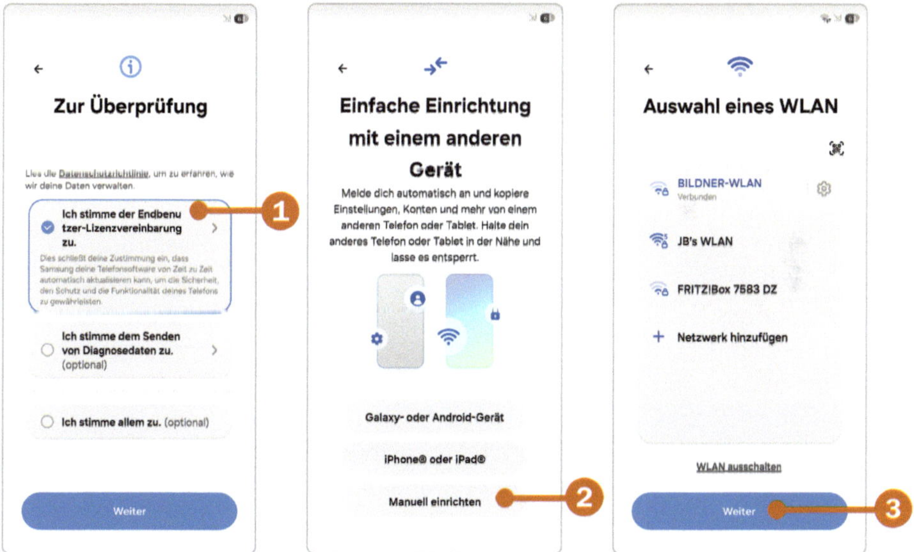

- Im Rahmen der **Dienstanbietereinrichtung** müssen Sie das Telefon danach möglicherweise neu starten.
- **Datenübertragung:** Im nächsten Schritt könnten Sie erneut von einem alten Handy *Apps & Daten kopieren*. Gehen wir davon aus, dass es sich um eine Ersteinrichtung handelt, so tippen Sie auf *Nicht kopieren* ❹. Wie man ein neues Smartphone mithilfe eines anderen Gerätes einrichtet bzw. wie sich Inhalte von einem alten auf ein neues Smartphone übertragen lassen, erfahren Sie im Buch ab Seite 212.

- **Google-Konto hinzufügen:** Über ein Google-Konto laden Sie Apps im Play Store herunter oder sichern Ihre Daten online. Falls Sie bereits ein Gmail-Konto haben, geben Sie zunächst die E-Mail-Adresse ein ❺, tippen auf *Weiter*, tragen dann das Passwort ein und tippen erneut auf *Weiter*. Wenn Sie Fragen zur Tastatur haben, blättern Sie auf Seite 54. Falls Sie noch kein Google-Konto besitzen, wählen Sie *Konto erstellen*. Wie ein Google-Account erstellt wird, erfahren Sie auf Seite 36.
- Im nächsten Schritt entscheiden Sie, ob Sie Ihre Handynummer für dieses Google-Konto hinterlegen möchten. Wenn Sie beispielsweise das Passwort für Ihr Gmail-Konto vergessen haben, kann Google Ihnen einen Bestätigungscode via SMS auf Ihr Handy schicken. So erhalten Sie wieder Zugriff auf das Konto. Wischen Sie von unten nach oben und wählen Sie entweder *Ja, ich stimme zu* ❻ oder *Überspringen* aus.

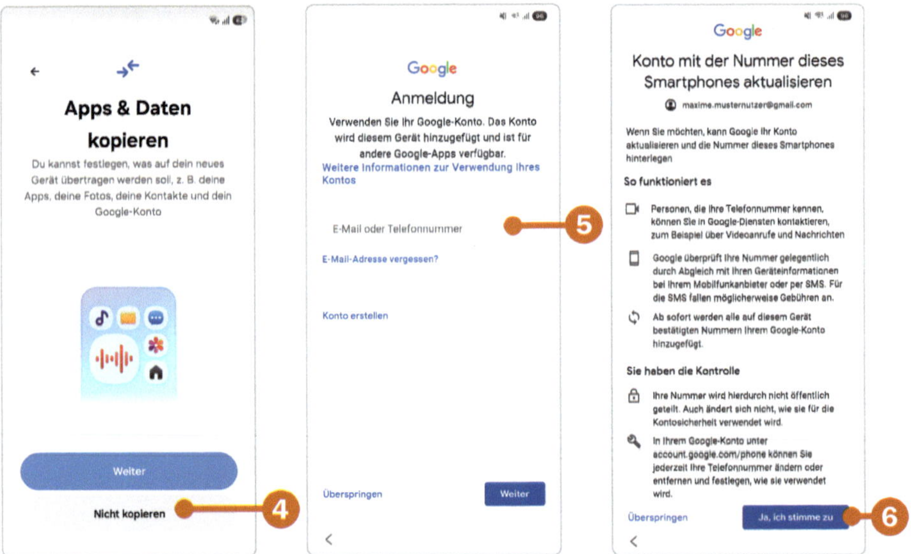

- **Nutzungsbedingungen:** Danach müssen durch Anklicken von *Ich stimme zu* die Nutzungsbedingungen von Google akzeptiert werden, um das Konto zu diesem Gerät hinzuzufügen und fortfahren zu können.
- **Entsperrmethode:** Bei *Schutz deines Telefons* bestimmen Sie die Entsperrmethode Ihres Smartphones, z. B. eine Zahlenkombination, die Sie eingeben müssen, bevor Sie das Smartphone verwenden können. Wir wählen hier zunächst links unten *Überspringen* ❼ aus und bestätigen

nochmals mit *Überspringen*. So haben Sie es nach der Einrichtung leichter, das Gerät zu entsperren und etwas Geläufigkeit zu gewinnen. Dennoch sollten Sie **unbedingt** zeitnah den Geräteschutz aktivieren. Wie das geht, lesen Sie in Kapitel 2.1 ab Seite 72.

- Im nächsten Schritt werden Sie aufgefordert, einige *Google-Dienste* zu akzeptieren. Der *Standortermittlung* können Sie zustimmen, d. h. die Position des Smartphones darf von Anwendungen genutzt werden, sofern das GPS aktiviert und den entsprechenden Apps die Berechtigung erteilt wurde. Viele Apps (Wetter, Google Suche, Google Maps, Fahrpläne etc.) nutzen diese Standortinformationen, um Ihnen passgenaue Informationen anzubieten. Mit *WLAN-Suche zulassen* verbessern Sie das Ergebnis der Standortermittlung zusätzlich.

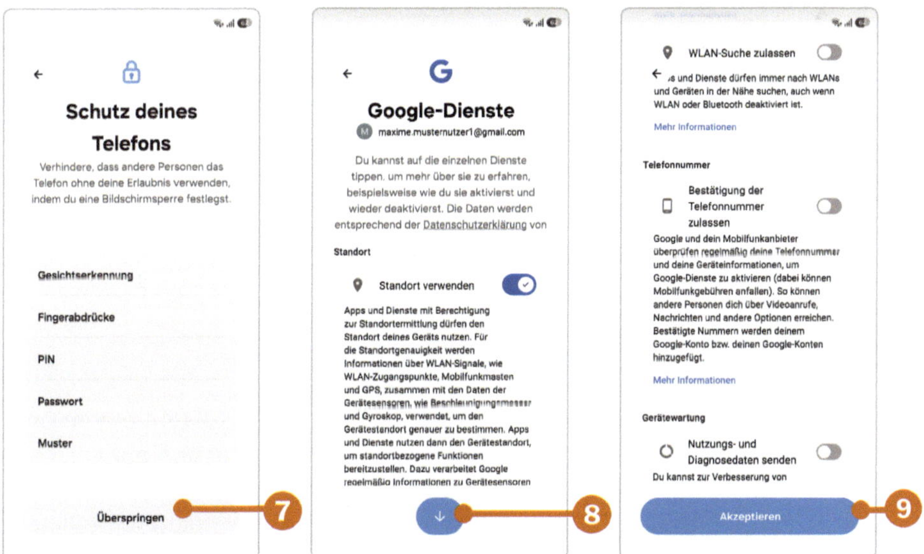

Im Bild in der Mitte wird der Verwendung des Standorts zugestimmt - der Schalter ist auf Ein.
Im Bild rechts sind die Schalter aus - keine Zustimmung bei WLAN-Suche, Nummer, Nutzungsdaten.

- Alle Einstellungen, die Sie hier treffen, können nachträglich wieder geändert werden. Wischen Sie von unten nach oben über das Display oder tippen Sie auf den Pfeil 8, um die einzelnen Einträge anzuzeigen. Tippen Sie auf die einzelnen Schalter, um diese aus- bzw. einzuschalten. Speichern Sie Ihre Auswahl unten mit *Akzeptieren* 9.

- Im nächsten Schritt erhalten Sie die Wahl, Ihre Gerätedaten zu sichern. Der Speicherung von *Weiteren Gerätedaten* 10 können Sie zustimmen. Bei *Fotos & Videos* sollten Sie jedoch bedenken, dass Ihnen nur 15GB freier Kontospeicherplatz in der Google-Cloud zur Verfügung steht und dieser lieber für E-Mails, das WhatsApp-BackUp, wichtige Dokumente sowie für andere Datei-Sicherungen "aufgespart" werden sollte statt automatisch jedes einzelne Bild zu sichern und hochzuladen.

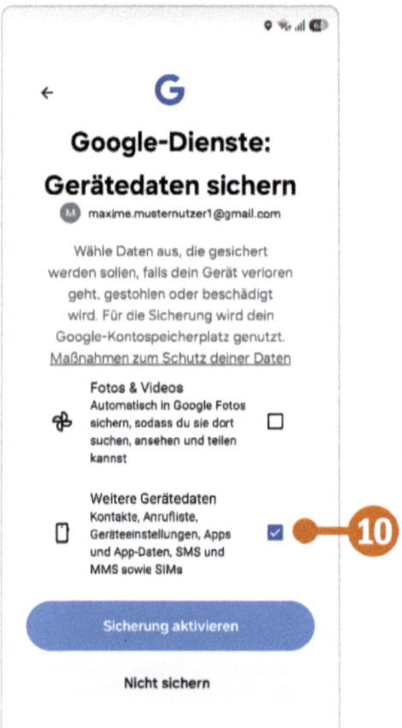

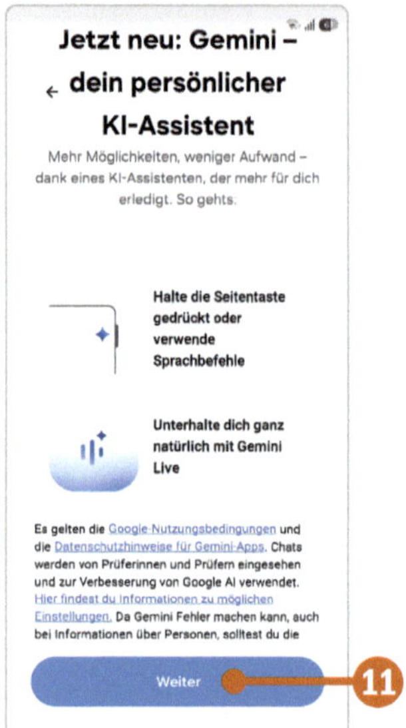

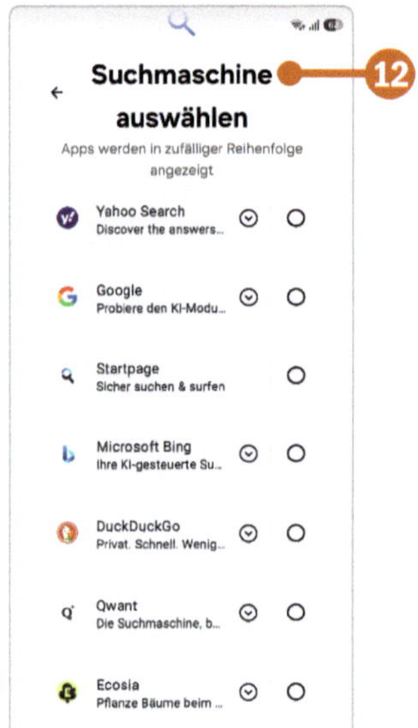

- Im Anschluss erhalten Sie Informationen zum KI-Assistenten von Google, genannt Gemini. Mit ihm können Sie via Sprachbefehl verschiedene Funktionen am Smartphone aufrufen und ausführen. Wenn Sie Gemini und die Funktionen der sogenannten künstlichen Intelligenz noch nicht nutzen möchten, lässt sich dies auch später jederzeit noch aktivieren. Um die Aktivierung abzulehnen, tippen Sie auf *Weiter* 11 und dann auf *Nein, danke*.
- **Browser und Suchmaschine:** War Ihr Google-Konto bisher noch mit keinem mobilen Endgerät verknüpft, wählen Sie nun im Einrichtungsprozess neben einer Standard-Suchmaschine 12 auch einen Standard-Browser aus. Der Browser ist jene Anwendung, mit der Sie im Internet Webseiten betrachten, mit der Suchmaschine werden Ihre Suchanfragen verarbeitet.
- **Samsung-Konto:** Zusätzlich zu Ihrem Google-Konto können Sie ein Samsung-Konto erstellen. Damit können Sie z. B. den Dienst *Find my Mobile*, der Ihnen hilft, das verlorene Smartphone zu orten, oder *Sicheres WLAN*

nutzen. Auch viele Samsung-Apps aus dem *Galaxy Store* können nur mit dem Samsung-Konto verwendet werden. Sie können den Account selbstverständlich auch zu einem späteren Zeitpunkt erstellen, den Einrichtungsprozess zu überspringen ist jedoch etwas knifflig. Sollten Sie das Konto jetzt also direkt einrichten wollen, springen Sie auf Seite 39.

- Wenn Sie zunächst darauf verzichten möchten, tippen Sie auf *Passwort vergessen oder noch kein Konto* 13 und dann auf *Später einrichten* 14. Daraufhin erhalten Sie eine Liste von Gründe, weshalb sich ein Samsung-Konto lohnt. Scrollen Sie nach unten und tippen Sie auf *Überspringen*.
- Stimmen Sie im nächsten Schritt nun auch den AGB von Samsung zu. Anschließend haben Sie die Wahl bestimmte Samsung-Dienste zu nutzen, zumindest die *Automatischen Sperre* 15 sollten Sie *Akzeptieren*.

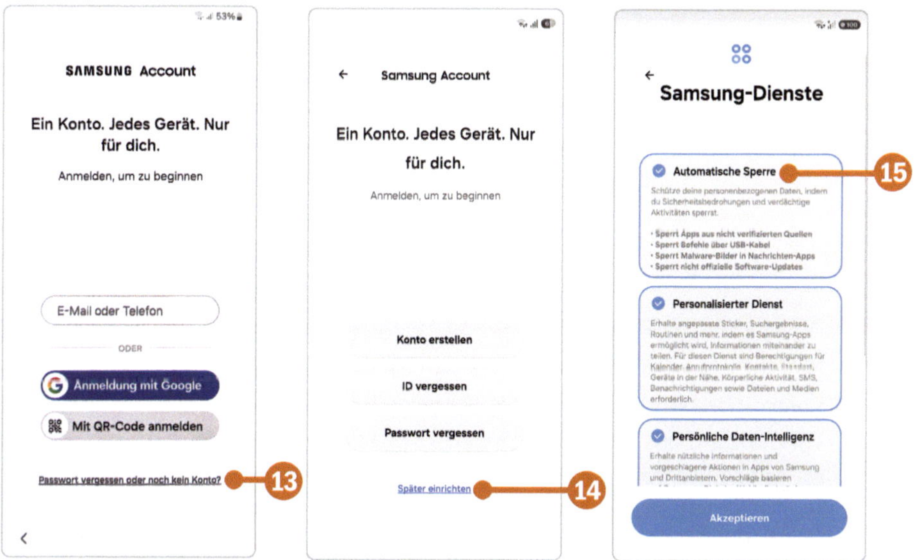

- Jetzt sind Sie fast am Ende der Einrichtung angelangt und müssen sich nur noch zwischen der hellen und dunklen Darstellung entscheiden. Der besseren Lesbarkeit wegen empfehlen wir Ihnen zu Anfang die Anzeige *Hell*. Tippen Sie diese an um Sie auszuwählen, dann auf *Weiter* und anschließend auf *Startbildschirm*.
- Sie erhalten eine Anzeige der SIM-Kartenverwaltung, die Sie darüber informiert, dass die SIM 1 erkannt wurde. Wir gehen davon aus, dass Sie nur eine SIM-Karte nutzen. Deshalb sind hier keine weiteren Einstellungen notwendig. Tippen Sie unten auf *OK*.

1.2 Das Google-Konto

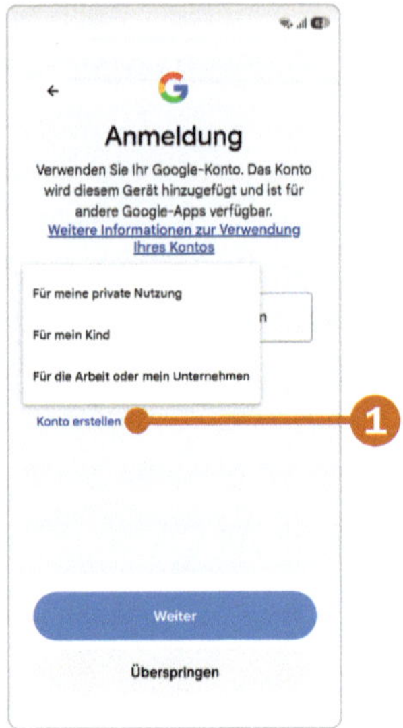

Ein Android-Smartphone ohne Google-Konto zu verwenden, ist möglich. Allein durch den fehlenden Zugriff auf Google-Dienste wie den Play Store (Herunterladen von Apps) raten wir aber davon ab.

Google-Konto im Einrichtungsprozess erstellen

Sie richten gerade Ihr Smartphone ein und haben noch kein Google-Konto? So geht's:

> Wenn Sie eine E-Mail-Adresse verwenden, die auf eine der folgenden Bezeichnungen endet: *@googlemail.com* oder *@gmail.com*, dann haben Sie bereits ein Google-Konto.

1 Klicken Sie im Einrichtungsprozess auf *Konto erstellen* ❶ und wählen Sie *Für meine private Nutzung*.

2 Geben Sie Ihren Vor- und, wenn Sie möchten, Ihren Nachnamen ein und tippen Sie auf *Weiter*.

3 Anschließend geben Sie Ihr Geburtsdatum ein und wählen eine Option bei *Geschlecht* aus.

4 Sollten Sie bereits eine E-Mail-Adresse besitzen, können Sie diese direkt verwenden, um damit ein Google-Konto zu erstellen. Sie erhalten dann im Anschluss von Google einen Code per E-Mail zugesandt, mit dem Sie diese bestätigen. Falls Sie noch keine E-Mail-Adresse haben oder diese nicht für Ihren Account bei Google nutzen möchten, tippen Sie auf *Sie haben keine E-Mail-Adresse oder Telefonnummer?* ❷.

5 Danach können Sie bei Gmail eine *E-Mail-Adresse erstellen*. Ihre Wunsch-Gmail-Adresse ❸ muss noch verfügbar sein, d. h. es darf keine andere Person dieselbe Adresse nutzen. Wenn der Nutzername schon vergeben ist, versuchen Sie es mit einer anderen Namensvariation.

6 **Kennwort ausdenken:** Erstellen Sie ein Passwort ❹, also eine Kombination aus Groß- und Kleinbuchstaben, Sonderzeichen und Zahlen. Es kommt aber vor allem auch auf die Länge an. Gefordert werden oft 8 Zeichen, 12 Zeichen sind sicherer. Mit jedem Zeichen mehr erhöhen Sie die Sicher-

heit. Die meisten Kennwörter müssen gar nicht so oft eingegeben werden, da tun ein paar Zeichen mehr nicht weh. Notieren Sie sich schon während des Prozesses Ihre neue E-Mail-Adresse und das Kennwort. Mit *Passwort anzeigen* können Sie kontrollieren, was Sie eingetippt haben.

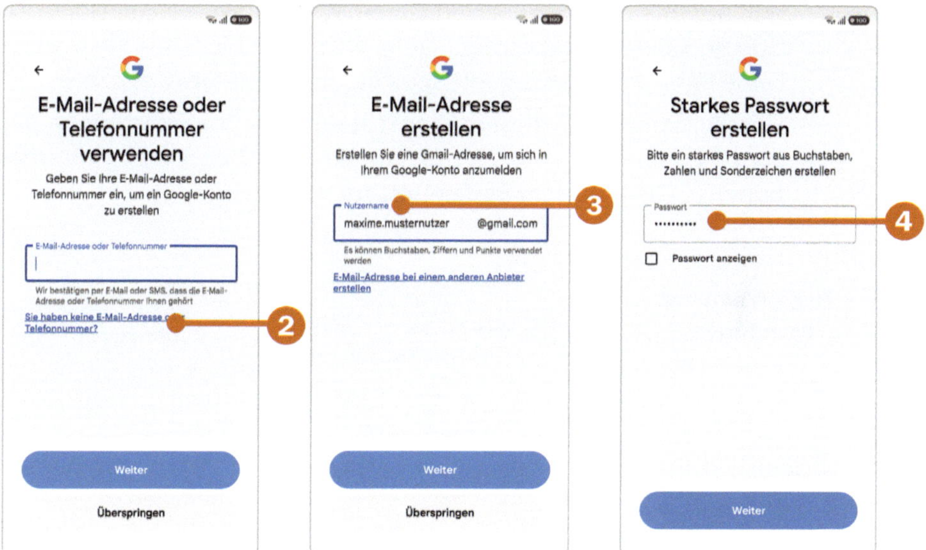

7 Falls Sie im Einrichtungsprozess gefragt werden, ob Sie Ihre Telefonnummer zum Google- Konto hinzufügen, tippen Sie auf *Weitere Optionen* ❺ (siehe nächste Seite) und wählen Sie anschließend *Meine Telefonnummer hinzufügen und ausschließlich für die Kontosicherheit verwenden*. So können Sie die 2-Faktor-Authentifizierung für mehr Sicherheit nutzen oder Ihr Passwort per SMS-Code zurücksetzen, falls Sie es vergessen haben.

8 Im nächsten Schritt müssen Sie die Personalisierungseinstellungen festlegen: Mit der *Express-Personalisierung (1 Schritt)* ❻ sind Sie schnell fertig, stellen Google aber etwas mehr Informationen zur Verfügung, als unbedingt notwendig. Mit der manuellen Personalisierung gehen Sie die einzelnen Optionen durch und entscheiden selbst, welche Einstellungen ❼ Sie treffen. Tippen Sie auf *Weiter* und im nächsten Schritt auf *Bestätigen*.

9 Danach bestätigen Sie Datenschutz und weitere Bedingungen mit *Ich stimme zu*, um Ihr Google-Konto zu erstellen.

10 In den weiteren Schritten werden Sie aufgefordert, einzelne *Dienste* zu aktivieren bzw. deaktivieren. Alle Einstellungen, die Sie hier treffen, können nachträglich verändert werden.

- Google-Dienste: Gesichert werden Ihre Daten in Google Drive, einem Cloud-Speicher, d. h. sie werden in einem Rechenzentrum von Google gespeichert. Bei einem Defekt bzw. Verlust Ihres Smartphones oder beim Umzug auf ein neues Handy haben Sie so weiterhin Zugriff auf Ihre dort gesicherten Daten. Wählen Sie, welche Daten an Google übertragen werden, siehe Seite 33. Möchten Sie vorerst keine Ihrer Daten bei Google speichern, wählen Sie *Nicht sichern*.
- Google Gemini: Mit diesem Dienst steuern Sie Ihr Smartphone per Sprachbefehl. Mit *Aktivieren* stellen Sie dem Dienst mehr Informationen für eine bessere Bedienung zur Verfügung.

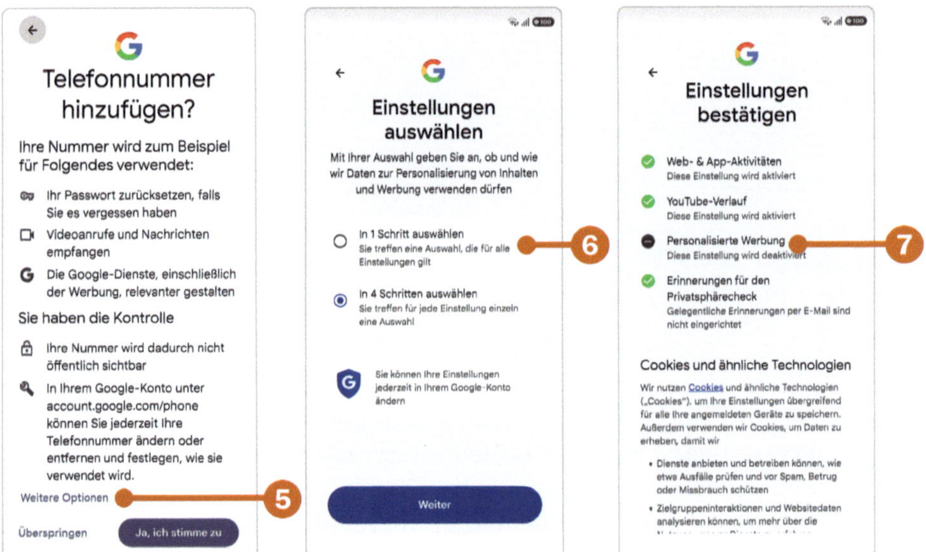

Google-Konto nachträglich hinzufügen

Normalerweise wird gleich bei der Einrichtung des Smartphones ein Google-Konto hinterlegt, das ist aber auch noch nachträglich möglich.

- ▶ Gehen Sie in die *Einstellungen* ⚙ Ihres Smartphones und suchen Sie hier den Menüpunkt *Konten und Sicherung* ❶ ▸ *Konten verwalten* (siehe Abbildungen nächste Seite).
- ▶ Tippen Sie anschließend auf *Konto hinzufügen* ❷ und wählen Sie den Punkt *Google* ❸ aus.

- Im nächsten Fenster geben Sie die E-Mail-Adresse Ihres Google-Kontos ein und dann das Kennwort. Oder Sie tippen auf *Konto erstellen* und folgen den Schritten, wie auf Seite 36 beschrieben.

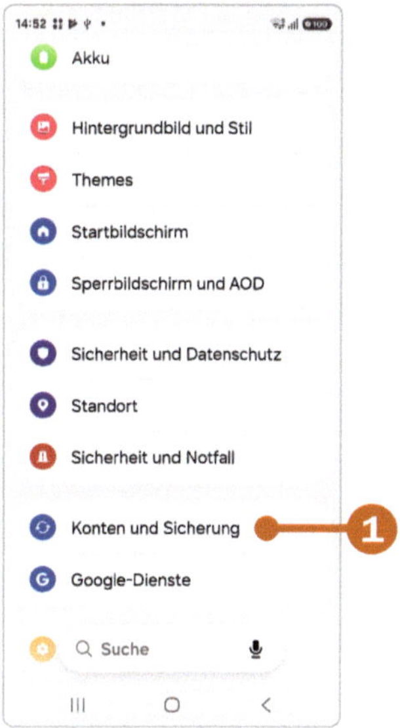

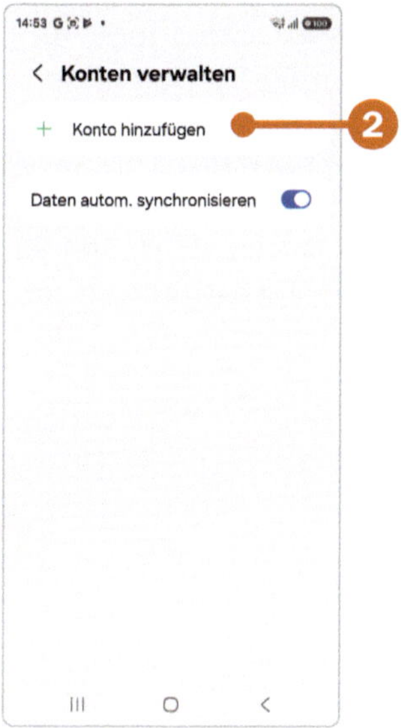

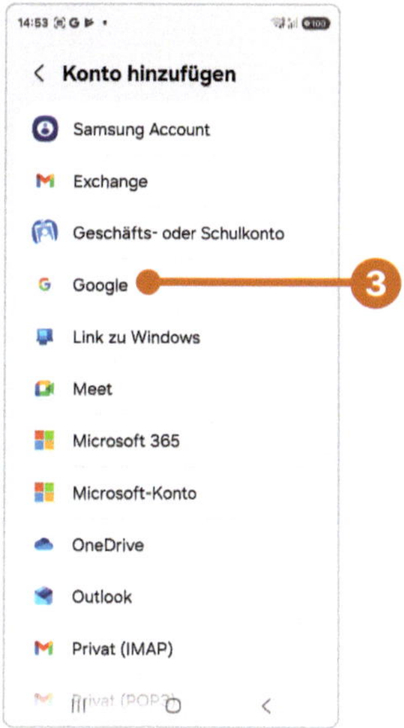

1.3 Samsung-Konto einrichten

Sie denken jetzt sicher: Nicht schon wieder etwas einrichten! Muss das sein? Nein, Sie können auch damit warten, bis Sie das Konto benötigen. Mit einem Samsung-Konto können Sie Apps aus dem samsungeigenen Galaxy Store herunterladen. Viele dieser Apps stehen auch im Google Play Store zur Verfügung; allerdings finden sich im Galaxy Store teilweise spezielle Angebote und spezielle Samsung-Apps. Außerdem erhalten Sie Zugriff auf Funktionen, wie **Sicheres WLAN** (siehe Seite 192) sowie auf die **Samsung-Cloud**, einen externen, 15 GB großen Speicher. Ein weiteres Angebot, für das Sie das Konto benötigen, ist **Find my Mobile** (siehe Seite 77), zum Auffinden Ihres Smartphones, **SmartThings** (App zur Smart-Home-Steuerung), für die Nutzung vieler **KI-Funktionen** (siehe Seite 52) und dem Sprachassistenten **Bixby**.

- Rufen Sie die *Einstellungen* ⚙ auf. Hier finden Sie gleich ganz oben den Eintrag ❶ für den *Samsung Account*. Tippen Sie diesen an.

- Wenn Sie kein Samsung-Konto haben, tippen Sie unten auf *Passwort vergessen oder noch kein Konto* ▶ *Konto erstellen* und dann auf *Ich bin über 16* ❷; andernfalls wählen Sie eine Anmelde-Option aus.
- Um fortzufahren, müssen Sie weiteren Richtlinien und Bestimmungen zustimmen. Diese können Sie durchlesen, indem Sie den Pfeil ❸ antippen. Mit der Zurück-Taste kehren Sie wieder zurück. Tippen Sie auf den Kreis vor *AGB* und bestätigen Sie anschließend mit *Zustimmen*.

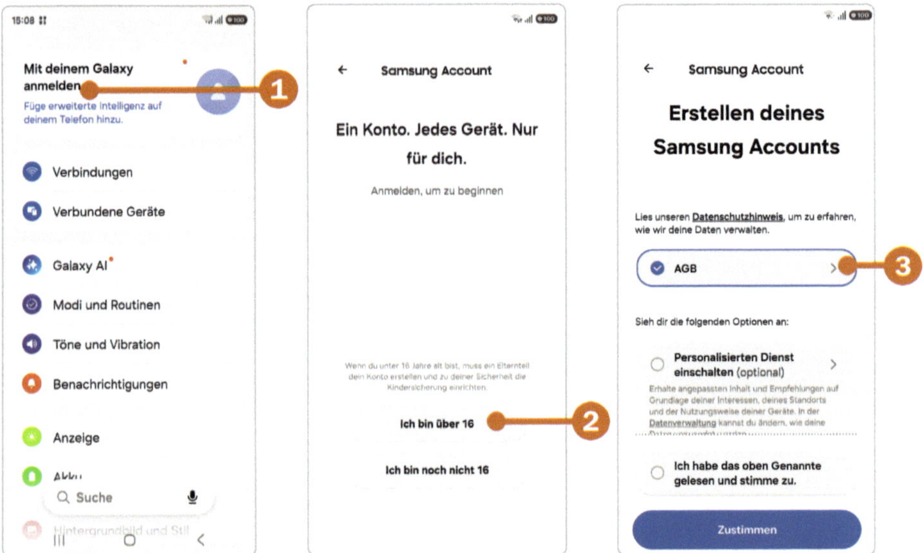

- Geben Sie eine E-Mail-Adresse ein und tippen Sie auf Ihrer Tastatur auf *Weiter*. Sie können dafür Ihre Gmail-Adresse oder eine andere E-Mail-Adresse verwenden, auf die Sie direkten Zugriff haben. Am Ende der Einrichtung wird ein Bestätigungscode an diese Adresse gesendet. Wählen Sie anschließend ein sicheres Kennwort und notieren Sie sich beides. Tippen Sie danach erneut auf *Weiter*.

> **Tipp: Passwort anzeigen**
> Eingegebene Kennwörter werden zu Ihrer Sicherheit nur als Punkte dargestellt. Tippen Sie auf das Symbol 👁, um das Kennwort anzuzeigen und zu überprüfen.

- Geben Sie nun Ihren *Geburtstag* ❹ an. Durch vertikales Wischen wählen Sie das Datum aus und tippen dann auf *Ok*.

- Tragen Sie in die Felder darunter Vorname und Nachname ein. Und tippen Sie abschließend auf *Konto erstellen*.
- Für die Zwei-Schritt-Verifizierung wird die Telefonnummer Ihres Smartphones benötigt. Diese wird angezeigt. Falls Sie eine andere Nummer verwenden möchten, tippen Sie auf *Andere Nummer verwenden* ❺. Bestätigen Sie mit *Ok*.
- Im Anschluss erhalten Sie eine E-Mail auf die angegebene E-Mail-Adresse. Zeigen Sie die E-Mail in Ihrer Mail-App an und tippen Sie auf *Konto bestätigen* ❻. Dadurch öffnet sich der Browser und Sie werden auf eine Samsung-Seite weitergeleitet. Hier tippen Sie auf *Fertig*. Damit bestätigen Sie die Validität der E-Mail-Adresse und, dass Sie auf dieses E-Mail-Konto zugreifen können. Wenn Sie das nicht machen, wird das Samsung-Konto nach sieben Tagen gelöscht.

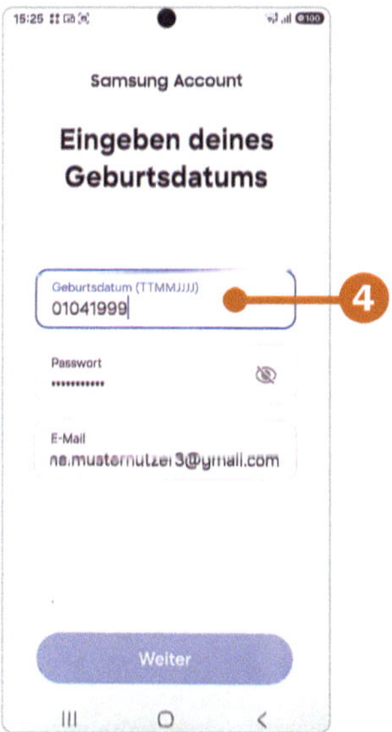

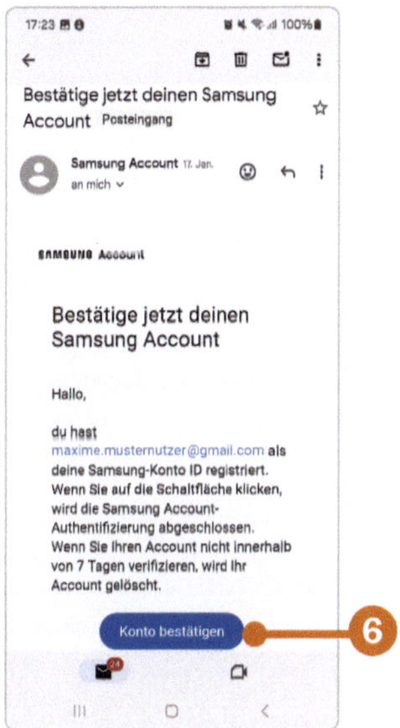

- Sobald Ihr Account hinzugefügt wurde, erhalten Sie den Vorschlag Samsung Pass, den Passwort-Manager von Samsung, einzurichten. Mit diesem könnten Sie sich zukünftig statt mit einem Passwort auch mit Ihren biometrischen Daten anmelden. Diese Funktion können Sie aber auch zu einem späteren Zeitpunkt in Ihrem *Samsung Account* ❶ aktivieren.

1.4 Die Smartphoneoberfläche

Nach der Einrichtung des Smartphones geht es jetzt darum, sich zurecht zu finden. Wichtig ist, dass Sie folgende drei Inhalte unterscheiden: Sperr-, Start- und App-Bildschirm.

Sperrbildschirm

Startbildschirm

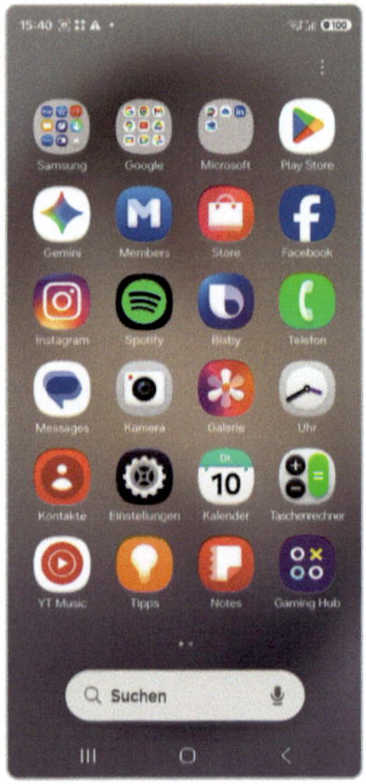

App-Bildschirm

Sperrbildschirm

Der Sperrbildschirm sichert Ihre Daten vor unerwünschtem Zugriff Dritter. Er wird mit Passwort, PIN, Muster oder Fingerabdruck- bzw. Gesichtserkennung ausgestattet (siehe ab Seite 72). Zudem hält er Informationen bereit, wie etwa die Anzeige von Datum, Uhrzeit, Akkustand, Benachrichtigungen etc. und verhindert eine ungewollte Bedienung, z. B. in der Tasche.

- **Smartphone entsperren:** Ein kurzes Drücken der Funktionstaste zeigt den Sperrbildschirm an, wischen Sie nach oben und geben Sie dann Ihre PIN ein. Wenn ein Fingerabdruck vereinbart wurde, kann auch mit diesem das Handy entsperrt werden. Der Startbildschirm wird dann angezeigt.
- **Smartphone sperren:** Sie haben einen Freund angerufen, jetzt wollen Sie das Smartphone wieder in die Tasche stecken. Dann aktivieren Sie den Sperrbildschirm durch Drücken der Funktionstaste.

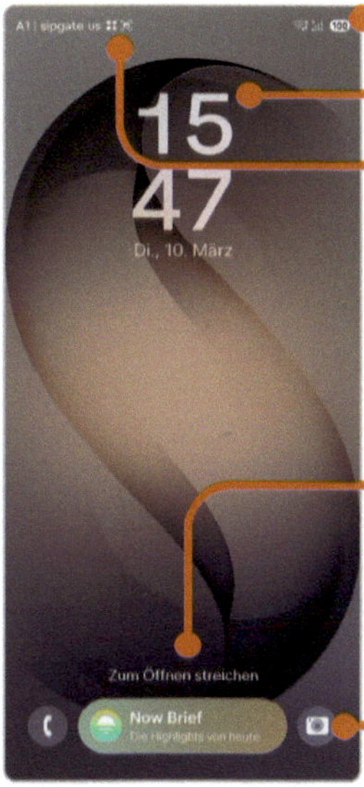

Verbindungsstatus, Akkustand

Uhrzeit und Datum

Benachrichtigungssymbole: Diese zeigen an, in welcher App es etwas neues gibt. Streichen Sie von oben nach unten, um alle am Sperrbildschirm erlaubten Benachrichtigungen anzuzeigen. Mehr zu den Sperrbildschirmbenachrichtigungseinstellungen auf Seite 68.

Da noch kein Geräteschutz aktiviert wurde, reicht einfaches Streichen über den Sperrbildschirm, um zum Startbildschirm zu gelangen. Diesen Umstand müssen Sie aber ändern, siehe ???

Telefon- und Kamera-App: Diese können vom Sperrbildschirm geöffnet werden.

Startbildschirm

Wenn Sie den Sperrbildschirm entsperren, gelangen Sie zum Startbildschirm. Hier finden Sie eine Auswahl wichtiger Anwendungen, wie z. B. die Galerie-, SMS-, Telefon- oder Kamera-App.

Auf der ersten Seite des Startbildschirms sollten die Apps angeordnet werden, die Sie am häufigsten benötigen. Da der Startbildschirm aus mehreren Seiten bestehen kann, können weitere Apps zu den folgenden Seiten hinzugefügt werden.

- Sie wechseln zwischen den Bildschirmen durch horizontales Wischen.

Der **Bildschirmwechsel** zeigt an, welche Seiten vorhanden sind und wo Sie sich gerade befinden. Die Standard-Startbildschirmseite wird durch ein Haussymbol dargestellt. Darauf folgen die weiteren Startbildschirmseiten, für die die Kreise stehen, in der Mitte der Finder (siehe Seite 105). Wischen Sie am Startbildschirm von links nach rechts wird die Medienseite angezeigt, dazu gleich mehr auf Seite 45. Diese wird durch die beiden parallelen Striche symbolisiert.

Der Bereich **Bevorzugte Apps** am unteren Bildschirmrand und die darin enthaltenen Apps werden auf jeder Startbildschirmseite angezeigt.

Navigationsleiste

Am unteren Bildschirmrand wird die Navigationsleiste angezeigt. Diese wird standardmäßig in der für Samsung üblichen Anordnung dargestellt mit der Zurück-Taste rechts außen.

Navigationstasten

- Die *Alle-Apps-Taste* ❶ zeigt eine Übersicht aller geöffneten Anwendungen an.
- Mit einem kurzen Tippen auf die *Home-Taste* ❷ zeigen Sie den Startbildschirm an.
- Mit der *Zurück-Taste* ❸ kehren Sie wieder zum vorigen Bildschirm zurück. Diese Taste hilft immer, wenn Sie einen Bereich wieder verlassen möchten.

Achtung! Wird die Navigationsleiste einmal nicht angezeigt, wischen Sie vom unteren Bildschirmrand nach oben. Falls dennoch keine Bildschirmtasten angezeigt werden, wird anstelle der Navigationsleiste die Gestensteuerung verwendet. In den *Einstellungen* ▶ *Anzeige* ▶ *Navigationsleiste* wechseln Sie zwischen Gestensteuerung und Navigationsleiste.

App-Bildschirm

Auf dem Startbildschirm finden Sie nur einen Teil der installierten Apps. Wenn Sie alle Apps anzeigen möchten, wischen Sie mit dem Finger vertikal über den Startbildschirm nach oben. So gelangen Sie zum App-Bildschirm. Abhängig von der Anzahl der installierten Apps stehen in diesem Bereich auch mehrere Seiten zur Verfügung; wie viele es sind, erkennen Sie an den Punkten ❶. Zum Öffnen einer App tippen Sie diese einmal an.

App aus Ordner öffnen

Neben den einzelnen Apps werden auf dem App-Bildschirm Ordner ❷ angezeigt, z. B. von Samsung, Google oder Microsoft. Diese enthalten ebenfalls Apps. Tippen Sie den Ordner an, um die darin enthaltenen Apps anzuzeigen. Dann tippen Sie die gewünschte App an, um diese zu öffnen. Ordner sind praktische Helfer, um die Übersicht zu behalten.

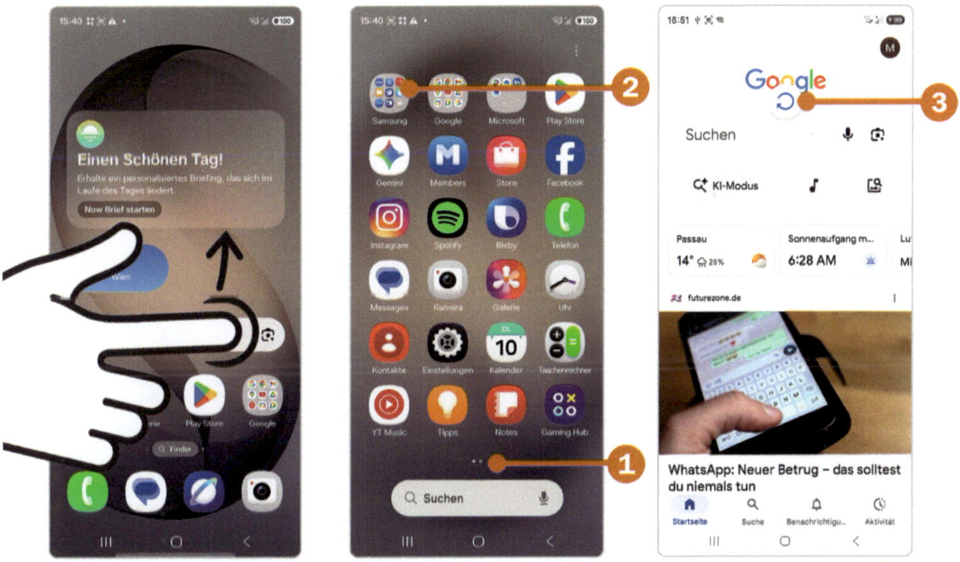

Nachrichten und Unterhaltung in Google Discover

Vom Startbildschirm mit einem Wisch nach rechts wird Google Discover angezeigt. Hier sind aktuelle Nachrichten und für Sie möglicherweise interessante Themen zusammengefasst. Zur Anzeige aktueller Informationen wischen Sie auf dem Bildschirm von oben nach unten ❸ (Grafik oben rechts).

1.5 App anzeigen und wechseln

☛ Zum Öffnen einer App tippen Sie diese auf dem Start- oder App-Bildschirm an.

Erstes Starten einer App

Beim allerersten Start einer App müssen Sie in der Regel Zugriffsberechtigungen erteilen, Nutzungsbestimmungen bestätigen oder unter Umständen gleich mal die App aktualisieren. Unten sehen Sie drei Beispiele für Meldungen gleich nach dem ersten Start der App:

- Für den Samsung *Galaxy Store* ist ein Update verfügbar. Tippen Sie auf *Aktualisieren*, um die neue Version zu installieren. Sollte das Smartphone gerade nicht mit dem WLAN verbunden sein, verzichten Sie mit *Abbrechen* auf die Aktualisierung und führen diese später durch.
- Die Samsung-App *Kalender* möchte auf Ihre Kontaktdaten zugreifen. Diese Berechtigung ist zwar primär nicht notwendig für die Nutzung, jedoch werden so die im Kontaktbuch gepflegten Geburtstage automatisch im Kalender angezeigt. Mehr zu Berechtigungen auf Seite 81.
- Im letzten Bild fragt der *Play Store*, ob Ihre Daten zwischen den einzelnen Google-Anwendungen ausgetauscht und die mit Ihrem Account verbundenen Google-Dienste untereinander verknüpft werden dürfen. Wenn Sie dem zustimmen möchten, tippen Sie auf *Ja, verknüpfen*.

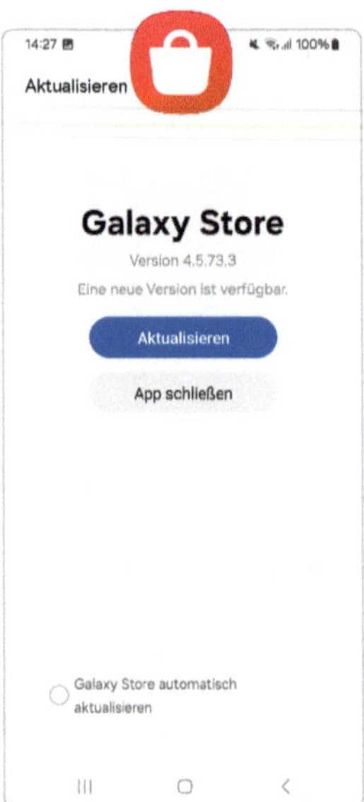

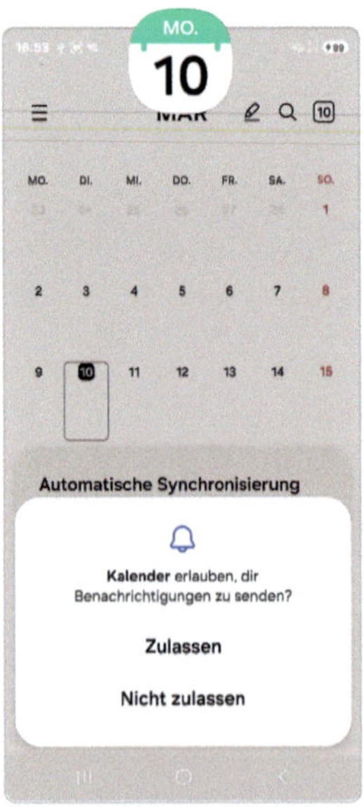

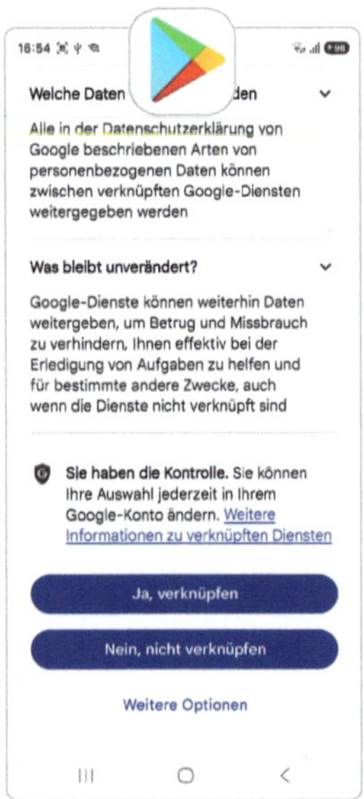

Einstellungen aufrufen

Wenn man ein neues Smartphone hat, verwendet man in den ersten Wochen häufig die App *Einstellungen*, um das Handy an die eigenen Vorstellungen anzupassen. Deshalb kommen wir auch in diesem Buch immer wieder auf die *Einstellungen* zurück. Damit Sie diese auf jeden Fall finden, hier eine ausführliche Darstellung:

- Rufen Sie den App-Bildschirm durch vertikales Streichen über den Startbildschirm auf.
- Auf dem App-Bildschirm tippen Sie auf *Einstellungen* ❶.
- Die App *Einstellungen* enthält eine Vielzahl von Kategorien von *Samsung Account* über *Verbindungen* ❷ bis *Telefoninfo* ganz unten. Durch vertikales Wischen verschieben Sie den angezeigten Inhalt.
- Mit Antippen einer Kategorie zeigen Sie deren Inhalt an. Über den Pfeil ❸ links oben oder die Zurück-Taste kehren Sie wieder zur vorigen Seite zurück.

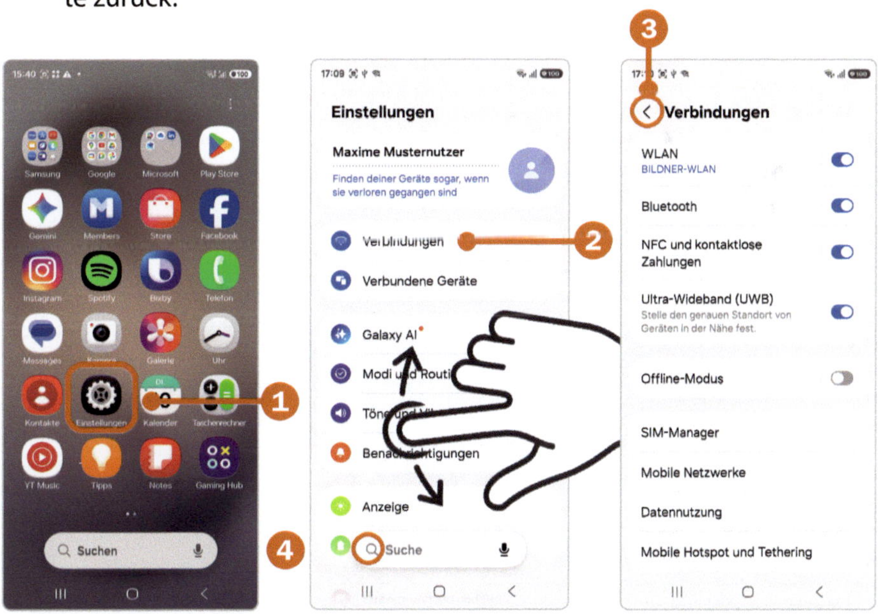

Tipp: Über das Lupe-Symbol ❹ können Sie innerhalb der App nach Einstellungsoptionen suchen. Hier erhalten Sie auch hilfreiche Suchvorschläge und -themen.

Weitere Apps öffnen und wechseln

Die App *Einstellungen* haben Sie gerade angezeigt. Drücken Sie jetzt auf die Home-Taste zur Anzeige des Startbildschirms und wählen Sie die App *Telefon* durch Antippen aus. Drücken Sie erneut die Home-Taste und öffnen Sie die App *Play Store* .

Sie haben jetzt drei Apps geöffnet, allerdings wird nur die App *Play Store* am Bildschirm angezeigt. Sie wechseln zu einer anderen geöffneten App durch Drücken der Alle-Apps-Taste ❶.

Streichen Sie horizontal ❷ über den Bildschirm, um den angezeigten Ausschnitt zu verändern. Durch Antippen einer anderen App, z. B. *Telefon* oder *Einstellungen*, wird diese wieder am Bildschirm angezeigt. Wenn es schneller geht, können Sie die gewünschte App natürlich auch „nochmals" über den Start- oder App-Bildschirm öffnen.

Apps schließen

Schieben Sie die App mit dem Finger nach oben, sozusagen aus dem Smartphone hinaus, siehe Abbildung unten rechts. Dadurch wird sie geschlossen. Mit *Alle schließen* ❸ werden alle offenen Apps auf einmal geschlossen. Möchten Sie eine Anwendung davon jedoch ausnehmen, tippen Sie einmal kurz auf das App-Symbol ❹ und wählen Sie *Geöffnet lassen*. Damit markierte Apps sind mit einem blauen Schloss-Symbol gekennzeichnet.

Praktisch ist die *Geöffnet lassen*-Funktion vor allem in Buchungs-oder Karten-Apps, um zu verhindern diese nicht kurz vor Buchungsabschluss oder während der Navigation versehentlich zu beenden. Tippen Sie auf das blaue Schloss, so wird es entfernt und die App lässt sich wieder normal schließen.

Geteilte Bildschirmansicht und Pop-up-Ansicht

Drücken Sie auf die Alle-Apps-Taste und anschließend auf das App-Symbol einer geöffneten Anwendung, so erhalten Sie neben der *App-Info* (mehr dazu auf Seite 104) die Optionen *In geteilter Bildschirmansicht öffnen* ❺ und *In Pop-up-Ansicht öffnen*. Die erstgenannte Option ermöglicht es zwei Anwendungen gleichzeitig zu nutzen, wobei der Bildschirm in eine obere und untere Hälfte (ein sogenannter Split Screen) geteilt wird; praktisch falls Sie gleichzeitig etwas im Internet zu einem Ort recherchieren möchten und die Navigations-App Ihnen eine Route dorthin präsentiert. Auf der unteren Bildschirmhälfte suchen bzw. wählen Sie die zweite App ❻ aus.

In der *Pop-up-Ansicht* wird die App in einem kleineren Fenster über anderen Apps eingeblendet. Tippen Sie auf den blauen Balken am oberen Rand des Fensters, um die folgenden Optionen anzuzeigen: mit ↗↙ ❼ wird das Fenster minimiert, mit ⤢ auf Normalansicht zurückgeschaltet. Im Beispiel unten rechts wird also die Telefon-App normal ausgeführt, darüber ist in einem Pop-up-Fenster der Taschenrechner geöffnet und daneben in minimierter Ansicht die SMS-App ❽. Um diese Ansicht wieder zu beenden, ziehen Sie die App-Symbole nach unten auf *Schließen* oder tippen Sie auf *x*.

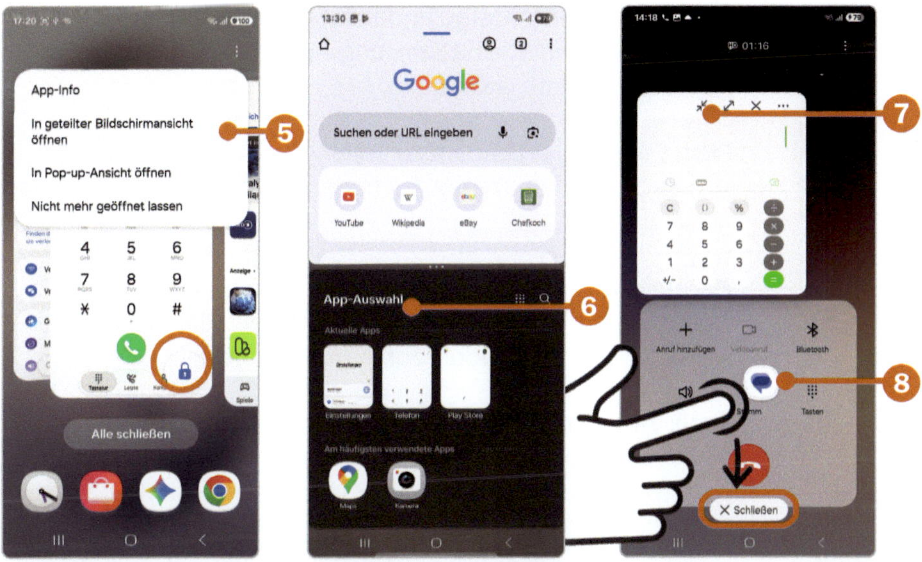

Kleine App-Auswahl für den täglichen Gebrauch

Telefon: App zum Telefonieren. Sie wählen entweder einen gespeicherten Kontakt aus oder tippen eine Nummer ein.

Kontakte: Hier speichern Sie alle Daten, Telefonnummern, postalische Adressen, Geburtstage etc. Ihrer Freunde.

Messages: App zum Schreiben von SMS und Chatnachrichten. Die Kurznachrichten (SMS) sind etwas aus der Mode gekommen. Heute verwenden viele WhatsApp oder Signal.

Nachrichten: Samsungs Alternative zum Schreiben von SMS und Chatnachrichten. Sie müssen sich für eine App entscheiden, eine Parallelverwendung ist nicht möglich.

WhatsApp: Schreiben Sie Nachrichten, versenden Sie Fotos oder telefonieren Sie mit der Familie mit Übertragung eines Videos. Diese App muss heruntergeladen werden.

Kamera: Mit dieser App knipsen Sie Fotos oder nehmen Videos auf.

Galerie: Dient der Anzeige und Bearbeitung Ihrer Fotos und Videos. Die Galerie ist eine Samsung-App. Wir verwenden in diesem Buch die App Galerie.

Fotos: Das Google-Pendant zur Galerie heißt Fotos und befindet sich auch auf dem Handy. Sie finden die App im Google-Ordner.

Play Store: Hier können kostenlose aber auch kostenpflichtige Apps, Spiele, Filme und Bücher heruntergeladen werden. Dieser Store wird von Google zur Verfügung gestellt.

Gmail: Anwendung zum Empfangen und Versenden von E-Mails. Die Gmail-Adresse, die Sie bei der Einrichtung des Smartphones verwendet haben, ist hier bereits hinterlegt.

Internet: Browser von Samsung, dient der Anzeige von Internetseiten.

Store: Der Galaxy Store ist das Samsung-Einkaufszentrum für Apps. Auch hier gibt es ein kostenloses Sortiment; ein Besuch lohnt sich, aber das umfangreichere Angebot finden Sie im Play Store. Um im Galaxy Store Apps herunterzuladen, benötigen Sie ein Samsung-Konto.

Chrome: Browser von Google, mit dem Sie ebenfalls Seiten im Internet anzeigen.

Google: Die Google-App ist kein Browser im engeren Sinne, obwohl Sie auch mit dieser via Suchanfragen das Internet durchsuchen können. Darüber hinaus bietet sie noch weitere Funktionen, z. B. Zusammenstellung aktueller Nachrichten.

Maps: Karten-App von Google, hier können Sie nach Adressen suchen und eine Navigation von Ort zu Ort durchführen.

YouTube: Portal mit Videos zu fast allen Themen, kann kostenlos verwendet werden.

Uhr: Die App bietet einen Wecker, einen Timer, eine Stoppuhr und zeigt natürlich auch die Zeit an (auch mehrere Zeitzonen).

Kalender: Hier tragen Sie Termine ein und werden daran erinnert.

Samsung Notes: App zum Speichern von Notizen, wie einer Einkaufsliste. Es gibt Notizen-Apps wie Sand am Meer. Wenn Ihnen diese nicht zusagt, installieren Sie einfach eine andere.

Einstellungen: Hier finden Sie alle Optionen, die die einzelnen Funktionen Ihres Smartphones betreffen.

1.6 KI-Unterstützung verwenden

Die sogenannte Künstliche Intelligenz (KI) unterstützt Sie auch auf Ihrem Gerät der S26-Serie. In diesem Buch werden an verschiedenen Stellen die Funktionen der **Galaxy AI** -Technology (AI = Artificial Intelligence) beschrieben. Die oben angezeigte Schaltfläche mit Sternen, weißt Sie auf KI-Funktionen hin, wie beispielsweise:

- **Übersetzer:** Während eines Telefonats oder eines Chats mit einem fremdsprachigen Gesprächspartner fungiert die KI als Simultandolmetscher. Die Übersetzung fremdsprachiger Texte ins Deutsche oder in eine Fremdsprache ist ebenfalls möglich. Sie finden weitere Informationen hierzu auf den Seite 60, Seite 120 und auf Seite 128.
- **Schreib-Assistent:** Werkzeuge zum Verfassen und Verbessern von Texten, mehr hierzu ab Seite 58 sowie auf Seite 127.
- **Bearbeitung von Fotos:** Hintergrund anpassen, Bildelemente verschieben oder entfernen, Fotos optimieren, Schatten und Reflexionen entfernen. Im Kapitel „Generative Bearbeitung - Fotos neu gestalten mit Galaxy AI" auf Seite 155 erfahren Sie mehr.
- **Transkription und Zusammenfassung:** Audioaufzeichnungen können in Text umgewandelt und dann automatisch zusammengefasst werden. Die Möglichkeit der Textzusammenfassung steht in verschiedenen Apps zur Verfügung, z. B. Telefon (Seite 119) oder Browser (Seite 185).

Für die Nutzung der Galaxy AI-Funktionen benötigen Sie ein Samsung-Konto. Samsung muss Ihre Daten verarbeiten, um die beschriebenen Funktionen zur Verfügung stellen zu können. Die Verarbeitung geschieht zum Teil auf dem Smartphone zum Teil aber auch auf Samsung-Servern. Nach Abschluss der Generierung werden die Daten, nach Aussage von Samsung, von dort wieder gelöscht.

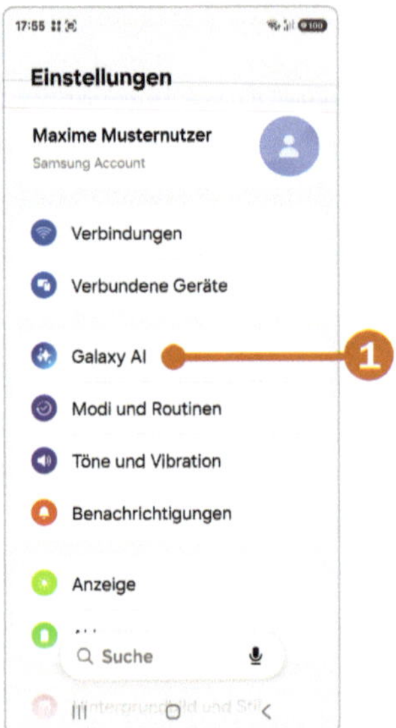

In der App *Einstellungen* unter *Galaxy AI* ❶ finden Sie die einzelnen Apps aufgeführt, die mit einer *Erweiterten Intelligenz* ausgestattet sind.

- **Daten in der Cloud:** Sie können verhindern, dass Daten auf Cloud-Servern verarbeitet werden. Hierbei lassen sich entweder einzelne Anwendungsbereiche deaktivieren oder die Cloud

Verarbeitung vollständig untersagen. Tippen Sie beispielsweise auf den Eintrag *Schreib-Assistent* und schalten Sie anschließend die Option *Daten nur auf Gerät verarbeiten* ❷ ein. Möchten Sie die Verarbeitung am Gerät für alle KI-Funktion aktivieren, scrollen Sie unter *Galaxy AI* bis ganz unten und setzen hier den Schalter bei *Daten nur auf Gerät verarbeiten* ❸ auf *Ein*. Damit verzichten Sie jedoch auf einige Funktionen.

- **Nutzung von Galaxy AI:** Sie können für jede App, die Künstliche Intelligenz nutzt, entscheiden, ob diese Technologie verwendet werden soll. Tippen Sie den gewünschten Eintrag an, z. B. *Foto-Editor*. Durch Antippen des Schalters aktivieren ❹ bzw. deaktivieren Sie die Funktion.
- **Sprachpakete:** Für Übersetzungen benötigen Sie die entsprechenden Sprachpakete. Da diese doch recht viel Speicherplatz belegen, ist standardmäßig nur das englische Sprachpaket installiert. Alle anderen Sprachen müssen zunächst installiert werden, bevor sie verwendet werden können. Diese können z. B. über den *Dolmetscher* und Auswahl von *Sprachpakete für Dolmetschen* heruntergeladen werden. Tippen Sie hinter der gewünschten Sprache auf den Downloadpfeil. Die Sprachpakete stehen für alle Apps zur Verfügung und sind deshalb auch unter *Einstellungen* ▶ *Allgemeine Verwaltung* ▶ *Sprachpakete* zu finden.
- **Now Brief:** Für die Verwendung dieser Funktion muss die „Persönliche Daten-Intelligenz" zwingend aktiviert sein. Now Brief fasst Inhalte aus verschiedenen Ihrer Anwendungen zusammen, um Ihnen einen persönlichen Tagesüberblick zu bieten; mehr dazu auf Seite 94.

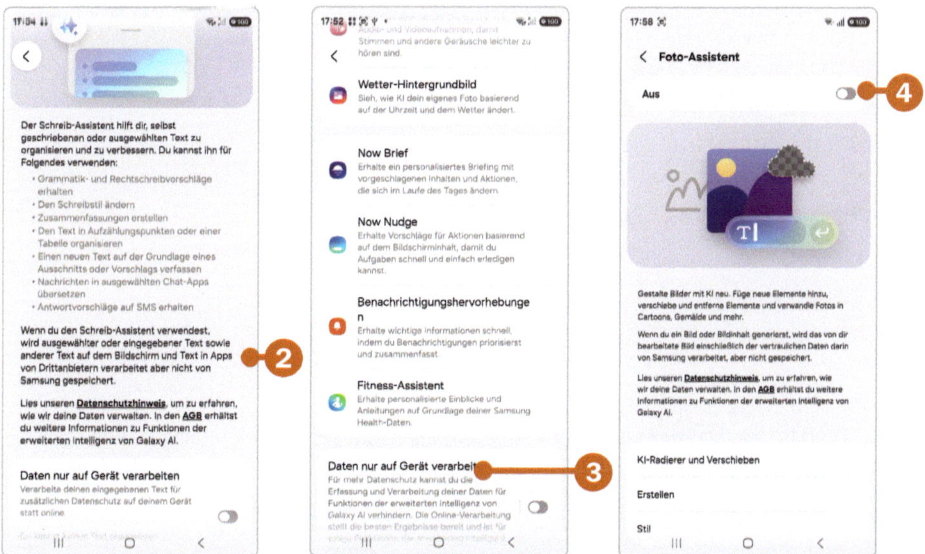

1.7 Bildschirmtastatur verwenden

Sobald Sie in ein Texteingabefeld tippen, wird automatisch die Bildschirmtastatur eingeblendet. Das Aussehen der Tastatur verändert sich je nach Anwendung.

Im Bild links wurde durch Antippen der **Suchleiste** auf dem Startbildschirm die Google-Suche geöffnet. Hier finden Sie rechts unten das Suchsymbol ❶, welches Sie für die Internetrecherche benötigen.

Im mittleren Bild wurde die App **Samsung Notes** geöffnet. Hier können z. B. Einkaufslisten eingegeben werden. Aus diesem Grund finden Sie rechts unten die Taste für eine Zeilenschaltung ❷.

Im rechten Bild befinden wir uns in einem **E-Mail-Programm** im Eingabefeld für den Adressaten der E-Mail. Deshalb werden auf der Tastatur das @-Symbol und .com angezeigt. Mit der Taste *Weiter* ❸ (in anderen Apps auch *OK*) springen Sie ins nächste Feld.

Über die **Tastatur-Symbolleiste** ❹ öffnen Sie weitere Bereiche z. B. die Emojis oder die Tastatureinstellungen. Dazu gleich mehr.

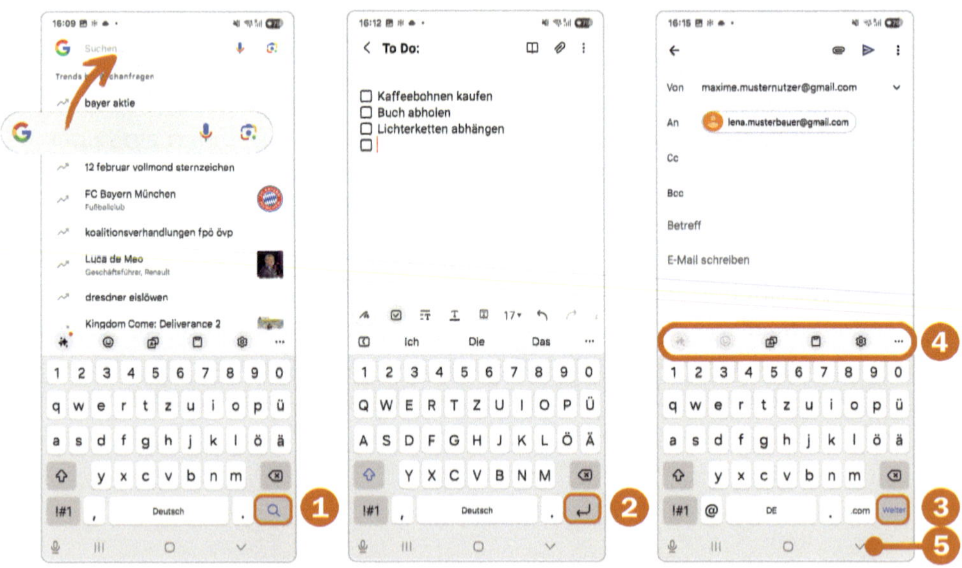

> **Tastatur ausblenden:** Benötigen Sie mehr Platz, um beispielsweise einen langen Text durchzulesen, kann die Tastatur durch Antippen von ⌄ ❺ ausgeblendet werden. Wenn Sie in ein Texteingabefeld tippen, zeigen Sie die Tastatur wieder an.

Buchstaben, Sonderzeichen & Co.

Groß- und Kleinbuchstaben: Wenn Sie in einen Bereich zur Texteingabe tippen, wird der erste Buchstabe immer als Großbuchstabe eingegeben. Das ist automatisch so hinterlegt. Gleiches gilt für die Schreibung nach einem Punkt. Wenn Sie selbst einen Großbuchstaben eingeben möchten, benötigen Sie die Umschalt-Taste:

- Zur Eingabe von **Großbuchstaben** muss zuerst die Umschalt-Taste ⇧ 1 angetippt werden. Der Pfeil wird blau ⇧ und der Buchstabe kann eingegeben werden.
- Bei längerem Drücken der Umschalt-Taste wird der Pfeil blau ausgefüllt ⬆ und die Großschreibung festgestellt, d. h. es wird alles in Großbuchstaben geschrieben, bis erneut die Umschalt-Taste angetippt wird.

Leerzeichen, Löschen und Cursorsteuerung: Die Texteingabe findet immer am Cursor (blinkender senkrechter Strich) statt:

- Um zwischen zwei Worten ein *Leerzeichen* einzugeben, tippen Sie auf die Leertaste DE.
- Mit ⌫ entfernen Sie alle Zeichen links vom Cursor. Wenn Sie länger mit dem Finger auf der Taste bleiben, werden schnell mehrere Wörter gelöscht. Findet man einen Fehler mitten im Text, müsste man jetzt alle Wörter bis zum Fehler löschen. Hier hilft die Leertaste! Verbleiben Sie mit dem Finger etwas länger auf der Leertaste und ziehen Sie dann mit dem Finger den Cursor an die gewünschte Position.
- Mit der *Zeilenschaltung* ↵ erzeugen Sie eine neue Zeile und fügen einen Absatz ein.

Hier finden Sie weitere Satz- und Sonderzeichen: Mit der Taste !#1 schaltet man auf ein Tastaturlayout zur Eingabe von *Sonderzeichen* um. Dort zeigen Sie mit der Taste 1/2 2 eine weitere Sonderzeichentastatur an. Die Taste ABC schaltet zurück zur Buchstabentastatur.

Durch längeres Drücken der Taste ❸ links von der Leertaste (siehe Grafik vorige Seite) werden häufig gebrauchte Sonderzeichen aufgerufen. Danach wird die Taste mit dem Zeichen belegt, welches zuletzt benutzt wurde.

Wo ist eigentlich das ß? Zur Eingabe spezieller Buchstaben, z. B. das spanische ñ, die französische Ligatur œ und natürlich alle Buchstaben mit Akzent oder Trema, drücken Sie den Finger länger auf die entsprechende Taste. Es erscheint ein Zusatzfeld. Hier ist ein Buchstabe bereits ausgewählt. Dieser wird eingefügt, wenn Sie die Taste loslassen. Zur Auswahl eines anderen Buchstabens verbleiben Sie mit dem Finger auf dem Bildschirm, fahren nach oben in das Zusatzfeld auf den gewünschten Buchstaben und lassen dann los. Auf diese Weise finden Sie im Zusatzfeld der Taste S auch das ß ❹.

Texterkennung & Autokorrektur

Vorschlagsleiste: Sobald Sie anfangen zu tippen, wird die Tastatur-Symbolleiste durch die Vorschlagsleiste ersetzt. Hier erhalten Sie für die aktuelle Eingabe Wort- bzw. Korrekturvorschläge, die durch Antippen übernommen werden können. So können Sie die Eingabe langer Worte abkürzen, wie in unserem Beispiel *Fahrradfahren* ❶. Mit ··· zeigen Sie weitere Vorschläge an.

Erscheinen Worte in blauer Schrift ❷, werden diese automatisch durch Drücken der Leertaste eingefügt. Das ursprünglich eingegebene Wort wird ebenfalls in der Leiste angezeigt. Sollten Sie lieber dieses behalten wollen, tippen Sie es an.

Darüber hinaus werden auf Grundlage des bereits eingegebenen Textes passende Vorschläge für das nächste Wort angezeigt ❸, die Sie ebenfalls durch Antippen übernehmen können. Um diese auszublenden und zur Tastatur-Symbolleiste zurückzukehren, tippen Sie auf ⊠.

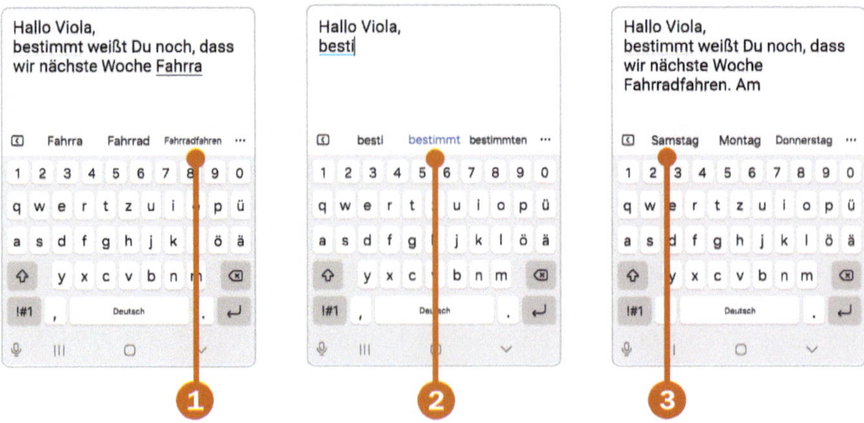

Emojis bebildern Gefühle

Emojis, wie lachende Gesichter oder Bilder von Gegenständen, machen Texte fröhlicher und vereinfachen die Eingabe. Mit Emojis drücken Sie Gefühle aus 😍 und ersetzen Worte, wie „Ich esse gerade 🌭“:

- Zur Anzeige der Emojis tippen Sie auf ☺ ❶. Das Symbol befindet sich links oben auf der Tastatur. Wenn die Emoji-Taste nicht zu sehen ist, tippen Sie zunächst auf ◁ ❷, um zur Tastatur-Symbolleiste zu wechseln.
- Beachten Sie, dass neben den Emojis auch noch andere Bilddaten (GIFs, Sticker) angeboten werden. Mit 😀 ❸ zeigen Sie alle Emojis an. Die Emoji-Bibliothek ist ebenfalls unterteilt. Der Bereich 🕓 ❹ enthält die zuletzt verwendeten Grafiken. Dann folgen Smileys ☺ und Hände, Tiere und Pflanzen, Nahrungsmittel, Gebäude und Wettersymbole, Sportgeräte usw. In jedem Bereich können Sie durch vertikales Wischen weitere Elemente anzeigen.
- Die Löschtaste wird angezeigt, sobald Sie das Emoji eingefügt haben ⌫ ❺. Durch Antippen der Tastatur ⌨ ❻ links oben zeigen Sie wieder die Bildschirmtastatur an.

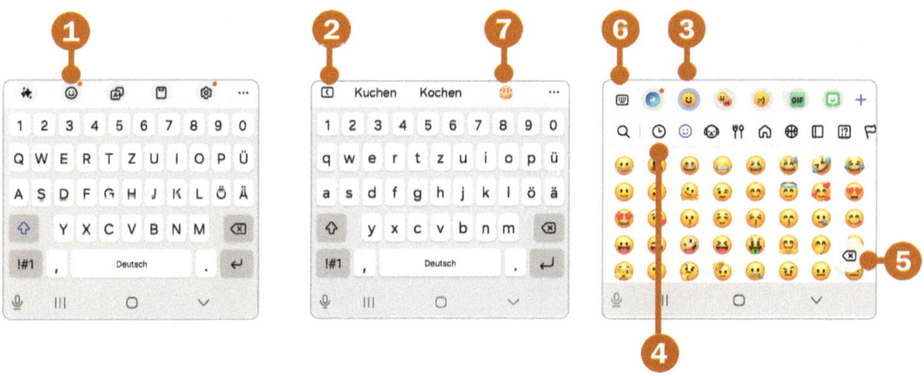

Tipp: Für manche Worte erhalten Sie auch Vorschläge in Form von Emojis ❼. Wenn Sie das Emoji gleich nach dem Schreiben des Worts antippen, ersetzt das Emoji das Wort; wenn Sie noch ein Leerzeichen eintippen, wird das Emoji danach eingefügt.

Text mittels Spracheingabe

Diktat starten: Anstatt mühsam zu tippen, diktieren Sie Ihre Nachricht einfach. Tippen Sie auf das Mikrofonsymbol links unten 🎙 ❶ und sprechen Sie Ihren Text. Satzzeichen können ebenfalls diktiert werden. Bei der ersten Verwendung verlangt die Samsung-Spracheingabe die Erlaubnis, Audioaufnahmen zu machen. Tippen Sie auf *Bei Nutzung der App* ❷ und anschließend auf *Fortsetzen*. Ist kein Mikrofonsymbol vorhanden, prüfen Sie in den *Tastatureinstellungen* ❸ die hinterlegte *Spracheingabe*; siehe Seite 62.

Diktat steuern: Zum Pausieren der Sprachaufnahme drücken Sie auf das blau hinterlegte Mikrofon ❹. Ist das Mikrofon grau, findet keine Aufnahme statt. Zum erneuten Diktieren tippen Sie einfach nochmals auf das Symbol. Zum Löschen einzelner Worte verwenden Sie ⌫ ❺.

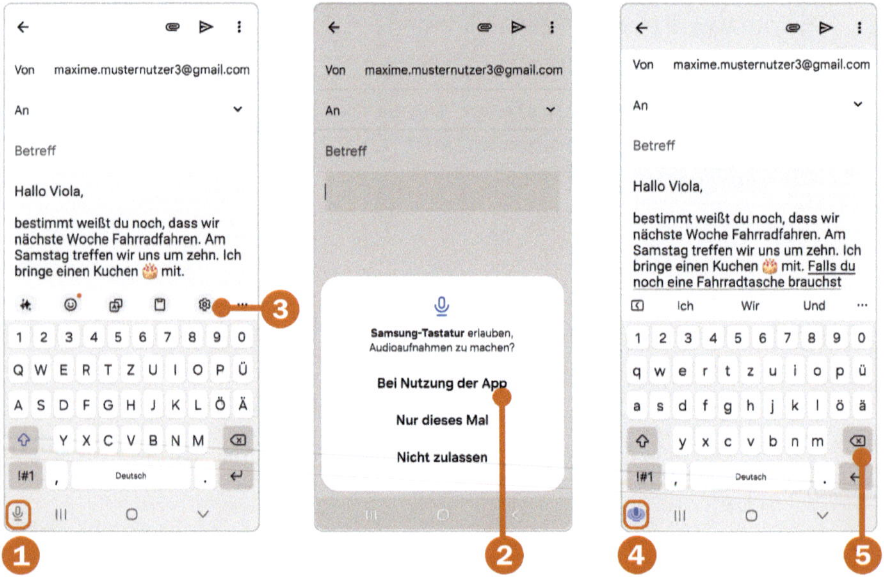

Texte übersetzen, verbessern und verfassen

Über die Tastatur erhalten Sie Zugriff auf praktische Galaxy AI-Funktionen. Die sogenannte künstliche Intelligenz übersetzt Texte, berichtigt Rechtschreibung sowie Grammatik und hilft Ihnen dabei, bessere Texte zu formulieren. Der Schreibassistent steht dabei nicht nur in Samsung-Apps zur Verfügung, sondern in allen Apps, in denen Sie die Tastatur anzeigen können, wie beispielsweise in Messages, WhatsApp oder in einer E-Mail.

Rechtschreibung und Grammatik berichtigen

Geben Sie den Text ein und tippen Sie dann auf das Galaxy AI-Symbol ❶. Bei der Erstverwendung müssen Sie gegebenenfalls noch der Datenverarbeitung mit *Weiter*/*OK* zustimmen. Wählen Sie nun *Rechtschreibung und Grammatik* ❷ aus. Sie erhalten eine überarbeitete Version; die berichtigten Teile sind blau unterstrichen. Wenn Sie damit zufrieden sind, können Sie durch Antippen von *Ersetzen* ❸ Ihre Nachricht durch den berichtigten Text austauschen. Mit *Kopieren* fügen Sie ihn in einer anderen App ein. Ist Ihre Nachricht länger als 200 Zeichen, können Sie diese mit der *Zusammenfassen*-Funktion kürzen lassen. Es werden dann nur die wichtigsten Informationen in wenigen Sätzen gebündelt oder Ihr Text prägnant umformuliert.

Schreibstil verbessern

Verändern Sie den Tonfall des Texts; verwandeln Sie ihn in eine höflichere, zwanglosere oder auch professionellere Version oder lassen Sie einfach Emojis hinzufügen. Die Vorgehensweise gleicht der oben beschriebenen. Tippen Sie im zweiten Schritt einfach auf *Schreibstil* ❹ und wählen eine der angebotenen Alternativen ❺ aus.

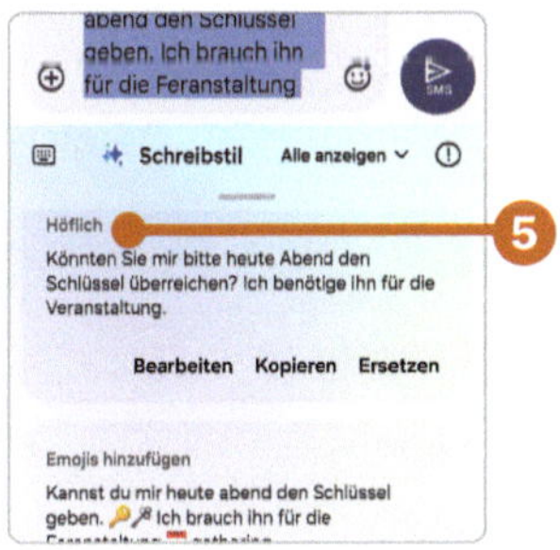

Verfassen lassen

Mit der Option *Verfasser* können Sie dem Schreibassistenten direkte Anweisungen geben, selbstständig eine Nachricht zu erstellen. Sie haben hierzu 125 Zeichen Platz. Tippen Sie auf Standard, um den Kontext (E-Mail, Soziale Medien, Kommentar) zu wählen und entscheiden Sie sich anschließend für einen höflichen, professionellen oder zwanglosen Stil.

Empfangene Nachricht übersetzen

Zur Übersetzung einer erhaltenen Chat-Nachricht wählen Sie auf der Tastatur-Symbolleiste und tippen dann auf *Chat-Übersetzung*. Dadurch werden empfangene Nachrichten automatisch übersetzt. Mehr zur Übersetzung in Chat-Apps, wie beispielsweise WhatsApp, lesen Sie auf Seite 128.

Um E-Mail-Nachrichten und andere Texte zu übersetzen, gehen Sie wie folgt vor:

- **Text markieren:** Tippen Sie auf den zu übersetzenden fremdsprachigen Text etwas länger bis die Markierungswerkzeuge ❶ erscheinen. Mit diesen wählen Sie den gewünschten Bereich aus.
- **Übersetzungsfunktion aufrufen:** Im daraufhin erscheinenden Kontextmenü tippen Sie auf *Übersetzen* ❷. Die integrierte Dolmetscher-App öffnet sich. Hier wird nochmals der markierte Text angezeigt, direkt darunter die Übersetzung ins Deutsche ❸.
- Falls Sie einen markierten Text in eine andere Sprache übersetzen möchten, tippen Sie die Sprache ❹ an und anschließend auf *Sprachen hinzufügen*, um weitere Sprachpakete anzuzeigen. Mit ❺ laden Sie die gewünschte Sprache herunter, welche im Anschluss installiert wird.

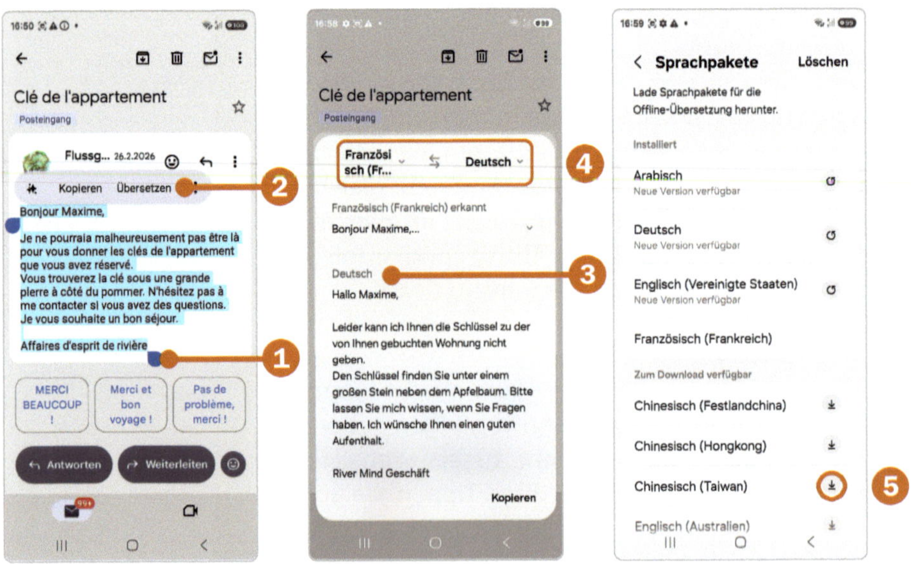

Meine Nachricht in einer Fremdsprache
Soll eine eigene Nachricht gleich in einer Fremdsprache eingegeben werden, gehen Sie so vor:

Zeigen Sie die Tastatur an und tippen Sie auf ❶. Am Beginn des Eingabefelds sehen Sie, in welche Sprache EN ❷ übersetzt wird. Für Änderungen tippen Sie auf das Symbol. Jetzt können Sie über die Erweiterungspfeile ❸ die Sprache wechseln. Tippen Sie Ihre Nachricht ❹ ein. Oben sehen Sie die Übersetzung, die Sie wie gewohnt versenden können.

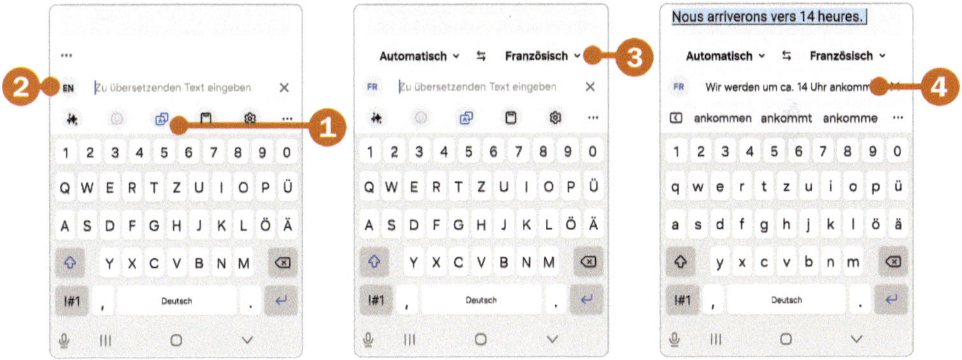

Tastatureinstellungen

Viele der gezeigten Funktionen lassen sich natürlich ändern. Hier wurden die Grundfunktionen der Samsung-Tastatur beschrieben, wie sie standardmäßig eingestellt sind. In den *Tastatureinstellungen* (rechts in der Tastatur-Symbolleiste) stehen beispielsweise folgende Optionen zur Verfügung:

- Wenn Sie keine Textvorschläge (Vorschlagsleiste) mehr erhalten möchten, tippen Sie auf *Texterkennung* und schalten diese anschließend aus. Sie haben auch die Möglichkeit nur *Automatisch ersetzen* oder das Vorschlagen von *Textkorrekturen*, *Emojis* und *Stickern* ❶ zu deaktivieren.
- In den *Weiteren Tippoptionen* ❷ lassen sich die automatische Großschreibung, automatische Leerzeichen- sowie Punktsetzung ausschalten.
- Sie können auch auf die Tastatur-Symbolleiste ganz verzichten. Dann tippen Sie auf den Regler hinter *Tastatur-Symbolleiste* und schalten die Leiste aus. In diesem Fall finden Sie die Tastatureinstellungen und andere Funktionen auf der Taste links neben der Leertaste. Da die Tastatur-Symbolleiste viele Funktionen praktisch zur Verfügung stellt, raten wir aus diesem Grund jedoch davon ab, diese auszuschalten.

- Die Galaxy AI-Funktionen können Sie unter *Schreibassistent* ❸ ▶ *Chat-Übersetzung* bzw. *Stil und Grammatik* verwalten oder ausschalten. Beim *Creative Studio* handelt es sich ebenfalls um eine AI-Funktion zur Erstellung von Bildern, die in Chats als Sticker versendet werden können.
- Falls die Tastatur oder die Buchstaben zu klein sein sollten, lässt sich dies unter *Größe und Transparenz* ❹ und *Schriftgröße* ändern.
- Ist Ihnen der Weg über die !#1-Taste zu umständlich, um Interpunktions- und Sonderzeichen einzufügen, so lässt sich unter *Layout* die Option *Alternative Zeichen* aktivieren. Dadurch werden auf der Tastatur die Sonderzeichen zusammen mit den Buchstaben angezeigt und können über das Zusatzfeld durch längeres Gedrückthalten der entsprechenden Taste (vgl. „ß" auf Seite 55) aufgerufen werden.
- Über *Spracheingabe* ❺ können Sie auswählen, welcher Dienst für die Spracheingabe verwendet wird: Google, Samsung ❻ oder keine. Während Google vielleicht momentan noch ein wenig besser in der Umsetzung von Sprache zu Text ist, bietet Samsung zusätzlich das Übersetzungstool und Offline-Sprachpakete.

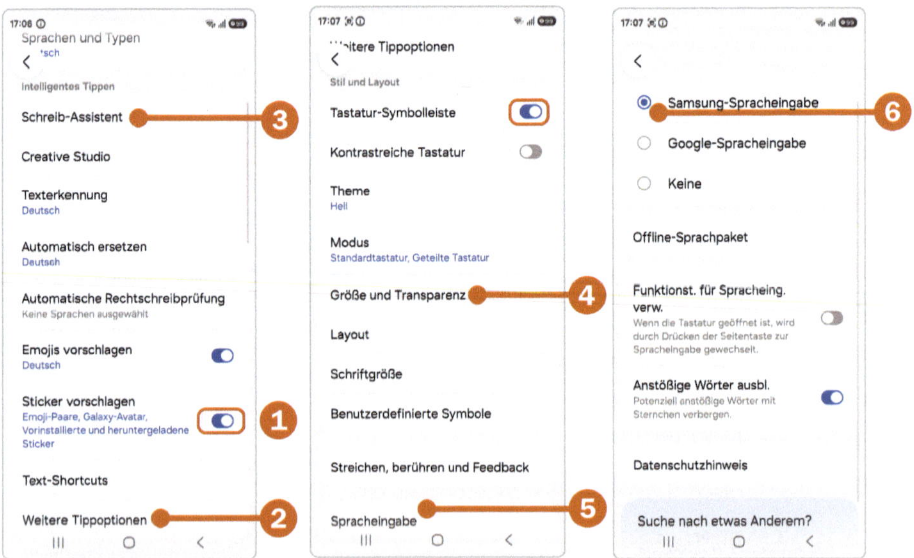

> Wird das Mikrofon in der Navigationsleiste nicht angezeigt - oder falls Sie die Spracheingabe-Funktion stört - können Sie die Tastatur-Schaltfläche in den *Einstellungen* ⚙ ▶ *Allgemeine Verwaltung* ▶ *Tastaturliste und Standard* wieder ein- bzw ausschalten. Haben Sie eine andere Tastatur-App installiert, so können Sie diese hier zur *Standardtastatur* machen.

1.8 Die Statusleiste und Schnelleinstellungen

Über die Statusleiste, die sich klein am oberen Bildschirmrand befindet, erhalten Sie eine Vielzahl an Informationen und können schnell verschiedene Funktionen Ihres Smartphones ein- bzw. ausschalten.

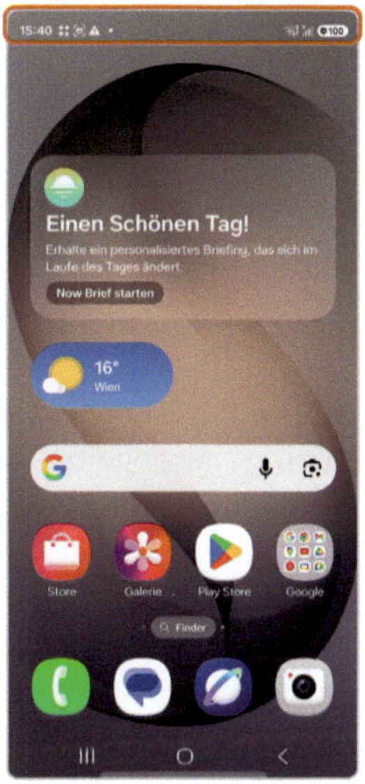

Die **Statusleiste** enthält links die Uhrzeit und rechts den Ladestand des Akkus, die Signalstärke des Telefonempfangs und der mobilen Daten oder die WLAN-Verbindung.

Zwischen diesen Standardinformationen erhalten Sie Mitteilungen von Apps in Form von Symbolen.

☛ Sie erweitern die Anzeige der Statusleiste, indem Sie vom oberen Bildschirmrand nach unten streichen.

Hier sehen Sie die **Benachrichtigungen** der einzelnen Apps: Dabei kann es sich um alles Mögliche handeln, z. B. eine WhatsApp-Nachricht, E-Mails, eine Geburtstagserinnerung oder ein Hinweis; mehr dazu auf Seite 67.

☛ Wischen Sie hier von rechts nach links oder von der oberen rechten Ecke aus nach unten, um das Quick Panel aufzurufen.

Über die **Schnelleinstellungen** (auch QuickPanel) schalten Sie bestimmte Funktionen Ihres Smartphones ein bzw. aus. Weiß bedeutet, dass die Funktion aktiviert ist, im Beispiel oben WLAN, Bildschirm drehen, Mobile Daten und Vibration.

☛ Sie verlassen den Bereich wieder durch Drücken der Home-Taste oder, indem Sie mehrmals von unten nach oben wischen.

Wischen Sie auf der linken Seite der Statusleiste nach unten, erscheinen die Benachrichtigungen, wischen Sie rechts nach unten, dann das QuickPanel.

Symbole der Statusleiste und ihre Bedeutung

Symbol	Bedeutung
	WLAN: Verbindung mit einem WLAN besteht. Die Balken symbolisieren die Stärke des WLANs (je mehr, desto besser). Eine Zahl im Symbol verrät die Wi-Fi-Generation des Routers.
	Mobile Daten: Ohne WLAN nutzen Sie die mobilen Daten für eine Internetverbindung. Die Bezeichnungen E (für EDGE), LTE/4G/4G+ oder 5G geben die Qualität der Verbindung an.
	Netzempfang: Je besser der Empfang ist, desto mehr Striche werden angezeigt.
	Akkustand: Die Füllhöhe zeigt den Ladezustand des Akkus an. Ein Blitz symbolisiert, dass der Akku derzeit aufgeladen wird.
	Bluetooth ist aktiv: Das Smartphone kann mit einem anderen Gerät verbunden werden, z. B. Musikbox oder Kopfhörer.
	Flugmodus: Der Offlinemodus ist aktiviert, d. h. alle Funkverbindungen sind unterbrochen. Sie können unter anderem nicht mehr telefonieren oder das Internet nutzen.
	Standortdienst (GPS): Eine App ortet Ihren Standort, z. B. die Wetter-App oder Google Maps.
	Wecker: Sie haben einen Alarm eingestellt.
	Lautlos ist eingeschaltet. Wenn Sie Anrufe oder Benachrichtigungen erhalten, ertönt kein Signal.
	Nachrichten: Sie haben eine neue SMS bzw. eine neue E-Mail erhalten.
	Anruf in Abwesenheit: Sie haben einen Anruf verpasst.
	SIM-Karte: Entweder ist keine SIM-Karte eingelegt oder sie kann nicht gelesen werden.

☛ Wenn eines dieser Symbole in der Statusleiste erscheint, erhalten Sie zum Teil weitere Infos in den Benachrichtigungen. Streichen Sie vom oberen Bildschirmrand nach unten zur Anzeige aller Benachrichtigungen.

Schnelleinstellungen verstehen und ändern

Das sogenannte QuickPanel (englisch „Schnell-Bedienfeld“) stellt Ihnen zahlreiche Schalter und Regler zur Verfügung, mit denen Sie mit wenigen Klicks die wichtigsten Funktionen Ihres Smartphones steuern.

- **Schnelleinstellungen aktivieren bzw. deaktivieren:** Die weißen Schnelleinstellungen sind aktiv, in der Grafik z. B. WLAN ❶. Durch Antippen aktivieren bzw. deaktivieren Sie die Kacheln. Wischen Sie auf der Schalterfläche ❷ nach unten, um weitere Schnelleinstellungskacheln anzuzeigen.

  Hinweis: Ein aktives WLAN bedeutet nur, dass verfügbare Netze angezeigt werden, nicht dass Sie mit einem WLAN verbunden sind. Die Anzeige von ❸ in der Statusleiste zeigt an, dass eine aktive Verbindung besteht.

- **Tiefere Einstellungen anzeigen:** Einige der Schnelleinstellungen bieten eine Weiterleitung zu den umfangreicheren Möglichkeiten der App *Einstellungen*. Drücken Sie z. B. etwas länger auf das WLAN- oder Bluetooth-Symbol zur Anzeige aller verfügbaren Netzwerke oder Bluetooth-Geräte.

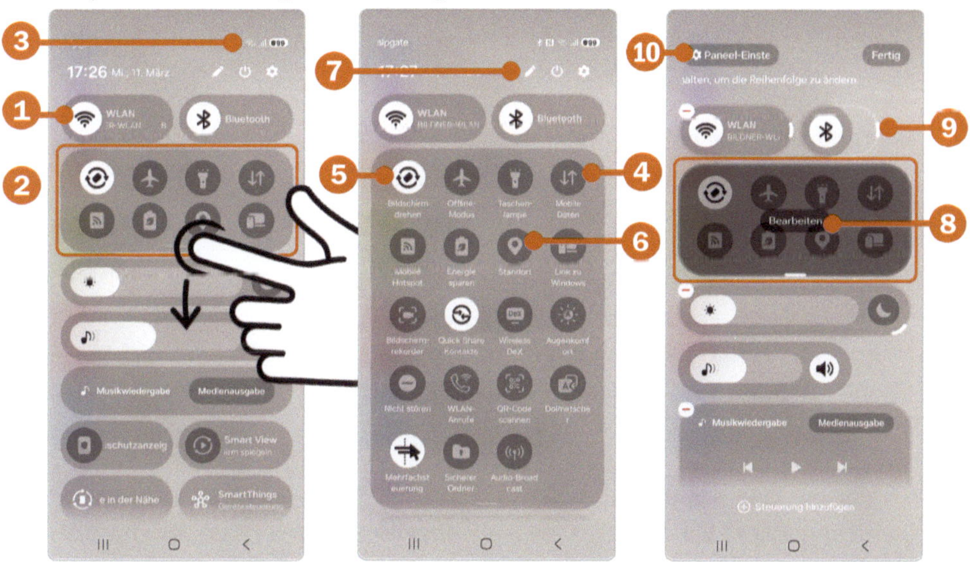

- **Mobile Daten:** Ist momentan kein WLAN verfügbar, stellen Sie eine Verbindung über mobile Daten ❹ mit dem Internet her. Deshalb sollten diese auch aktiv sein. So sind Sie auch unterwegs immer mit dem Internet verbunden. Achten Sie darauf, daheim WLAN statt Mobile Daten zu nutzen.
- **Bildschirm drehen** ❺: Sie können das Handy im Hoch- bzw. Querformat halten und der Bildschirminhalt wird entsprechend angezeigt.

- **Standort** ⑥: In den Schnelleinstellungen haben Sie die Möglichkeit, den Standort durch Antippen zu aktivieren bzw. zu deaktivieren. Solange die Funktion deaktiviert ist, kann keine App auf Ihren Standort zugreifen, selbst wenn die App die Erlaubnis dazu hat.

Schnelleinstellungen bearbeiten

Möchten Sie die Platzierung der Kacheln, Schaltflächengröße oder die Ausrichtung der Regler ändern, gehen Sie wie folgt vor:

- Tippen Sie auf das Stift-Symbol ⑦ oben rechts und anschließend etwas länger auf eine Kachel, um diese an eine andere Position zu verschieben.
- Um die Reihenfolge der Schaltflächen innerhalb des Paneels neu zu ordnen, tippen Sie auf *Bearbeiten* ⑧. Anschließend können Sie auch hier die Positionen ändern sowie Schalter entfernen oder Neue hinzufügen.
- Mit den Anfassern ⑨ ziehen Sie an der Kachel, um die Größe zu ändern.
- In den *Paneel-Einstellungen* ⑩ haben Sie die Wahl zwischen *Separat* (aktuell vorausgewählt) und *Zusammen*. Hier lässt sich das QuickPanel auch auf die linke Seite wechseln. Mit *Zusammen* kehrt man zur altbekannten Kombinationsdarstellung früherer Galaxy-Smartphones zurück.

Wozu wird mein Standort benötigt?

Einige Apps greifen auf Ihre aktuellen Standortdaten zu (sofern Sie das erlaubt haben), um dazu passende Informationen anzuzeigen, z. B. Wetter-Apps, um Ihnen Vorhersagen zu Ihrem aktuellen Aufenthaltsort anzeigen zu können. Nun hängt es von Ihnen ab, welcher App Sie diese persönlichen Informationen zur Verfügung stellen möchten, da der Gerätestandort meist sehr genau bis zur Hausnummer ermittelt werden kann.

Deshalb fragen Apps beim ersten Öffnen, ob sie den Gerätestandort abrufen dürfen. Durch Antippen von *Nicht zulassen* verweigern Sie den Zugriff. Damit verzichten Sie vielleicht auch auf eine Funktion der App. Möchten Sie der App die genauen Standortdaten zur Verfügung stellen, tippen Sie auf *Genau* und dann auf *Bei Nutzung der App*. Das ist beispielsweise sinnvoll bei Navigations-Apps, wie Google Maps. Es gibt allerdings zahlreiche Apps, z. B. Wetter-Apps, die gar nicht Ihren genauen Standort benötigen, um trotzdem zu funktionieren. Hier können Sie mit Auswahl *Ungefähr* und *Bei Nutzung der App* nur eine ungefähre Ortsangabe übermitteln. Wie Sie nachträglich kontrollieren und ändern, was die App darf, lesen Sie auf Seite 82.

1.9 Benachrichtigungen

Sie erhalten eine Vielzahl von Benachrichtigungen verschiedener Apps, beispielsweise bei neuen E-Mails, Chats und vielen mehr. In der Regel ertönt auch ein Signal und die Benachrichtigung ist am Sperrbildschirm sichtbar.

Benachrichtigungen lesen und entfernen

Bei einer langen Benachrichtigungsliste streichen Sie vertikal nach oben über die Liste, um weitere Meldungen anzuzeigen. Wer mag, kann auch gleich unwichtige Benachrichtigungen entfernen. Wischen Sie dazu horizontal über die Benachrichtigung; damit wischen Sie die Meldung sozusagen aus dem Bildschirm hinaus. Mit *Löschen* ❶ können Sie schnell alle angezeigten Meldungen entfernen. Benachrichtigungen mit etwas mehr Text, können durch Antippen des Pfeilsymbols ❷ erweitert werden. Zum Öffnen der Meldung in der zugehörigen App, hier z. B. Gmail, tippen Sie die Nachricht an. Manche Nachrichten können auch sofort bearbeitet werden, z. B. können Sie auf die E-Mail *Antworten* ❸ und direkt einen Text verfassen.

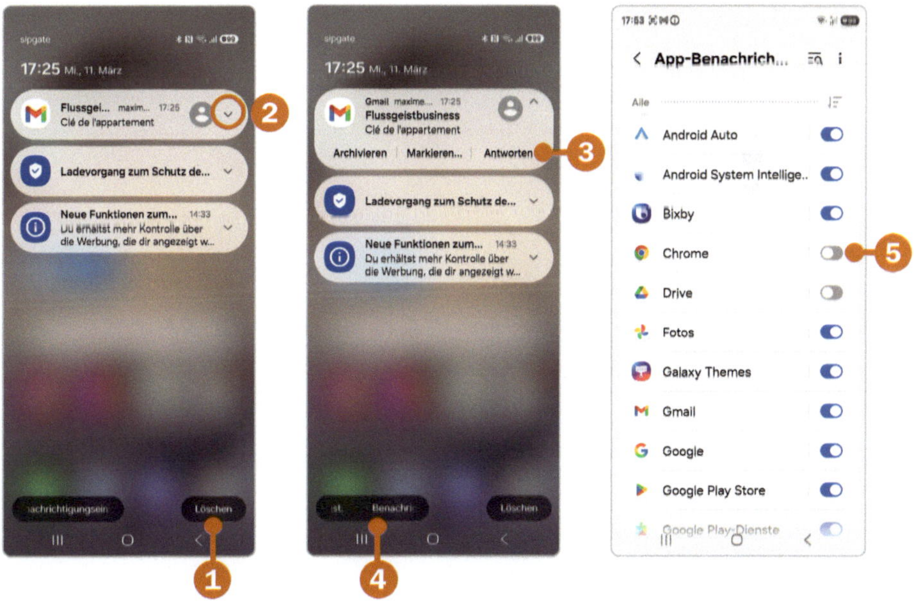

Dauerhaft Ruhe! Tippen Sie auf *Benachrichtigungseinst.* ❹ gelangen Sie zu den *App-Benachrichtigungen* und können den dort gelisteten Apps mithilfe der Regler ❺ die Erlaubnis entziehen, Benachrichtigungen zu senden.

Benachrichtigungsarten verwalten

Mit der Zeit erhalten Sie eine Vielzahl von Benachrichtigung verschiedener Apps. Falls Sie ein wenig ausmisten möchten, in den *Einstellungen* stehen Ihnen unter *Benachrichtigungen* zahlreiche Optionen zur Verfügung.

- Die *App-Benachrichtigungen* ❶ lassen sich sowohl vollständig ausschalten als auch durch Antippen des Eintrags feiner justieren:
  - *Ton und Vibration* ❷ oder *Sperrbildschirm*-Meldung ❸ ausschalten.
  - Das *App-Symbol* ❹ und *Benachrichtigungs-Pop-Up* ❺ für die gewählte App deaktivieren, wie sie in der Abbildung zu sehen sind.
  - Mit *Sortieren* (dritte Abbildung vorherige Seite) filtern Sie die Apps in der Liste nach *Alle*, *Aktuell*, *Am häufigsten* und *Ausgeschaltet*.

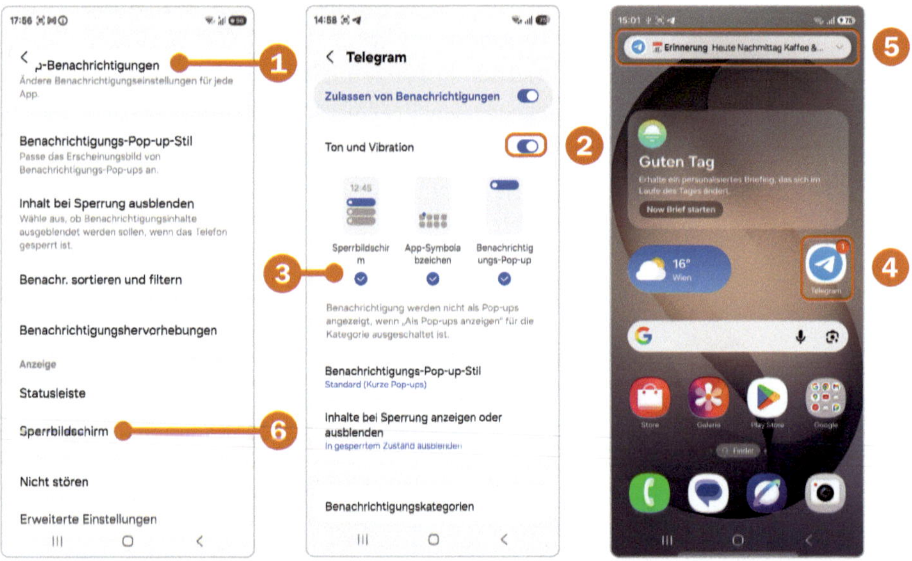

- Unter *Sperrbildschirm* ❻ legen Sie fest, ob und in welcher Größe (*Punkt*, *Symbole* oder *Karten*) App-Benachrichtigungen im gesperrten Zustand zu sehen sind, während Sie unter *Inhalt bei Sperrung ausblenden* entscheiden, ob auch der Nachrichteninhalt am Sperrbildschirm sichtbar sein soll.
- Unter *Statusleiste* legen Sie den dort genutzten Stil (*Symbole* / *Punkte*) fest.
- Im Eintrag *Benachrichtigungshervorhebungen* finden Sie die neuen Galaxy AI-Funktionen *Benachrichtigungen priorisieren* ❼ und *Benachrichtigungen zusammenfassen*. Aktivieren Sie Ersteres, so analysiert die sogenannte KI, welche Meldungen für Sie wahrscheinlich am wichtigsten sind, und zeigt

Ihnen diese zuerst an. Mit der zweitgenannten Option werden die Inhalte Ihrer Nachrichten knapp wiedergegeben. Die Nachrichten werden dabei direkt auf dem Gerät verarbeitet, sodass der Datenschutz gewahrt bleibt.

- Unter *Benachrichtigungs-Pop-up-Stil* bestimmen Sie, wie groß Benachrichtigungen am Bildschirm angezeigt werden. Standardmäßig ist *Kurz* ausgewählt, wodurch die Meldung wie bei ❺, in kompakter Form erscheint. Für mehr visuelle Akzente können Sie auch einen zusätzlichen *Lichteffekt* ❽ für eingehende Benachrichtigungen aktivieren.

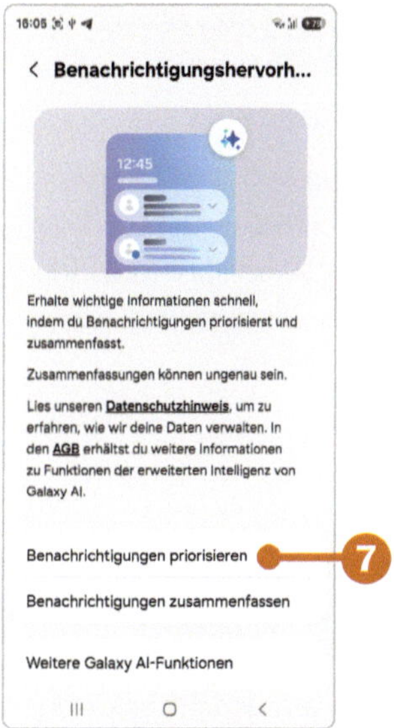

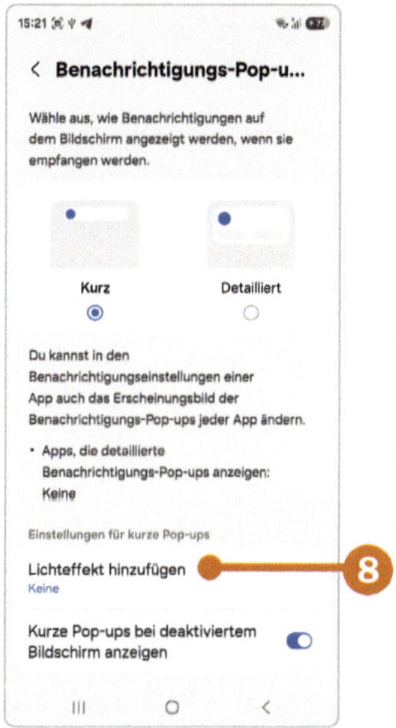

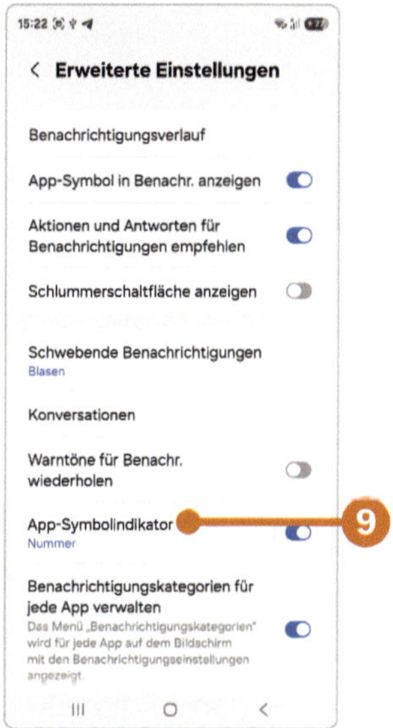

- In den *Erweiterten Einstellungen* finden Sie den *Benachrichtigungsverlauf*. Wurde Benachrichtigung versehentlich gelöscht, so haben Sie mit dem Verlauf die Möglichkeit, solche Benachrichtigungen in chronologischer Reihenfolge wiederzufinden. Weitere Optionen hier:
  - Aktivieren Sie *Schwebende Benachrichtigungen* werden neue Nachrichten als kleine schwebende Kreise, auch Blasen genannt, angezeigt.
  - Mit *Schlummerschaltfläche* erhalten Sie im Benachrichtigungsbereich eine Glocke, mit der Sie sich an einzelne Benachrichtigungen nach einem gewählten Zeitraum erneut erinnern lassen können.
  - Tippen Sie auf *App-Symbolindikator* ❾, um die Optionen der Symbolabzeichen am App-Icon (*Nummer* oder *Punkt*) aufzurufen.
  - Mit *Benachrichtigungskategorien für jede App verwalten* erscheint in den *App-Benachrichtigungen* bei jeder App der Eintrag *Benachrichtigungskategorien*, unter der sich noch feinere Einstellungen vornehmen lassen.

1.10 Smartphone aus- und einschalten

Zugegebenermaßen wird das Smartphone nicht oft ganz ausgeschaltet. Manchmal schaltet man es im Theater oder Kino ab, um sicherzustellen, dass niemand gestört wird. Ein anderer Klassiker ist der niedrige Akkustand, der einen veranlasst, das Handy auszuschalten, um vielleicht am Zielort noch einen Anruf tätigen zu können. Wenn Sie Ihr Handy einige Zeit nicht verwenden möchten, ist es ebenfalls sinnvoll es auszuschalten. Außer dem sollten Sie das Smartphone ausschalten, wenn Sie die SIM-Karte wechseln. Wichtig ist: Nach dem Einschalten benötigen Sie zum Entsperren des Handys die PIN Ihrer SIM-Karte.

> Die **PIN der SIM-Karte** erhalten Sie zusammen mit Ihrer Karte. Sie müssen diese PIN immer dann eingeben, wenn das Smartphone neu gestartet wurde. Die SIM-Karten-PIN darf nur dreimal falsch eingegeben werden, dann ist die Karte gesperrt und Sie benötigen den **PUK**, den Sie ebenfalls zusammen mit Ihrer SIM-Karte bekommen haben. Diesen meist achtstelligen Code müssen Sie dann eingeben, um Ihr Handy wieder zu entsperren.

Smartphone ausschalten & neu starten

- Um das Gerät abzuschalten, drücken Sie gleichzeitig etwas länger auf die Funktions- und Leisertasten. Alternativ wischen Sie vom rechten oberen Bildschirmrand nach unten, um die Schnelleinstellungen anzuzeigen. Dort finden Sie das Symbol ⏻ ❶ zum Ausschalten des Smartphones. Hier stehen Ihnen dann grundsätzlich zwei Optionen zur Verfügung:
  - **Ausschalten**: Tippen Sie auf *Ausschalten* und zur Bestätigung nochmals auf *Ausschalten*.
  - **Neustart**: Wenn das Smartphone Probleme bereitet, hilft oft ein *Neustart*. Aber auch ohne Not ist es sinnvoll, das Handy von Zeit zu Zeit neu zu starten. Das Beenden verschiedener Prozesse und die Optimierung der Apps beim anschließenden Hochfahren kann sich positiv auswirken.
- Zum Einschalten drücken Sie etwas länger auf die Funktionstaste, geben Sie dann die PIN der SIM-Karte ein und tippen auf *OK* ❷. Danach müssen Sie das Handy ggf. noch entsperren.

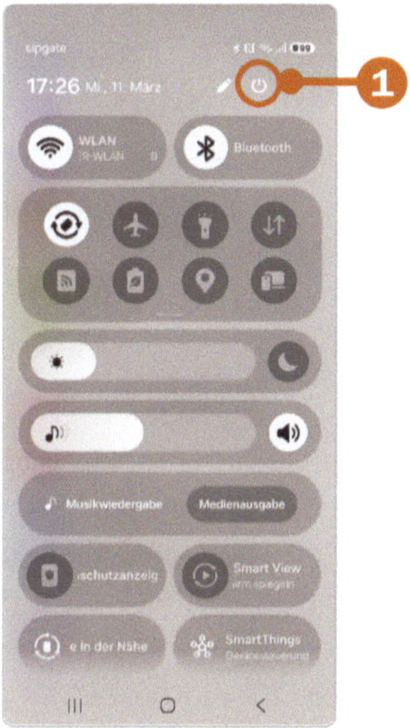

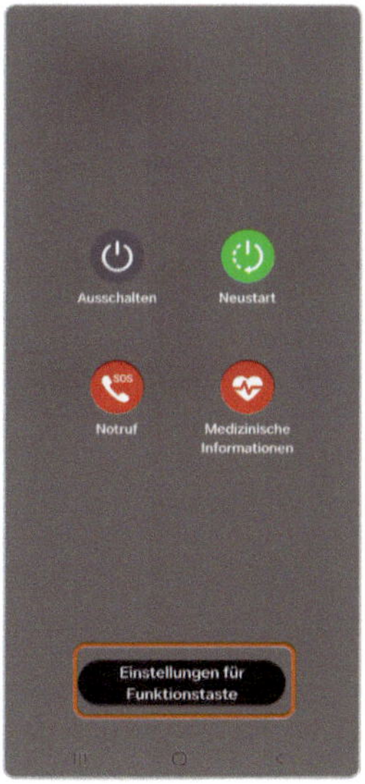

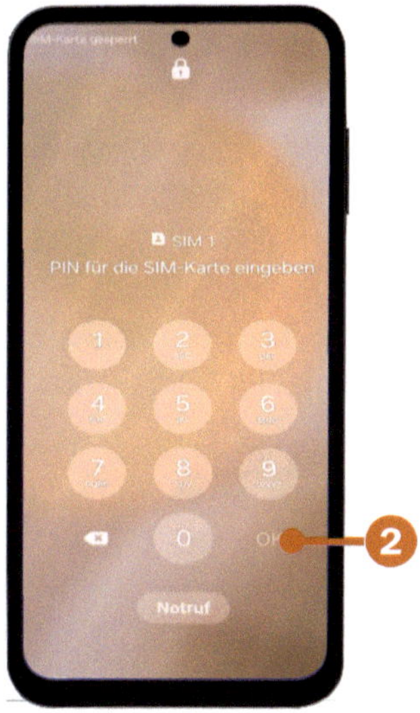

Neustart erzwingen: Wenn der Bildschirm des Handys eingefroren ist und das Gerät nicht mehr reagiert, können Sie das Smartphone durch eine Tastenkombination neu starten. Halten Sie die Funktionstaste und die Leiser-Taste länger als sieben Sekunden gleichzeitig gedrückt. Dann startet das Smartphone automatisch neu.

Funktionstaste umprogrammieren

Wenn Sie die Funktionstaste etwas länger drücken, rufen Sie auf dem S26 Ihren digitalen Assistenten auf. Dies kann entweder Googles Gemini, Perplexity oder Samsungs Bixby sein. Sollten Sie der Ansicht sein, dass es praktikabler ist, stattdessen die Optionen zum Ausschalten des Smartphones anzuzeigen, können Sie die Funktionstaste umprogrammieren.

- Öffnen Sie die *Einstellungen* , tippen Sie auf *Erweiterte Funktionen* und wählen Sie dann *Funktionstaste* aus. Hier wählen Sie unter *Lange drücken* den Punkt *Ausschalten-Menü*. Schneller geht es auch direkt über *Einstellungen für Funktionstaste* (siehe Abbildung oben mittig).
- Drücken Sie zweimal hintereinander auf die Funktionstaste, so öffnet sich die Kamera. Falls Sie möchten, können Sie aber auch eine andere App, Funktion oder Aktion für *Zweimal drücken* festlegen.

2 Das Smartphone schützen

Das Smartphone als ständiger Wegbegleiter enthält viele persönliche Daten. Deshalb sollten Sie es unbedingt vor unbefugtem Zugriff anderer schützen. Stellen Sie sich vor, Sie verlieren das Smartphone und jeder kann mit einem Wisch telefonieren, Ihre geknipsten Bilder betrachten oder Ihre Nachrichten lesen. Da wir das im Einrichtungsprozess übersprungen haben, ist es jetzt an der Zeit, das Handy zu schützen.

Das Smartphone bietet mittlerweile sehr viele Möglichkeiten: Muster, PIN, oder Passwort und zusätzlich Gesichtserkennung oder Fingerabdruck. Für welche Option Sie sich entscheiden, kommt auch auf die persönlichen Vorlieben an und ist letztendlich eine Abwägung zwischen Sicherheit und Praktikabilität. So ist die Eingabe eines Musters, dessen Spuren man noch auf dem Bildschirm sieht, nicht so sicher wie ein langes Passwort. Aber wer will ständig ein Kennwort eintippen? Wir stellen hier die Methoden PIN und Fingerabdruck vor.

2.1 Displaysperre mit PIN

- Öffnen Sie die Smartphone-*Einstellungen* ⚙ und anschließend den Punkt *Sperrbildschirm und AOD* ❶.
- Hier tippen Sie auf *Bildschirmsperre und Biometrie* ❷. Dort haben Sie die Auswahl zwischen *Streichen*, *Muster*, *PIN*, *Passwort* und *Keine*:
  - *Streichen*: Wenn Sie über den Sperrbildschirm streichen, ist das Smartphone sofort entsperrt. Diese Option bietet keinen Schutz, sondern verhindert nur, dass das Smartphone versehentlich in der Tasche bedient wird.
  - *Muster*: Sie zeichnen ein Entsperrungsmuster, das Sie auf dem Bildschirm eingeben, sobald Sie Ihr Smartphone nutzen wollen.
  - *PIN* oder *Passwort*: Eine mindestens vierstellige Zahl (PIN) oder Zeichenfolge (Passwort) schützt Ihr Smartphone vor Unbefugten.
  - *Keine*: Wenn Sie die Funktionstaste drücken, wird sofort der Startbildschirm angezeigt.
- Wählen Sie *PIN* ❸ aus und geben Sie eine Zahlenkombination ein. Die Zahl sollte mindestens sechs Ziffern haben. Mehr Zahlen erhöhen die Sicherheit.

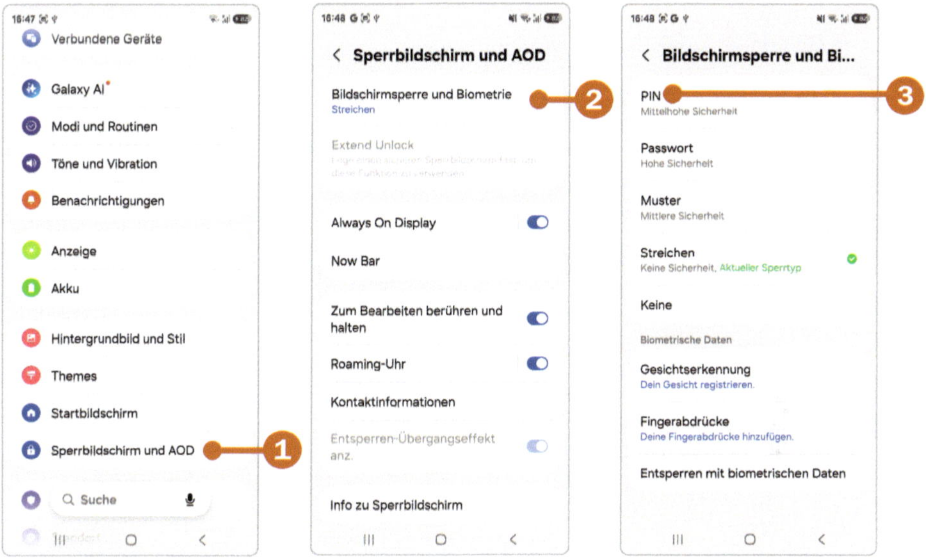

- **Tipp:** Ab sechs Ziffern, können Sie *PIN bestätigen ohne auf OK zu tippen* ❹ aktivieren. Das spart Zeit beim Entsperren des Smartphones. Tippen Sie dann auf *Weiter*. Geben Sie nochmals die Zahl ein und tippen Sie auf *OK*. So wird sichergestellt, dass Sie sich nicht vertippt haben.
- Danach können Sie noch einrichten, in welchem Stil ❺ die Benachrichtigungen auf dem Sperrbildschirm angezeigt werden sollen.
- Ist die Displaysperre eingerichtet, so stehen Ihnen unter *Extend Unlock* ❻ die Trageerkennung, das Hinzufügen vertrauenswürdiger Orte oder Geräte zur Verfügung sowie unter *Sichere Sperreinstellungen* weitere Sicherheitsfunktionen, z. B. die Dauer für die *Automatische Sperre*.

Anstelle einer PIN können Sie auch ein Passwort vereinbaren. Die Festlegung erfolgt analog. Ein Buchstabensalat mit Groß- und Kleinbuchstaben, Sonderzeichen und Ziffern erhöht die Sicherheit.

> Die PIN zum Entsperren des Sperrbildschirms können Sie so oft eingeben, wie Sie möchten, doch nach mehreren Falscheingaben wird eine Pause von 30 Sekunden eingeblendet. Verwechseln Sie diese nicht mit der PIN der SIM-Karte, welche Sie mit der Karte erhalten haben und bei einem Neustart des Smartphones benötigen. Die PIN der SIM-Karte können Sie nur dreimal falsch eintippen, dann ist die Karte gesperrt und Sie benötigen Ihre PUK.

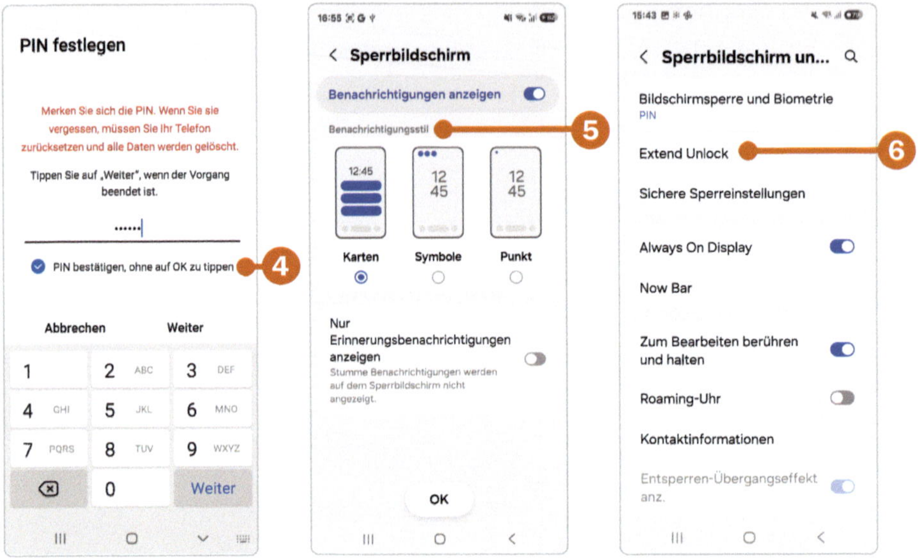

2.2 Fingerabdruck hinzufügen

Der Fingerabdruck wird immer zusätzlich zu einer Bildschirmsperre verwendet. Sie müssen also zunächst ein Muster, eine PIN oder ein Passwort festgelegt haben. Sie entsperren selbstverständlich das Smartphone nachher nur über den Fingerabdruck. Die alternative Methode dient unter anderem dazu, sicherzustellen, dass Sie das Smartphone entsperren können, auch wenn der Fingerabdruck einmal nicht funktioniert.

- Öffnen Sie die *Einstellungen* ⚙. Tippen Sie auf *Sicherheit und Datenschutz* und anschließend auf *Bildschirmsperre und Biometrie* ❶.
- Wählen Sie *Fingerabdrücke* und geben Sie anschließend Ihre PIN ein; tippen Sie auf *Weiter* und bestätigen Sie mit *Registrieren*. Platzieren Sie nun einen Finger auf dem abgebildeten Fingerabdrucksensor.
- Im Folgenden wird der Fingerabdruck eingescannt. Drücken Sie den Finger auf den Sensor. Heben Sie ihn an, sobald der grüne Kreis vollständig ist, und drücken Sie ihn erneut auf den Sensor in leicht veränderter Position bzw. heben ihn an, wenn der Prozentwert steigt. Wiederholen Sie diesen Vorgang 100 % erreicht wurden. Achten Sie auf die Hinweise am Bildschirm ❷.

- Sie können noch weitere Fingerabdrücke durch *Hinzufügen* registrieren lassen. Wenn Sie das nicht möchten, tippen Sie auf *OK*.
- Der Fingerabdruck wurde unter der Bezeichnung *Fingerabdruck 1* ❸ gespeichert.

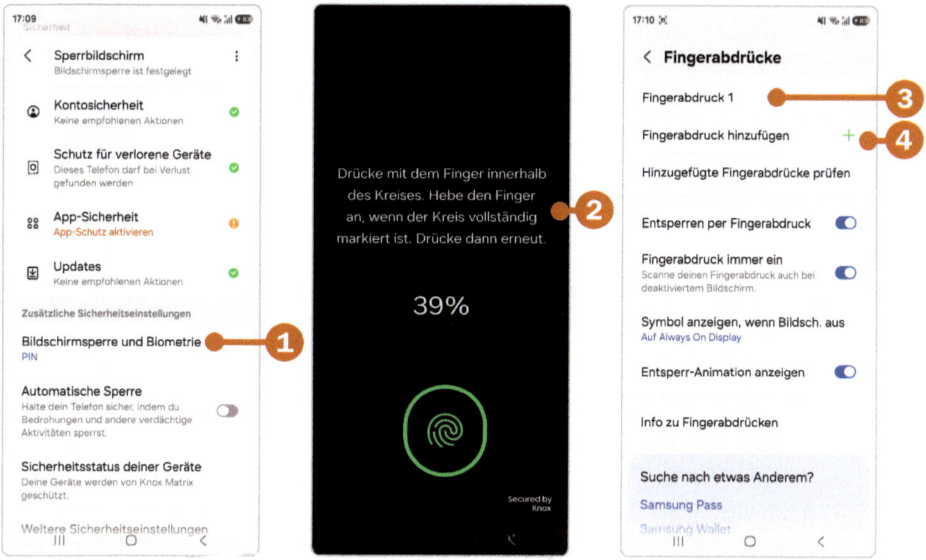

Wenn Sie Ihr Smartphone ausgeschaltet haben und es wieder einschalten, dann geben Sie zunächst die PIN der SIM-Karte ein. Danach muss der Sperrbildschirm entsperrt werden. Wenn Sie das normalerweise mit Fingerabdruck erledigen, ist das bei einem Neustart des Smartphones leider nicht möglich. Hier müssen Sie die PIN / das Passwort eingeben, die Sie festgelegt haben.

Fingerabdruck bearbeiten oder vom Smartphone löschen

Um einen Fingerabdruck zu entfernen, öffnen Sie die *Einstellungen* ⚙, wählen *Sicherheit und Datenschutz* und dann *Biometrische Daten*. Dort öffnen Sie *Fingerabdrücke*, geben die PIN ein, bestätigen mit *Weiter* und tippen auf den Fingerabdruck (im Beispiel *Fingerabdruck 1* ❸). Dadurch öffnet sich ein Kontextmenü, in dem Sie zwischen *Bearbeiten*, *Entfernen* oder *Genauigkeit erhöhen* wählen. Bestätigen Sie mit *Entfernen* das Löschen des Fingerabdrucks.

Fingerabdruck nachträglich hinzufügen

Weitere Fingerabdrücke können, wie oben beschrieben, in den *Einstellungen* mit *Fingerabdruck hinzufügen* ❹ registriert werden.

2.3 Das verlorene Smartphone orten

Sie haben Ihr Smartphone verlegt oder vielleicht sogar verloren. Hier helfen die Ortungsfunktionen von Google und Samsung. Die schnellste und sicherste Ortung erfolgt, wenn das Smartphone über eine mobile Datenverbindung mit dem Internet verbunden und der Standort sowie Bluetooth aktiviert ist. WLAN ist natürlich auch möglich, aber bei Verlust eher unwahrscheinlich. Das Handy muss eingeschaltet sein. Ist es aus, vielleicht aufgrund eines leeren Akkus, kann nur noch der letzte Standort ermittelt werden.

Mein Gerät finden von Google

Einrichten

- **Am Laptop oder Computer:** Rufen Sie die folgende Seite im Browser auf: android.com/find und tippen Sie auf *Anmelden*.

  Anmeldung für „Mein Gerät finden“: Geben Sie die E-Mail-Adresse ein, die Sie bei der Einrichtung des Smartphones für das Google-Konto hinterlegt haben (siehe Seite 36). Mit *Weiter* stimmen Sie bereits Nutzungsbedingungen und der Datenschutzerklärung zu.
- **Am Smartphone:** Sie erhalten eine Meldung auf dem Smartphone, ob Sie sich gerade für den Dienst angemeldet haben. Tippen Sie auf *Ja*.
- **Am Laptop oder Computer:** Im Browser erlauben Sie durch Anklicken von *Akzeptieren*, dass Google auf Ihren Standort zugreifen darf.

Offline-Ortung aktivieren

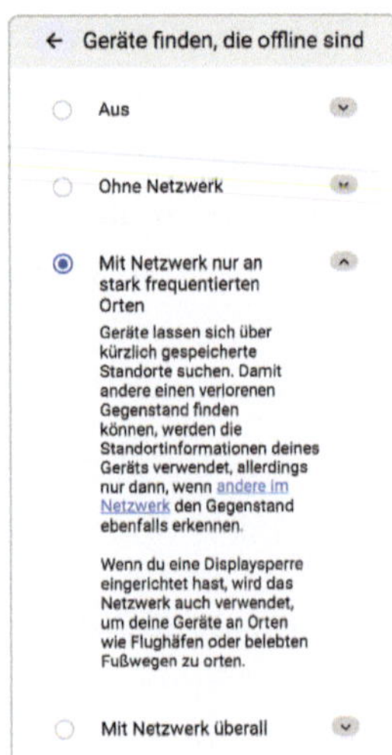

Google bietet auch eine Offline-Ortung, um Ihr Gerät ohne aktive Internetverbindung finden zu können. Mit dem "Find My Device"-Netzwerk ist es sogar möglich, den ungefähren Standort Ihres Geräts zu ermitteln, selbst wenn das GPS deaktiviert ist. Hierbei wird eine gemeinschaftsbasierte Methode verwendet, bei der andere Android-Geräte in der Nähe Ihres verlorenen Handys dessen Bluetooth-Signal erkennen und den Standort anonym an Sie übermitteln. Sie aktivieren diese Funktion wie folgt:

☛ *Einstellungen* ▶ *Google* ▶ *Alle Dienste* unter *Persönliche Sicherheit & Gerätesicherheit* ▶ *Mein Gerät finden* ▶ *Geräte finden, die offline sind*

Smartphone verlegt oder verloren

Unter android.com/find erhalten Sie einen Kartenausschnitt, der anzeigt, wo sich Ihr Smartphone gerade befindet ❶ bzw. zuletzt geortet wurde. Tippen Sie auf das Symbol um links die Koordinaten und gegebenenfalls auch eine Adresse anzuzeigen. Diese Informationen werden im Browser auf einer neuen Registerkarte angezeigt.

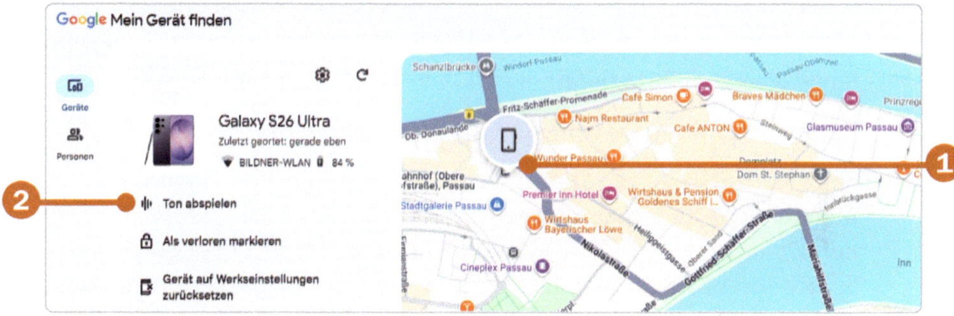

> **Tipp!** Wenn sich das Handy unter dem Kissen auf dem Sofa versteckt, können Sie es mit der Funktion *Ton abspielen* ❷ leicht wiederfinden. Das hat mir schon oft die Suche erspart.

Samsung Find

Um die Ortungsfunktion **Find My Mobile** von Samsung zu verwenden, benötigen Sie ein Samsung-Konto (siehe Seite 34).

Einrichtung am Smartphone

- Öffnen Sie die *Einstellungen*, tippen Sie oben auf Ihren Samsung-Account und wählen Sie unter *Apps und Funktionen* ▶ *Samsung Find*. Erlauben Sie Samsung im Folgenden durch Antippen von *Fortfahren* den Zugriff auf die *Kontakte*, den *Standort* und die *Benachrichtigungen*.
  - *Suchen dieses Telefons zulassen*: Diese Option ist bereits aktiviert. Ihr Telefon wird gefunden, wenn es eine mobile Daten- oder WLAN-Verbindung hat.
  - *Letzten Standort senden*: Wenn Sie diese Option aktivieren, kann zumindest der letzte Standort ermittelt werden, bevor sich das Gerät ausgeschaltet hat.
  - *Offline-Suche*: Ihr Gerät kann mithilfe anderer Samsung-Geräte geortet werden. Ist die Funktion, stimmen Sie zu, dass auch Ihr Gerät verwendet wird, um andere verlorene Handys zu orten.

Smartphone verlegt oder verloren - Ortung am Laptop oder Computer

- Rufen Sie die folgende Seite im Browser auf: *findmymobile.samsung.com*
- Klicken Sie auf *Anmelden* und geben Sie den Benutzernamen Ihres Samsung-Kontos, also die verwendete E-Mail-Adresse und das zugehörige Kennwort, ein.
- Sie erhalten einen Kartenausschnitt, auf dem Sie sehen, wo sich Ihr Smartphone gerade befindet.
- Handy gefunden? Sie verlassen die Seite wieder mit *Abmelden*.
- Sind Sie unsicher, ob Sie Ihr Gerät wirklich verloren haben oder es möglicherweise entwendet wurde, klicken Sie rechts neben *Klingeln* auf *„Verloren"-Modus* ❸. Bestätigen Sie mit *Weiter* und geben Sie Ihren Sperrbildschirm-PIN ein. Dadurch wird Ihr Gerät gesperrt und kann auch nicht abgeschaltet werden. Wenn Sie möchten, können Sie sogar eine Nachricht am Sperrbildschirm einblenden lassen.
- Mit *Akkulaufzeit verlängern* ❹ aktivieren Sie den maximalen Energiesparmodus, wodurch Ihr Gerät so lange wie möglich eingeschaltet bleibt.

Wichtig! Die Ortungsfunktion Ihres Smartphones bietet unseres Erachtens mehr Vor- als Nachteile. Wenn Sie das Gerät verloren haben, können Sie es so wiederfinden oder zumindest via Fernzugriff die Daten auf Ihrem Smartphone löschen. Ganz klar ist aber auch, dass jeder, der über Ihre E-Mail-Adresse und das dazugehörige Kennwort verfügt, über diesen Dienst sehen kann, wo sich Ihr Smartphone und in diesem Fall auch Sie sich gerade befinden. Deshalb ist es wichtig, diese Daten sicher zu verwahren.

2.4 Tipps für mehr Sicherheit

Nicht nur PCs, auch Smartphones können Ziele von Viren und Malware sein! Daher sollte man auf den Schutz der persönlichen Daten auch auf dem Handy achten:

- Führen Sie OneUI- und Sicherheitsupdates zeitnah durch. Aktualisieren Sie auch Ihre Apps regelmäßig (siehe Seite 106).
- Installieren Sie nur Apps aus dem Google Play Store oder aus dem Samsung Galaxy Store und nicht aus einer anderen Quelle.
- Öffnen Sie keine Anhänge von E-Mails, deren Absender Sie nicht kennen.
- Seien Sie misstrauisch, wenn Sie im Browser aufgefordert werden, etwas anzuklicken, um Virenbefall zu vermeiden, oder Sie in einer E-Mail oder einer SMS einen Link anklicken sollen, um sicherheitsrelevante Eingaben für ein anderes Konto nachzutragen. Ihre Bank wird Ihnen niemals eine solche E-Mail oder Textnachricht zusenden.
- Hotspots, also kostenloses öffentliches WLAN, können ebenfalls eine potentielle Gefahrenquelle darstellen.
- Nutzen Sie stets eine Bildschirmsperre (z. B. PIN und Fingerabdruck).
- Kontrollieren Sie die Berechtigungen neuer Apps (siehe Seite 81).
- Achten Sie beim Scannen von QR-Codes darauf, auf welche Webseite Sie dieser führt. Betrüger nutzen QR-Codes an Parkautomaten, um Sie auf gefälschte Bezahlseiten zum Lösen eines Parkscheins zu führen, z. B. **PARK5TER.COM/login** statt **PARKSTER.COM/login**

Bereits vorinstalliert ist **Google Play Protect**, das Sie gegebenenfalls über Sicherheitsrisiken informiert. Dabei wird ein Virenscan der installierten Apps durchgeführt, es erfolgt eine Prüfung der im Play Store angebotenen Apps vor dem Herunterladen und Sie werden vor möglicherweise gefährlichen Internetseiten gewarnt, sofern Sie mit dem Google-Browser Chrome surfen.

In den *Einstellungen* unter *Sicherheit und Datenschutz* erhalten Sie Vorschläge, wie Sie die Sicherheit Ihres Smartphones erhöhen können. Bei orange gekennzeichneten Optionen besteht noch ein Verbesserungspotenzial (im Beispiel bei *App-Sicherheit* ❶). Tippen Sie den Eintrag an. Mit der **Anti-Virus-App** von McAffee können Sie Ihr Smartphone zusätzlich schützen. Wenn Sie das verwenden möchten, tippen Sie auf *App-Schutz* ❷, dann auf *Einschalten* ❸ und bestätigen mit *Einschalten*.

Unter *Sicherheit und Datenschutz* wird neben dem Virenschutz kontrolliert, ob Sie eine Bildschirmsperre verwenden, dass die Kennwörter Ihrer Konten sicher sind, dass der Ortungsdienst (Verlust des Handys) aktiviert ist und dass verfügbare Updates installiert werden.

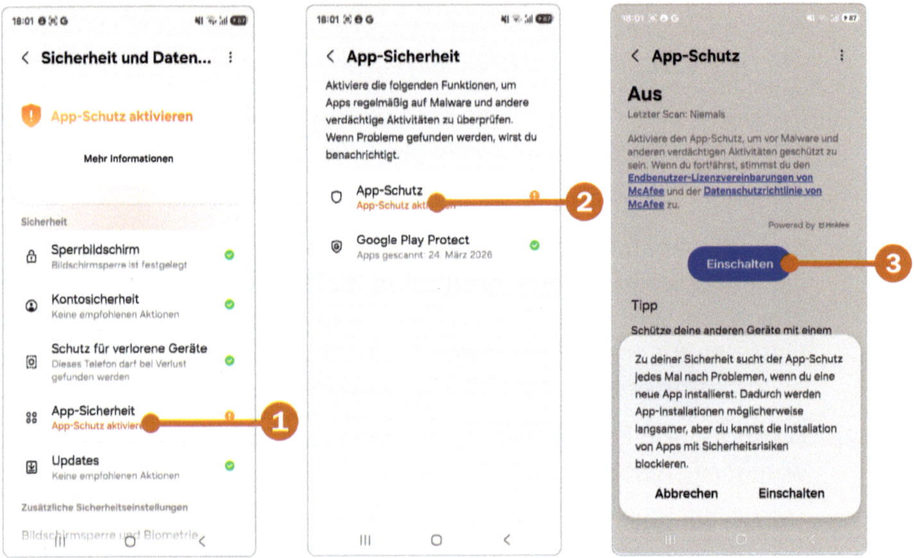

In den *Einstellungen* ⚙ ▶ *Gerätewartung* ④ können Sie Ihr Gerät *Jetzt optimieren*, unter *App-Schutz* ⑤ suchen Sie durch Anklicken von *Telefon scannen* ⑥ nach Maleware und verdächtigen Aktivitäten auf Ihrem Handy.

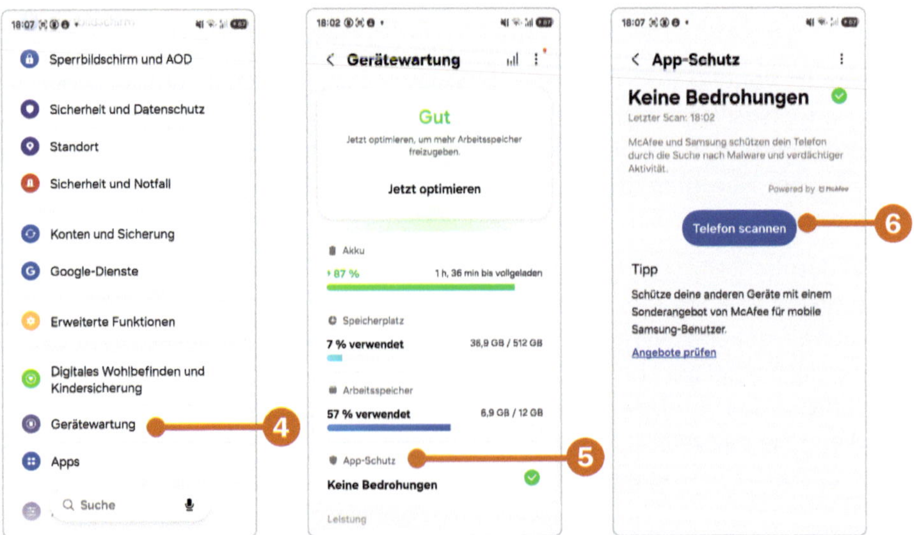

2.5 Berechtigungen kontrollieren

Vielleicht kennen Sie das jetzt schon: Beim Öffnen von Apps oder beim Ausprobieren einer speziellen App-Funktion erscheint eine Meldung, die Sie auffordert, den Zugriff auf einen bestimmten Bereich des Smartphones zuzulassen. Dabei ist es schwer, pauschal zu sagen, auf was eine App zugreifen darf. Beispielsweise benötigen Messenger-Apps, wie WhatsApp, Zugriff auf Ihre Kontakte. Wenn ein Spiel auf Ihre Kontakte zugreifen möchte, ist das zumindest ungewöhnlich.

Apps mit Zugriffsberechtigung anzeigen

Um zu erfahren, welche Apps Zugriff auf eine bestimmte Funktionen Ihres Smartphones haben, z. B. auf das Mikrofon, den Standort oder die Kamera, können Sie *Einstellungen* unter *Sicherheit und Datenschutz* die *Berechtigungsnutzung* ❶ aufrufen. Hier sehen Sie auf einen Blick, welche Apps welche Berechtigungen innerhalb der letzten 24 Stunden bzw. letzten 7 Tage verwendet haben. Möchten Sie es noch genauer wissen, rufen Sie unter *Einstellungen* ▶ *Apps* das Drei-Punkte-Menü ❷ auf und wählen Sie *Berechtigungsverwaltung*. Hier finden Sie den **Berechtigungsmanager.** Tippen Sie einen Bereich an, z. B. *Mikrofon* ❸, um eine Liste aller Apps aufzurufen, denen die Berechtigung erteilt wurde das Mikrofon zu nutzen. Durch Antippen der App können Sie auch hier gleich die jeweilige Zugriffsberechtigung entziehen.

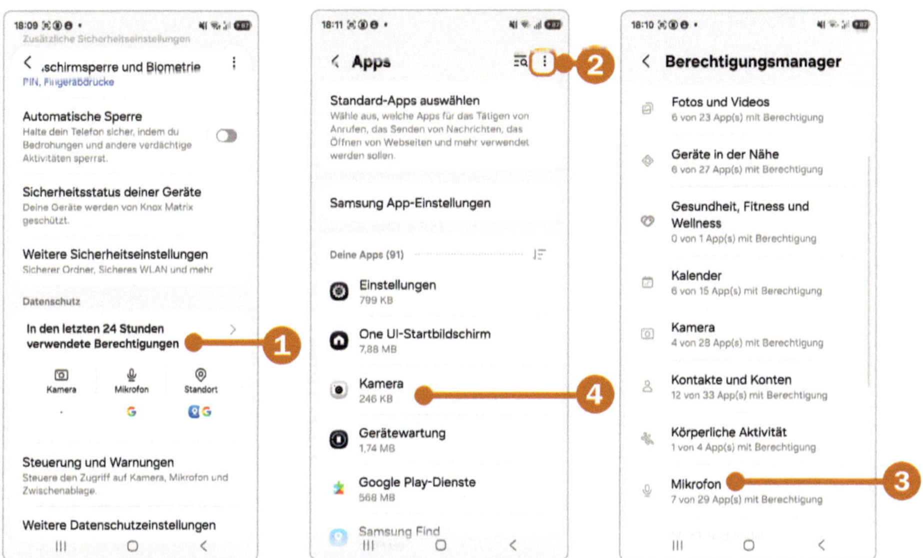

Berechtigungen nachträglich ändern

- Rufen Sie in den *Einstellungen* ⚙ ▶ *Apps* auf und tippen Sie hier eine Anwendung an, deren Berechtigungen Sie ändern möchten, z. B. die *Kamera*-App ❹, und tippen Sie dann auf *Berechtigungen* ❺.
- Die Berechtigungen sind unterteilt in *Zugelassen* ❻ und *Nicht zugelassen*. Im Beispiel ist die App *Kamera* berechtigt auf das *Mikrofon* zuzugreifen. Das ist vielleicht zunächst ungewöhnlich. Denkt man aber an Audioaufnahme beim Videodreh, dann ist das durchaus sinnvoll.
- Wenn Sie möchten, können Sie nun Zugriffe entziehen oder auch erlauben. Im Beispiel erlauben wir der App *Kamera* den Zugriff auf den Standort. Damit können Standortinformationen zusammen mit dem Foto hinterlegt werden. Tippen Sie auf *Standort* ❼. Hier wählen Sie *Zugriff nur während der Nutzung der App zulassen* ❽.

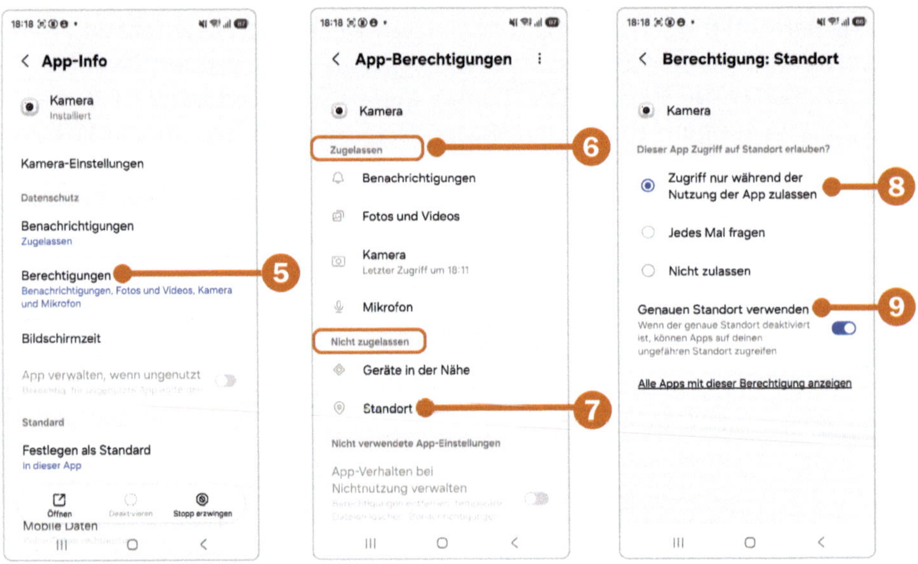

- Analog dazu können auch Berechtigungen entzogen werden; dann wählen Sie *Nicht zulassen* oder *Jedes Mal fragen*. Keine Angst, falls Sie einen Zugriff unterbinden, der für die Funktionsfähigkeit der App abdingbar ist, werden Sie gewarnt und beim nächsten Öffnen der App wird ein Hinweis eingeblendet, der erneut den Zugriff einfordert.

Genauen Standort verwenden
Wie Sie schon auf Seite 66 erfahren haben, können Sie einer App den genauen oder nur einen ungefähren Gerätestandort zur Verfügung stellen. Ist der Schalter bei *Genauen Standort verwenden* aktiv ⑨, so wird im Falle der App *Kamera* für das Foto der Aufnahmeort mit Straße und Hausnummer gespeichert. Ähnliche Informationen erhalten Sie auch beim ungefähren Standort , nur weichen diese um einige hundert Meter ab. Mehr zu Standortangaben zu Ihren Fotos erfahren Sie auf Seite 142.
Analog können Sie für eine Wetter-App verfahren. Auch dieser können Sie durch Deaktivierung des Schalters nur einen ungefähren Standort zur Verfügung stellen. Das reicht hier aus.

Apps aus nicht vertrauenswürdigen Quellen

Standardmäßig sollte Ihr Telefon nur App-Installationen aus genehmigten Quellen, wie dem Play Store oder Galaxy Store, durchführen können. So prüfen Sie, dass keine andere Anwendung das Recht hat, fremde Apps oder sogar Schadsoftware zu installieren:

- Tippen Sie in den *Einstellungen* ▸ *Apps* auf das Drei-Punkte-Menü rechts oben und wählen Sie *Spezieller Zugriff* ❶. Hier finden Sie alle speziellen Zugriffsberechtigungen, von Datei-Zugriff bis WLAN-Steuerung.
- Öffnen Sie den Eintrag *Unbekannte Apps installieren* ❷.
- Mit *Alle ablehnen* ❸ wird jeder Anwendung außer dem Play Store die Erlaubnis entzogen, Apps auf Ihrem Gerät zu installieren.

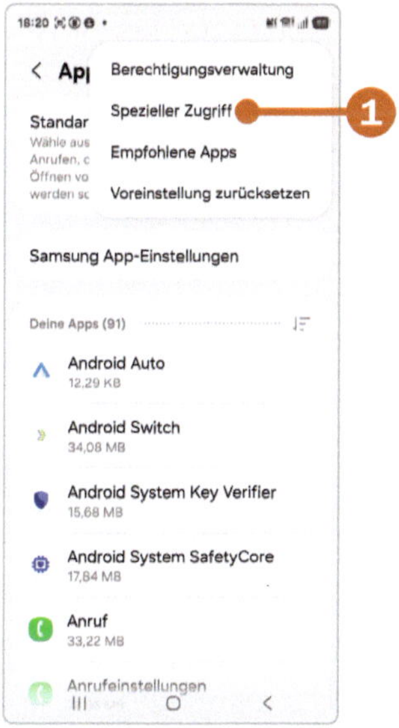

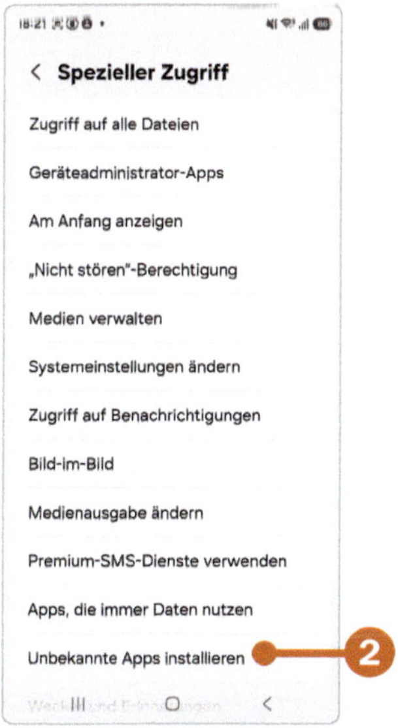

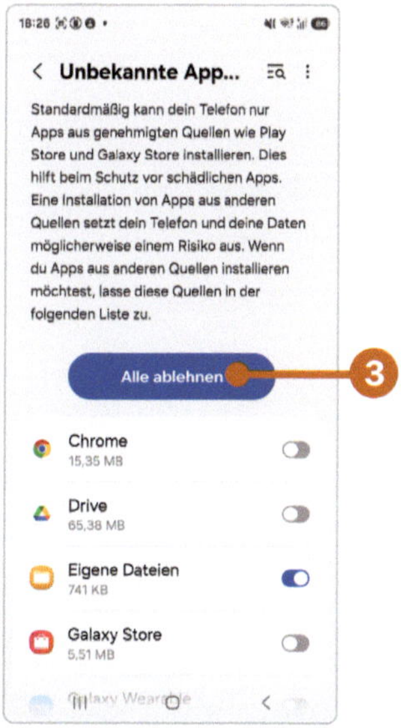

3 Das Smartphone personalisieren

Hier erhalten Sie Tipps, wie Sie das Smartphone an Ihre Bedürfnisse anpassen.

3.1 Bildschirm-Timeout festlegen

Vielleicht passiert Ihnen das gerade – das Smartphone „geht ständig aus". Wenn Sie für kurze Zeit nichts am Gerät machen, wird der Bildschirm ausgeschaltet und das Handy automatisch mit dem Sperrbildschirm geschützt. Diese Funktion nennt sich Bildschirm-Timeout. Jetzt müssen Sie wieder die Funktionstaste drücken, den Bildschirm entsperren und dann kann es erst weitergehen – das nervt. Vor allem weil der Bildschirm-Timeout standardmäßig auf 30 Sekunden eingestellt ist. Das schont den Akku, ist aber am Anfang einfach zu kurz. So verlängern Sie den Zeitraum:

- Öffnen Sie die *Einstellungen* und tippen Sie auf *Anzeige* ❶.
- In der Kategorie *Anzeige* tippen Sie dann auf *Bildschirm-Timeout* ❷ und wählen einen längeren Zeitraum, z. B. *2 Minuten* ❸. Das geht etwas zu Lasten des Akkus, aber Sie können das jederzeit wieder ändern.
- Tippen Sie dann auf die Home-Taste, um die Einstellungen zu verlassen.

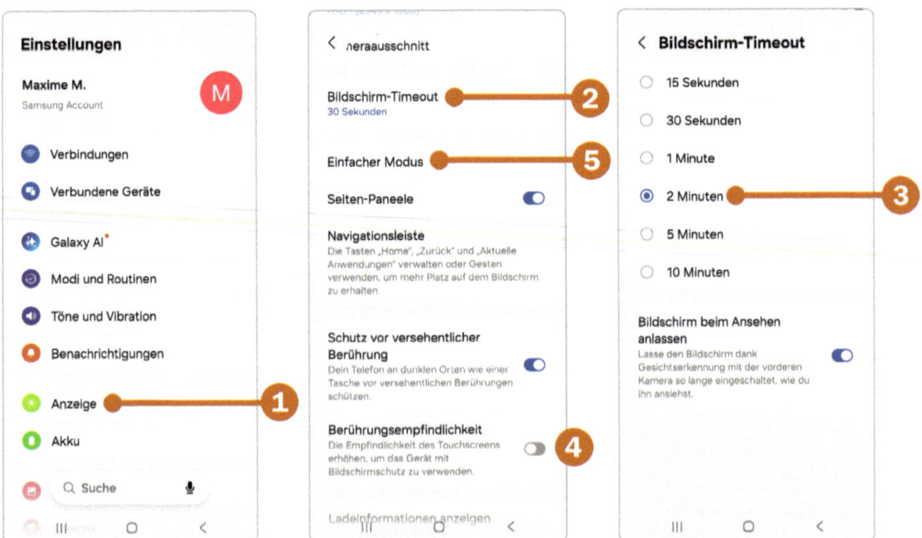

- Sofern Sie ein Bildschirmschutzglas nutzen, aktivieren Sie den Regler bei *Berührungsempfindlichkeit* ❹ zur besseren Bedienung.
- Im *Einfachen Modus* ❺ erscheinen alle Texte und Elemente größer.

3.2 Schriftgröße bestimmen und Helligkeit anpassen

- **Schriftgröße verändern:** Rufen Sie die *Einstellungen* auf und wählen Sie *Anzeige*. Tippen Sie dann auf *Schriftgröße und -stil* ❶. Hier können Sie mit dem Schieberegler die gewünschte Schriftgröße einstellen. Ziehen Sie einfach den Kreis ❷ etwas nach rechts. Dabei sehen Sie die Änderungen sofort und können gleich abschätzen, welche Schriftgröße für Sie angenehm ist.
- Zusammen mit der Schrift können auch die angezeigten Symbole, wie Menübefehle, Navigationstasten etc., vergrößert werden. Dazu tippen Sie auf *Bildschirmzoom* ❸ und ziehen auch hier den Kreis nach rechts.
- **Bildschirmhelligkeit:** Gute Lesbarkeit hat natürlich auch etwas mit der Helligkeit des Bildschirms zu tun. Über den Regler ❹ können Sie die *Helligkeit* des Bildschirms anpassen. Erinnern Sie sich an die Schnelleinstellungen? Hier finden Sie ebenfalls einen Helligkeitsregler ❺.
- Natürlich hat auch das Umgebungslicht Einfluss darauf, welche Bildschirmhelligkeit wir als angenehm empfinden. Die Funktion *Adaptive Helligkeit* passt die Helligkeit automatisch auf Grundlage der vorherrschenden Lichtverhältnisse an. Wenn Sie möchten, testen Sie die Funktion; dazu ziehen Sie den Regler ❻ nach rechts auf *An*.

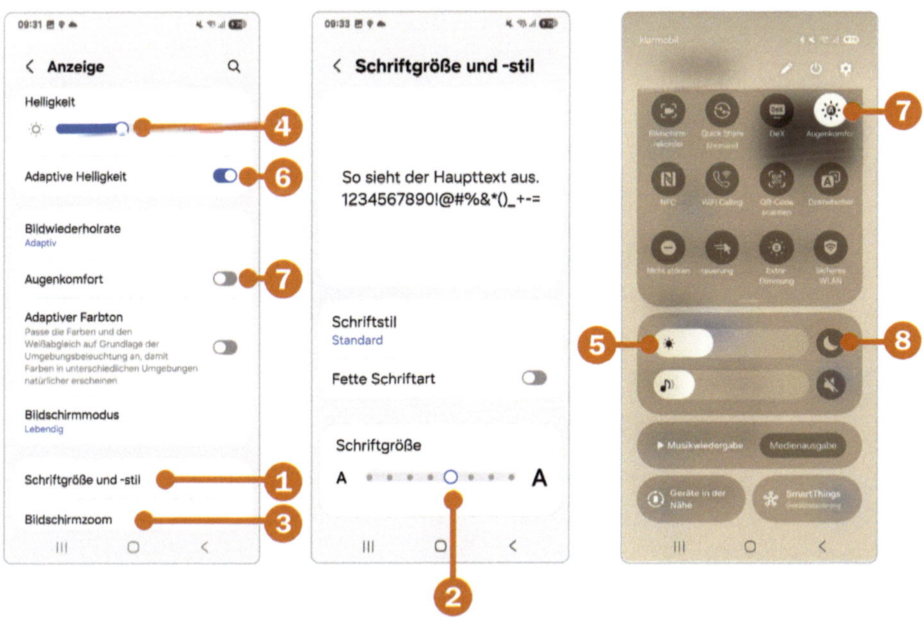

Augenkomfort: Die Funktion Augenkomfort reduziert den Anteil von blauem Licht und lässt das Display wärmer erscheinen. Das kann vor allem abends angenehmer für die Augen sein. Sie finden die Funktion *Augenkomfort* ❼ in den Einstellungen unter *Anzeige* sowie in den Schnelleinstellungen. Nach Aktivierung können Sie wählen, ob die Anpassung automatisch je nach Tageszeit oder nach einem selbst festgelegten Zeitplan erfolgen soll.
Dark Mode: Neben dem Helligkeitsregler finden Sie auch den *Dark Mode* ❽ (Dunkelmodus). Dabei wird die Benutzeroberfläche dunkel dargestellt, sodass Hintergründe abgedunkelt und Schriften hell angezeigt werden. Auf Geräten mit AMOLED-Display kann dies den Energieverbrauch reduzieren. Auf Wunsch lässt sich die Funktion automatisch zu festgelegten Zeiten aktivieren.

3.3 Eigenes Hintergrundbild auswählen

Auch ein persönliches Bild kann als Hintergrund für den Start- oder Sperrbildschirm geladen werden. Dabei ist es am einfachsten, wenn Sie das Foto mit Ihrem Smartphone geknipst haben. Diese Variante stellen wir hier vor:

- Zeigen Sie in der Galerie-App das gewünschte Foto an (mehr zu dieser App erfahren Sie auf Seite 148). Tippen Sie rechts oben auf die drei Punkte ⋮ und wählen Sie *Als Hintergrund festlegen* ❶ aus.
- Anschließend legen Sie fest, wo das Hintergrundbild angezeigt werden soll: Wir wählen hier auf dem *Startbildschirm* ❷.

- Sie erhalten eine Vorschau. Durch Antippen des Fotos und Ziehen können Sie den Bildausschnitt ggf. verändern. Tippen Sie dann rechts oben auf *OK* ❸. Wenn Ihnen das Bild doch nicht gefällt, können Sie mit der Zurück-Taste wieder die Galerieauswahl anzeigen und von Vorne mit einem neuen Bild beginnen.

> Über *Einstellungen*, Auswahl der Kategorie *Hintergrundbild und Stil* und dann Antippen von *Hintergrundbild ändern*, wechseln Sie wieder zurück zum Standardhintergrund.

3.4 Klingeltöne einstellen und Lautstärken anpassen

Sie mögen den Klingel- oder Benachrichtigungston Ihres Telefons nicht? Das lässt sich ändern:

- Rufen Sie die *Einstellungen* Ihres Smartphones auf und tippen Sie dann auf die Kategorie *Töne und Vibration* ❶.
- Tippen Sie auf *Klingelton* ❷. Hier können Sie aus einer Vielzahl von Klingeltönen auswählen. Tippen Sie einfach einen Eintrag der Liste ❸ an. Der gewählte Klingelton ertönt. Falls nicht, überprüfen Sie die Lautstärke ❹.
- Wenn Ihnen ein Ton gefällt, verlassen Sie das Auswahlmenü mit der Zurück-Taste. Der neue Ton ist jetzt bei *Klingelton* hinterlegt. Analog verfahren Sie beim Einrichten eines neuen Benachrichtigungstons ❺.

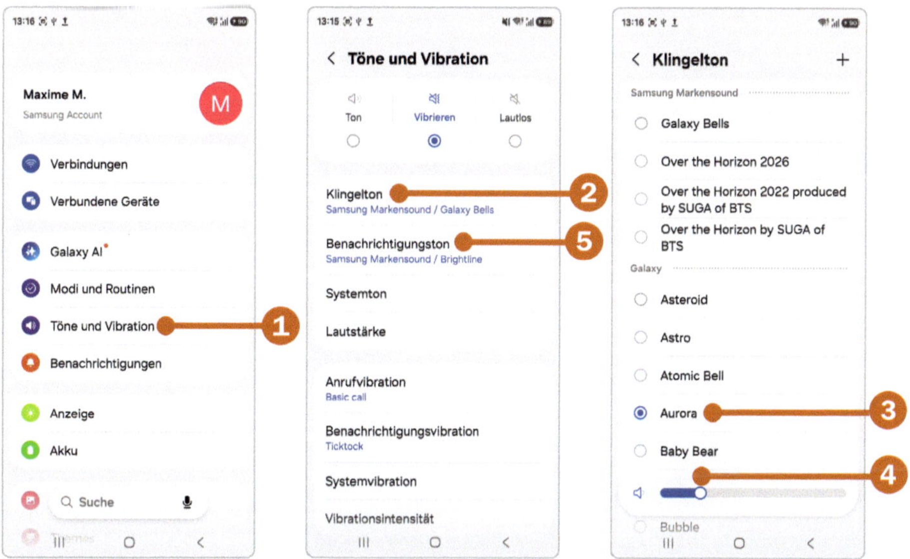

Töne, Vibration und Lautstärke

An der rechten Seite des Geräts befindet sich die Lautstärketaste, die wie eine Wippe funktioniert – drücken Sie oben, erhöht sich die Lautstärke, unten wird sie verringert. Gleichzeitig wird auf dem Bildschirm die Lautstärkeleiste angezeigt, die Sie auch mit dem Finger bedienen können.

Die Lautstärke wird in sechs Regelungsbereiche unterteilt: System, Benachrichtigungen, KI-Assistent, Klingelton, Medien und Alarm. Der **Klingelton** ertönt, wenn Sie angerufen werden und der **Benachrichtigungston** beim Eingang einer Nachricht (SMS, E-Mail, WhatsApp etc.) oder einem Hinweis einer App. Mit **Medien** regeln Sie die Lautstärke, wenn Sie Musik am Smartphone abspielen, ein Video betrachten oder die Hintergrundmusik bei einem Spiel lautlos stellen möchten. Die Lautstärke Ihres aktiven Assistenten (z. B. Google Gemini) regeln Sie über **KI-Assistent**. Die **Systemlautstärke** kann unter anderem den Ton regeln, der ertönt, wenn Sie eine Taste drücken oder ihr Smartphone an das Ladegerät anschließen. Mit **Alarm** bestimmen Sie, wie laut der Weckton der App Uhr erklingt.

In der Standardeinstellung wird beim Drücken der Lautstärketaste immer die Medienlautstärke geregelt. Das sehen Sie daran, dass die eingeblendete Lautstärkeleiste mit einem Notensymbol versehen ist. Wenn Sie einen anderen Ton lauter oder leiser stellen möchten, zeigen Sie zunächst die Lautstärkeleiste an und tippen das Drei-Punkte-Symbol ❶ an. Jetzt können Sie für die 5 Bereiche die Lautstärke mit dem Finger regeln.

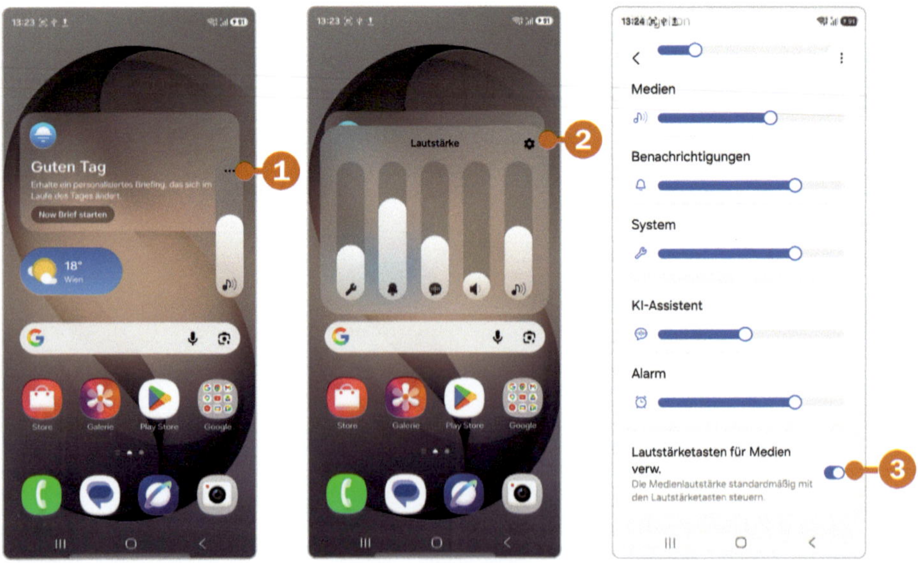

Etwas einfacher lässt sich die Lautstärke in den Einstellungen bestimmen. Zur Anzeige der Lautstärkeeinstellungen tippen Sie entweder auf das Zahnrad-Symbol ❷ oder öffnen über *Einstellungen* ▶ *Töne und Vibration* ▶ *Lautstärke* den Bereich. Hier finden Sie zusätzlich einen Regler für den *Alarm*. Ziehen Sie an einem Schieberegler um den Ton in der gewählten Stärke abzuspielen.

Die eingeschaltete Funktion *Lautstärketasten für Medien verwenden* ❸ sorgt für die gerade beschriebene Handhabung, dass bei Drücken der Lautstärkewippe, die Medienlautstärke verändert wird. Wenn Sie den Regler antippen und damit ausschalten, ändert sich die Verwendung der Lautstärketaste folgendermaßen: Bei Bedienung der Lautstärketaste in einer App, die Ton hat (z. B. YouTube), regeln Sie damit automatisch die Medienlautstärke. Drücken Sie auf die Lautstärketaste, wenn der Start- oder App-Bildschirm angezeigt wird, verändern Sie die Lautstärke des Klingeltons.

Für die Regelungsbereiche System, Benachrichtigung und Klingelton gibt es zusätzlich drei unterschiedliche Tonmodi: *Ton*, *Vibrieren* und *Lautlos*. Über die Schnelleinstellungen wechseln Sie leicht zwischen den Modi. Wischen Sie dazu vom oberen Bildschirmrand nach unten und tippen Sie auf das Lautsprechersymbol.

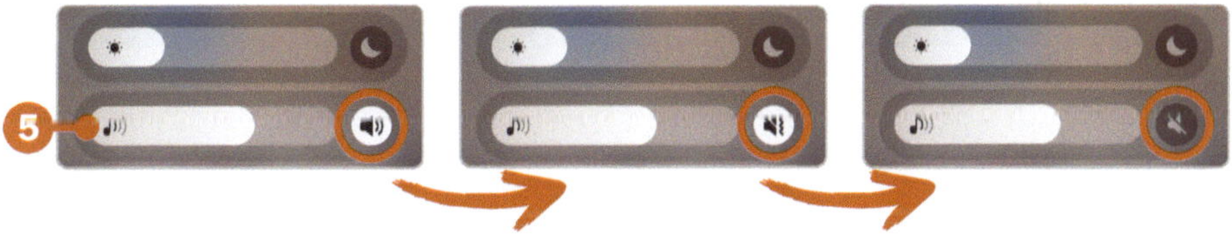

Jeweils durch einen Tipp wechselt die Einstellung von *Ton* auf *Vibrieren*, dann auf *Lautlos*. Bei der Einstellung *Vibrieren* ertönt bei einem Anruf kein Klingelton mehr, sondern das Smartphone vibriert nur. Wenn Sie das Smartphone auf lautlos stellen, hören Sie keinen Anruf- oder Benachrichtigungston mehr. Wichtig zu wissen ist, dass ein eingestellter Alarm trotzdem ertönt. Auch ein Video, dass Sie auf Ihrem Handy betrachten, wird nicht lautlos abgespielt. Hier müssen Sie die Medienlautstärke ❺ verringern. Tippen Sie länger auf den Medienlautstärkeregler, erhalten Sie weitere Optionen, um die Tonqualität bei der Wiedergabe zu verbessern.

3.5 Startbildschirm anpassen

Mit einem übersichtlichen Startbildschirm lässt es sich besser arbeiten! Am besten entfernen Sie alles vom Startbildschirm, was für Sie momentan keinen Nutzen hat – Sie können es jederzeit wieder hinzufügen.

App vom Startbildschirm entfernen: In diesem Beispiel entfernen wir die Galaxy Store-App vom Startbildschirm. Diese App benötigen Sie nicht so häufig und Sie finden sie danach immer noch auf dem App-Bildschirm.

- Tippen Sie etwas länger auf die App, die Sie vom Startbildschirm entfernen möchten. Das Menü wird angezeigt.
- Wählen Sie *Entfernen* ❶. Übrigens: Eine entfernte App wird nur von der Startseite, jedoch nicht vom Gerät gelöscht.

App zum Startbildschirm hinzufügen: Wenn man ein neues Smartphone hat, gibt es viel einzustellen. Aus diesem Grund ist es praktisch, die App *Einstellungen* auf den Startbildschirm zu legen. Später können Sie sie wieder entfernen.

- Zeigen Sie den App-Bildschirm an und tippen Sie etwas länger auf die App *Einstellungen*. Wählen Sie im Menü *Zu Start hinzufügen* ❷ aus. Die App wird jetzt auf einen der vorhandenen Startbildschirme gelegt. Das muss nicht der erste sein. Wischen Sie horizontal über den Bildschirm, um die App zu finden. In unserem Beispiel befindet sich die App auf der zweiten Seite ❸. Von dort kann sie verschoben werden.

App verschieben: Die App kann von einer Startbildschirmseite zu einer anderen verschoben oder nur ihre Bildschirmposition verändert werden:

- Drücken Sie mit dem Finger auf eine App, bis das Menü angezeigt wird. Jetzt können Sie die App an die gewünschte Position ziehen.
- Wenn die App auf einem anderen Bildschirm sein soll, ziehen Sie sie an den Rand, bis der andere Bildschirm erscheint. Alternativ dazu tippen Sie die App etwas länger an, um das Menü anzuzeigen, und tippen auf *Auswählen* ❹. Wechseln Sie jetzt zum Startbildschirm und tippen Sie etwas länger auf die Position, an die die App verschoben werden soll.

Ordner: Manche Apps benötigen Sie öfter, sodass es unpraktisch ist, dass sich diese in einem Ordner verstecken, das gilt z. B. für die E-Mail-App *Gmail*.

- Der Ordner befindet sich auch auf einem Startbildschirm: Öffnen Sie den Ordner *Google* durch Antippen. Tippen Sie etwas länger auf die App *Gmail* und ziehen Sie diese dann nach oben. Der Startbildschirm wird angezeigt. Positionieren Sie die App und lassen Sie los.
- Tippen Sie den Ordner etwas länger an, um die Option, den Ordner vergrößert anzuzeigen oder umzubenennen, im Kontextmenü aufzurufen.

Profitipp!
Ordner anlegen:
Ziehen Sie eine App auf eine andere, so wird ein Ordner angelegt. Wenn Sie auf den Ordner tippen und darin auf *Ordnername*, können Sie einen Namen vergeben.

Nachrichtenbereich deaktivieren: Mit einem Wisch von der Startseite nach rechts zeigen Sie *Google Discover* an, welches aktuelle Infos aus Politik, Unterhaltung, Sport, etc. aus verschiedenen vom Algorithmus ausgewählten Quellen zusammenfasst und viele Tipps zu unterschiedlichsten Themen beinhaltet.

Um diese Bildschirmseite vollständig auszublenden, gehen Sie wie folgt vor:

- Tippen Sie etwas länger auf eine freie Stelle des Startbildschirms bis diese Ansicht ❶ erscheint.
- Wischen Sie dann auf dem Bildschirm horizontal nach rechts, um die Nachrichtenseite anzuzeigen und tippen Sie auf ❷.
- Schalten Sie den Schalter aus ❸. Drücken Sie auf die Home-Taste, um wieder auf die Startbildschirmseite zurückzukehren.

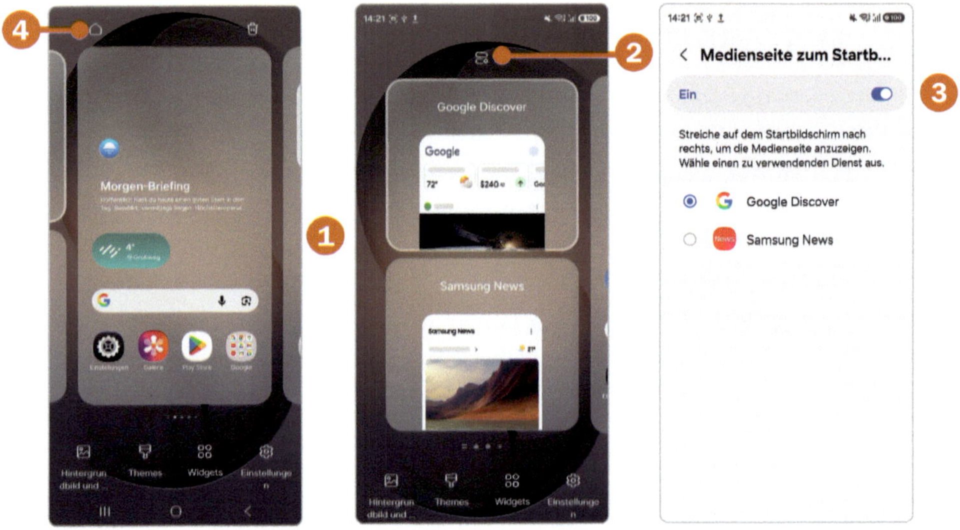

Übrigens: Die Standard-Startbildschirmseite legen Sie mithilfe von ❹ fest, leere Bildschirmseiten löschen Sie mit . Mehr Möglichkeiten zur Gestaltung Ihres Startseite finden Sie unter *Einstellungen* ▸ *Startbildschirm*.

Am unteren Rand des Startbildschirms befindet sich ein heller Streifen, der den mobilen Zahlungsdienst von Samsung öffnet. Ziehen Sie den Bereich mehrmals nach oben ohne das sogenannte *Samsung Wallet* einzurichten, verschwindet der graue Balken.
Falls Sie ein digitales Portemonnaie nutzen möchten, um mit der NFC-Schnittstelle Ihres Smartphone an der Kasse zu zahlen oder Tickets zu speichern, empfehlen wir Ihnen jedoch stattdessen die weitaus einfacher zu handhabende *Google Wallet* aus dem Play Store zu installieren.
Bei dieser lassen sich sowohl Debit- als auch Kreditkarten hinterlegen. Und ist Ihr nächstes Handy kein Samsung-Modell, kann das Google Wallet auch auf alle Android-Geräten anderer Hersteller mitgenommen werden. Wie Sie die Google Wallet einrichten, erfahren Sie in diesem Video auf BILDNER TV: **https://youtu.be/pBwSXW7fzcQ**

Seitenbildschirm verwenden

Wer möchte, kann das Seiten-Paneel nutzen. Darin können häufig verwendete Apps, Tätigkeiten oder Werkzeuge platziert werden. Auch KI-Tools, Kontakte oder die Zwischenablage lassen sich darüber aufrufen.

Das Seitenpaneel aktivieren, deaktivieren und bearbeiten Sie unter *Einstellungen* ⚙ ▶ *Anzeige* ▶ *Seiten-Paneele*. Um den Seitenbildschirm zu aktivieren bzw. auszuschalten, tippen Sie auf den Schalter ❶. Zur Auswahl der Inhalte tippen Sie auf *Paneele* ❷. Sie aktivieren und deaktivieren die einzelnen Anzeigeoptionen über den Kreis ❸ oben.

Zur Anzeige des Seitenbildschirms wischen Sie in der unteren Hälfte vom rechten Bildschirmrand nach links. Sie erkennen die richtige Position an dem schmalen Streifen ❹, der sogenannten Bildlaufleiste. Position, Farbe, Transparenz und Größe bearbeiten Sie in den Einstellungen.

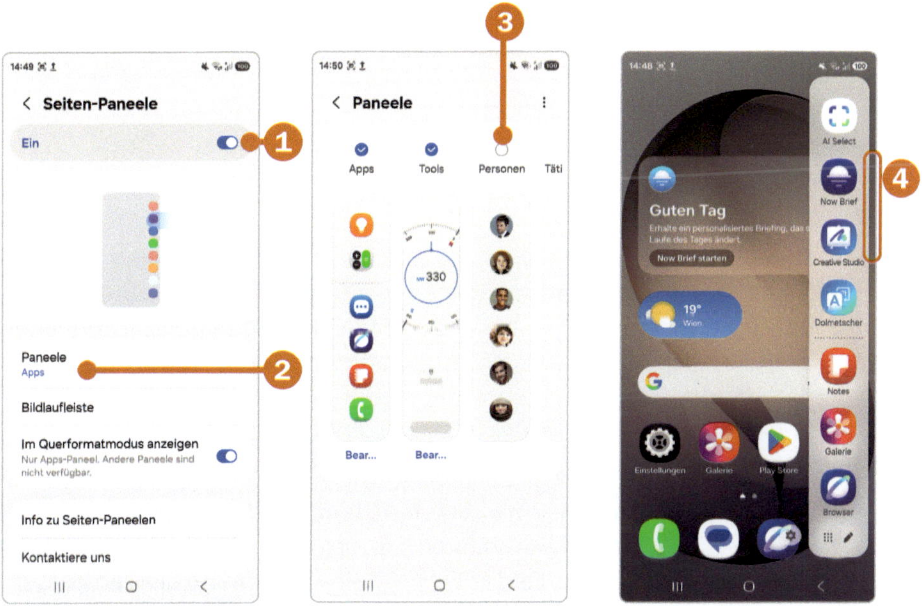

Haben Sie mehrere Paneele ausgewählt, so wechseln Sie zwischen den Paneel-Seiten durch horizontales Wischen. Mit dem Stift-Symbol ✎ ändern Sie die im App-Paneel hinterlegten Anwendungen. Im Tool-Paneel stehen Ihnen im Drei-Punkte-Menü ein Kompass, ein Handzähler, eine Taschenlampe mit Helligkeitsregler, eine Wasserwaage sowie ein Lineal zur Verfügung.

3.6 Widgets verwenden

Mit Widgets werden aktuelle Informationen bereitgestellt oder ein schneller Zugriff auf Anwendungen ermöglicht. Diese finden Sie nur auf den Startbildschirmseiten. Über Widgets erhalten Sie z. B. das aktuelle Wetter, WhatsApp-Nachrichten oder einen Player zum Abspielen von Musik. Widgets sind Apps, die Sie nicht öffnen müssen, um das Wichtigste zu sehen. Sie können in verschiedenen Größen auf dem Startbildschirm angeordnet werden.

Drei bis vier Widgets haben Sie bereits auf dem Startbildschirm: **Now Brief**, das **Wetter-Widget**, die **Google-Suchleiste** ❶ sowie gegebenenfalls den **Schritt- und Aktivitätszähler** von Samsung Health. Für Google ist keine weitere Aktion mehr notwendig; das **Wetter-Widget** ❷ sollten Sie noch schnell einrichten oder, wenn Sie es nicht verwenden möchten, entfernen (siehe Seite 96).
Now Brief bietet eine personalisierte Tagesübersicht mit wichtigen Infos aus anderen Apps, wie Termine, Nachrichten, Verkehrsmeldungen, Hörvorschläge oder dem Wetter. Um die Funktion zu nutzen, tippen Sie darauf und erlauben Sie die Aktivierung der *Persönliche Daten-Intelligenz*. Anschließend rufen Sie Ihren persönliches Tagesreport mit *Now Brief starten* ❸ auf. Dieses Widget ist auch auf dem Sperrbildschirm vorhanden, mehr dazu auf Seite 98.

Wetter-Widget einrichten:

- **Standortzugriff zulassen:** Tippen Sie auf das Wetter-Widget und erlauben Sie ihm durch Antippen von *Zustimmen* ❹ auf die Standortinformationen zuzugreifen. Nach einer kurzen Aktualisierung zeigt das Widget nun den aktuellen Standort samt Temperatur und Wetterhinweis an. Durch die Standortfreigabe erkennt die Wetter-App, wo Sie sich gerade befinden, und zeigt automatisch das passende Wetter an. Standardmäßig wird nur ein ungefährer Standort an die Wetter-App übermittelt.
- **Standortzugriff verbieten:** Wenn Sie den Standortzugriff überhaupt nicht erlauben möchten, dann wählen Sie *Ablehnen* ❺. Tippen Sie dann Ihren Heimatort in das Feld *Suchen* ❻ ein und wählen Sie den passenden Ort durch Antippen aus. Bestätigen Sie mit *Hinzufügen* ❼.
- Wenn Sie das Wetter-Widget gedrückt halten, können Sie es auf den Startbildschirmseiten an eine Position Ihrer Wahl verschieben. Durch das längere Gedrückthalten wird das Kontextmenü angezeigt. Hier finden Sie auch die *Einstellungen* ❽ für dieses Widget. In diesen *Einstellungen* passen Sie Widgets noch weiter an, im Wetter-Widget lässt sich z. B. der Ort ändern ❾ oder der Hintergrund ausblenden.

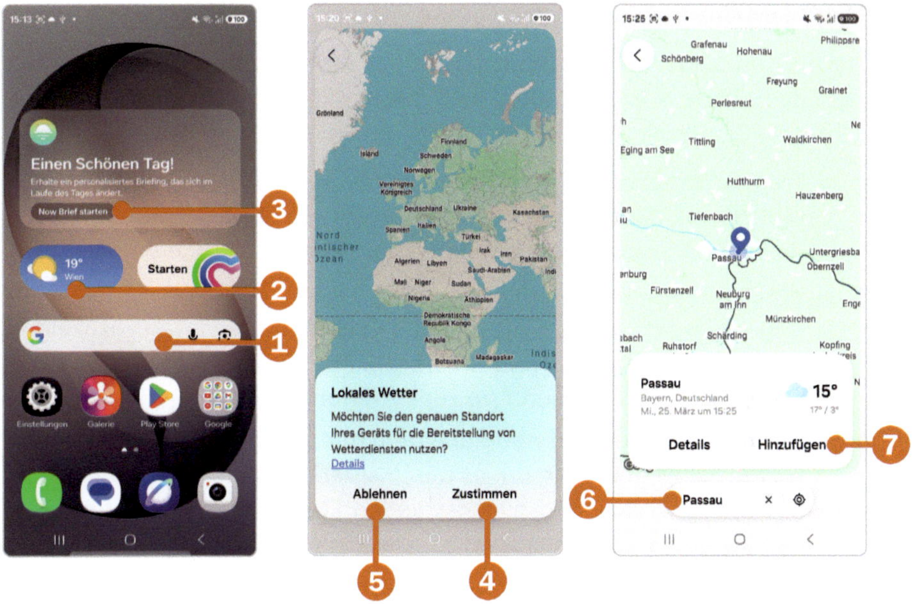

▶ Durch Antippen des Wetter-Widgets erhalten Sie eine stündliche Tageswettervorhersage ⑩ und eine Vorschau auf die nächsten sieben Tage. Wischen Sie mit dem Finger von unten nach oben, um weitere Informationen, wie UV-Index, Luftfeuchtigkeit, Windstärke sowie Regenwahrscheinlichkeit, Sonnenaufgang etc., zu erhalten.

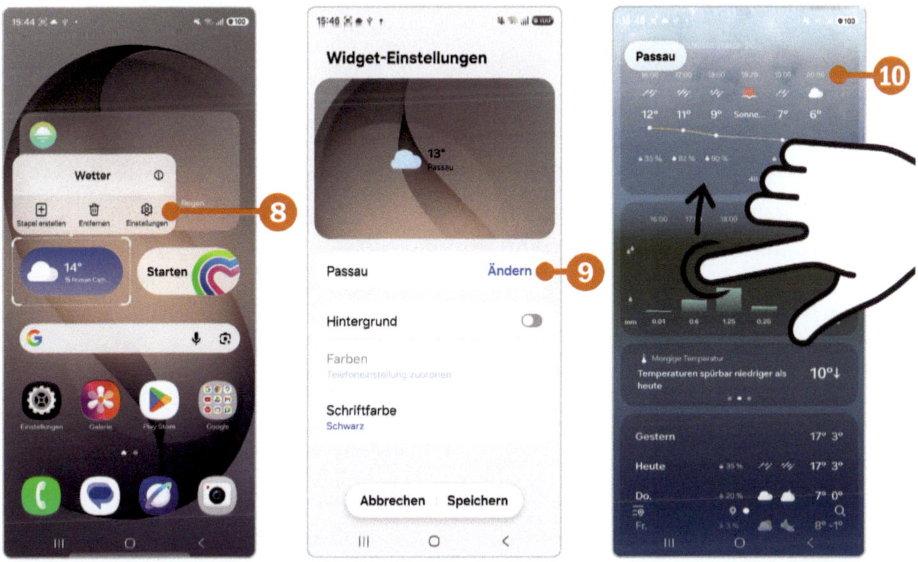

Widgets entfernen und hinzufügen

Neben den bisher erwähnten, gibt es noch eine Vielzahl an weiteren Widgets. Jede neue App kann auch ein Widget mitbringen und selbst für das schon bekannte Wetter-Widget lassen sich andere Varianten auswählen.

- Tippen Sie etwas länger mit dem Finger auf eine freie Stelle des Startbildschirms, dadurch erscheint unten die Option *Widgets* ❶. Tippen Sie diese an, um eine Liste aller Widgets zu öffnen.
- Wischen Sie beispielsweise zum Bereich *Wetter*. Tippen Sie auf den Eintrag ❷, um die Widget-Typen und deren Form-Varianten anzuzeigen. Bereits in der Übersicht sehen Sie anhand der Zahl, wie viele Widget-Typen bei der jeweiligen App zur Verfügung stehen.
- Das neue Widget wird nun auf einem der Startbildschirme angezeigt. Halten Sie es gedrückt, um es anschließend auf die gewünschte Position am Startbildschirm zu verschieben. Das „alte" Wetter-Widget können Sie über das Kontextmenü *Entfernen* ❸.

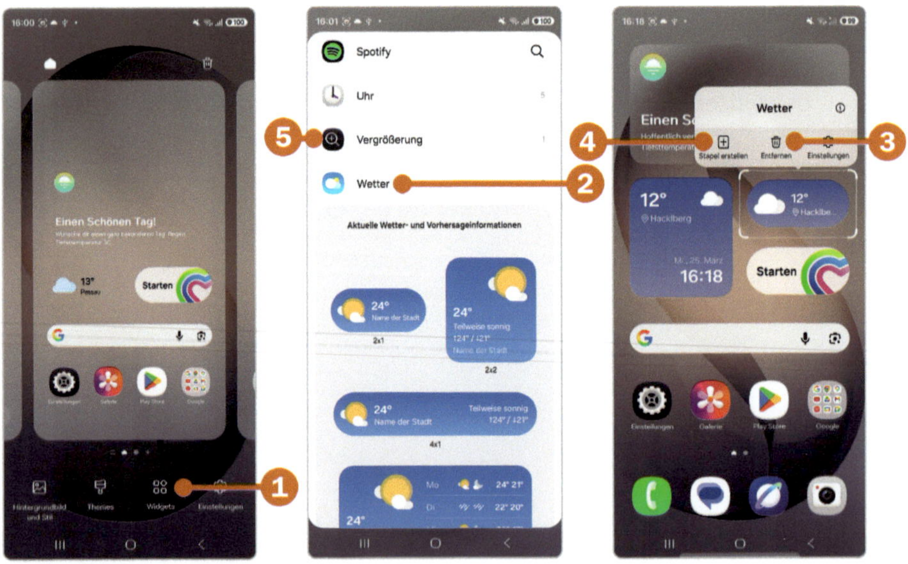

Tipp Widget-Stapel: Die Option *Stapel erstellen* ❹ im Kontextmenü bietet Ihnen die Möglichkeit mehrere Widgets übereinander zu legen und zwischen diesen schnell hin- und herzublättern. Dadurch bleibt Ihr Startbildschirm übersichtlich und Sie sparen Platz.

Smartphone als Lupe

Mit dem Widget *Vergrößerung* ❺ zaubern Sie sich eine Lupe auf das Smartphone. Das Widget verwendet dazu die Kamera.

Uhr mit mehreren Zeitzonen

Auch die App Uhr verfügt über einige nützliche Widgets. Ist Ihnen die Anzeige der Uhrzeit in der Statusleiste zu klein? Mit dem Widget *Analoge Uhr* lösen Sie das Problem. Die Dual-Uhr macht es möglich mehrere Zeitzonen anzuzeigen, nützlich wenn ein Teil der Familie im Ausland wohnt.

- Öffnen Sie die Widgets und wischen Sie in der Liste nach unten, bis zur *Uhr*. Tippen Sie den Eintrag an und wählen Sie dann eine *Dual-Uhr* aus und bestätigen Sie mit *Hinzufügen*.
- Das Widget wird nun auf einem der Startbildschirme abgelegt, es muss aber noch eingerichtet werden. Ihre Zeitzone wird automatisch im linken Feld hinterlegt. Tippen Sie auf die rechte Seite des Widgets und anschließend auf die Lupe rechts oben. Geben Sie die Stadt bzw. das Land ein und wählen Sie aus den Vorschlägen aus ❻.
- Tippen Sie dann auf *Hinzufügen* ❼.
- **Tipp:** Sie benötigen die Anzeige Ihrer Zeitzone ❽ in der Dual-Uhr nicht. Wenn Sie möchten, können Sie noch einen weiteren Ort hinterlegen.

Sperrbildschirm-Widgets

Sie finden Widgets nicht nur am Startbildschirm, auch am Sperrbildschirm lassen sich einige Widgets hinzufügen. *Now Brief* wird automatisch, sofern es Neuigkeiten gibt, unten in der Mitte, der sogenannten *Now Bar* ❶ angezeigt. Welche Live-Benachrichtigungen Sie dort erhalten, legen Sie in den *Einstellungen* ▶ *Sperrbildschirm und AOD* ▶ *Now Bar* fest, z. B. Routeninformationen aus Google Maps, Aktienkurse oder Sportnachrichten.

Weitere Sperrbildschirm-Widgets fügen Sie wie folgt hinzu:

- Tippen Sie etwas länger mit dem Finger auf eine freie Stelle des Startbildschirms, dadurch erscheint unten links die Option *Hintergrundbild und Stil*.
- Wählen Sie links den Sperrbildschirm ❷ durch Antippen aus.
- Tippen Sie auf *Widget hinzufügen* ❸, um eine Liste möglicher Sperrbildschirm-Widgets aufzurufen, z.B. ein Diktiergerät, ein Reminder oder einen Wecker. Auch die beiden Schnellstart-Aktionen am unteren Bildschirmrand lassen sich durch Antippen in dieser Ansicht neu belegen.

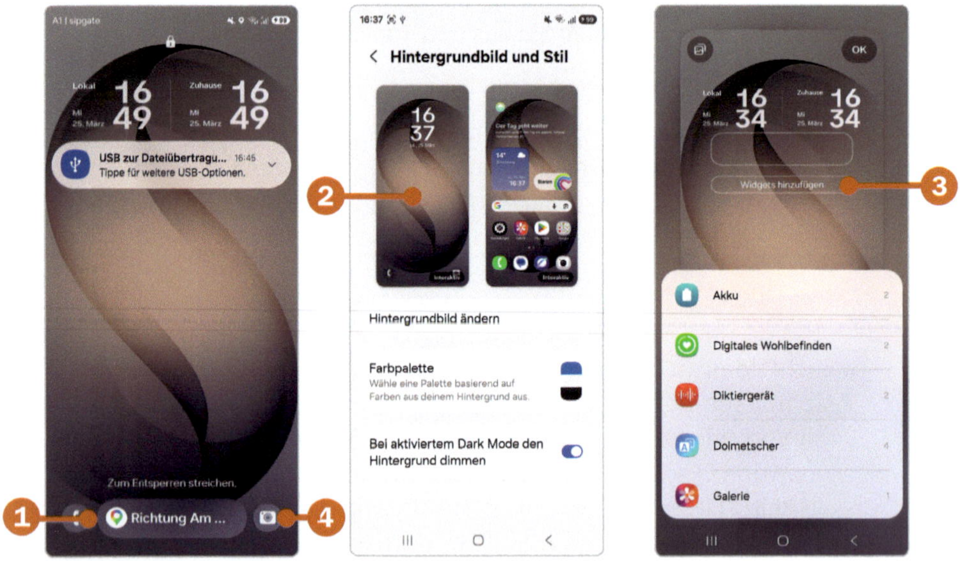

Sie starten die entsprechende Funktion dann direkt vom Sperrbildschirm, müssen jedoch natürlich nichtsdestotrotz Ihr Gerät erst noch entsperren.

Ausnahme Kamera-Schnellstart: Ziehen Sie das Kamera-Symbol ❹ nach innen, um die Kamera aufzurufen und schnell ein Foto zu machen. Da Sie die App dann nutzen ohne das Smartphone entsperrt zu haben, müssen Sie das nach der Aufnahme erledigen.

4 Alles rund um Apps

Ohne Apps ist das Smartphone nicht zu gebrauchen. Wie man Apps findet, installiert und verwaltet, erfahren Sie in den nächsten Abschnitten.

> **Was sind eigentlich Apps?**
> Eine App (Application) ist eine Anwendungssoftware mit unterschiedlichen Funktionen. Sie können mit Apps Ihr Smartphone erweitern, sodass es zu einem ganz individuellen Gerät wird.

4.1 App im Play Store finden und installieren

Apps erhalten Sie im Galaxy Store und im Play Store. Teilweise werden Ihnen Apps auch über Webseiten angeboten. Davon würden wir abraten, da Sie so die Kontrollfunktionen des Stores nicht nutzen und es wahrscheinlicher wird, sich samt der App Schadsoftware zu installieren. Wir zeigen Ihnen hier, wie Sie den *Play Store* von Google verwenden.

- **Stöbern:** Unterteilt ist der Store in *Spiele*, *Apps*, *Suche* und *Bücher* ❶. Damit treffen Sie schon einmal eine grobe Auswahl. Diese Kategorien sind oben durch weitere Register ❷ untergliedert, mit denen Sie die Auswahl konkretisieren. Durch vertikales Wischen zeigen Sie die verschiedenen Inhalte an. Wenn Sie ein Bereich interessiert, tippen Sie auf → ❸.
- **Etwas Bestimmtes finden:** Tippen Sie in das Suchfeld ❹ und geben Sie über die Tastatur den Namen der App ein, z. B. WhatsApp. Wenn das Suchfeld nicht angezeigt wird, wischen Sie vertikal leicht nach unten. Sie müssen den Begriff meist gar nicht ausschreiben, weil eine Liste mit Vorschlägen angezeigt wird, aus der Sie durch Antippen auswählen. Wenn Sie den App-Namen ausgewählt haben, erscheint in der Regel keine Liste möglicher Apps, sondern sofort die gesuchte. Für mehr Informationen tippen Sie auf den Namen der App ❺. Beachten Sie, dass es sich beim ersten Suchergebnis stets um eine Werbeanzeige für andere Anwendungen und nicht um die gesuchte App handelt.
- **Suchanfrage mit Trefferliste:** Anstatt des Namens der App können Sie in das Suchfeld auch eingeben, was Sie tun möchten, z. B. *Vögel bestimmen*. Sie erhalten eine Trefferliste ❻ mit passenden Apps, aus der Sie eine durch Antippen auswählen können.

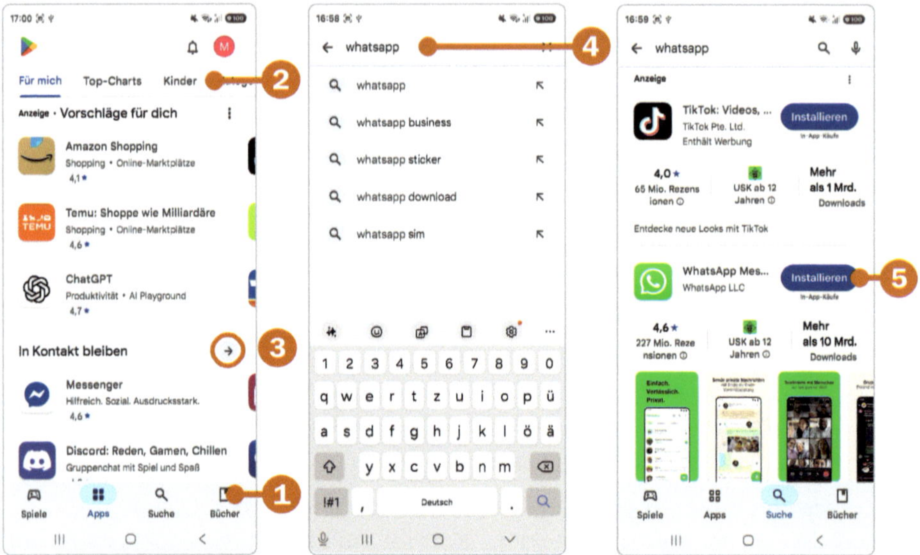

- Nach dem Antippen einer App erhalten Sie **weitere Infos**:
  - Oben sehen Sie die Rezensionssterne, also wie viele Sterne von möglichen 5, von anderen Nutzern vergeben wurden. Daneben sind die Downloads ❼ aufgeführt. Wenn eine große Anzahl an Menschen die App installiert hat, ist das zwar nicht immer ein Qualitätskriterium, aber als Hinweis nützlich.
  - Wischen Sie vertikal über den Bildschirm und erfahren Sie mehr *Über diese App*, erhalten Sie Infos zur *Datensicherheit* oder lesen Sie *Bewertungen & Rezensionen*. Gerade aus den Kritikpunkten anderer, erfährt man oft Nützliches, z. B. dass die App nur mit einem Abo funktioniert.
  - Über das Pfeilsymbol hinter den einzelnen Bereich → gelangen Sie zu ausführlicheren Beschreibungen. Bei *Datensicherheit* ❽ erfahren Sie z. B. welche Daten genau erhoben ❾ und ob sie an Dritte weitergegeben werden.
- Bei Nichtgefallen gelangen Sie mit der Zurück-Taste oder dem Pfeil links oben ← ❿ wieder zur Übersicht der App, dann zur Trefferliste und letztendlich zur Startseite. Sollte der Pfeil nicht angezeigt werden, streichen Sie über den Display vertikal nach unten.

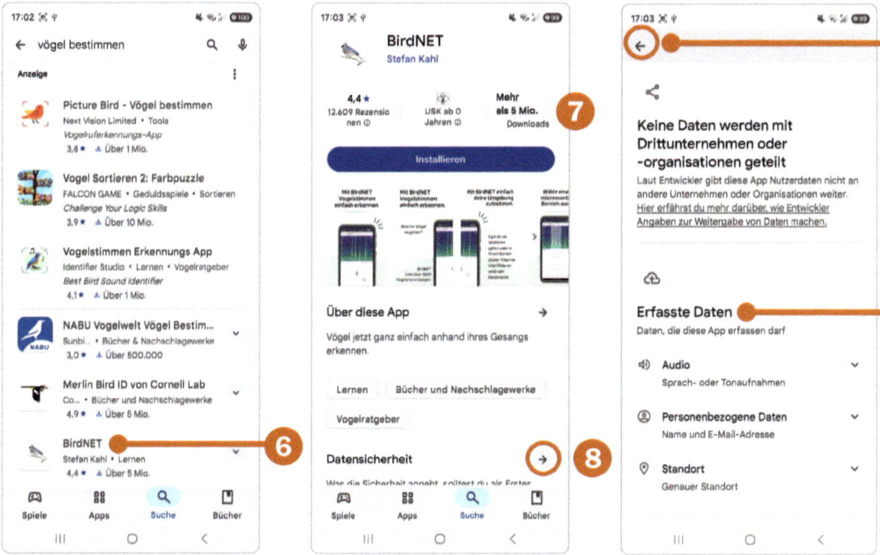

App installieren

- **Kostenlose App:** Durch Anklicken der Schaltfläche *Installieren* **1** starten Sie die Installation. Nach Abschluss tippen Sie auf *Öffnen*.

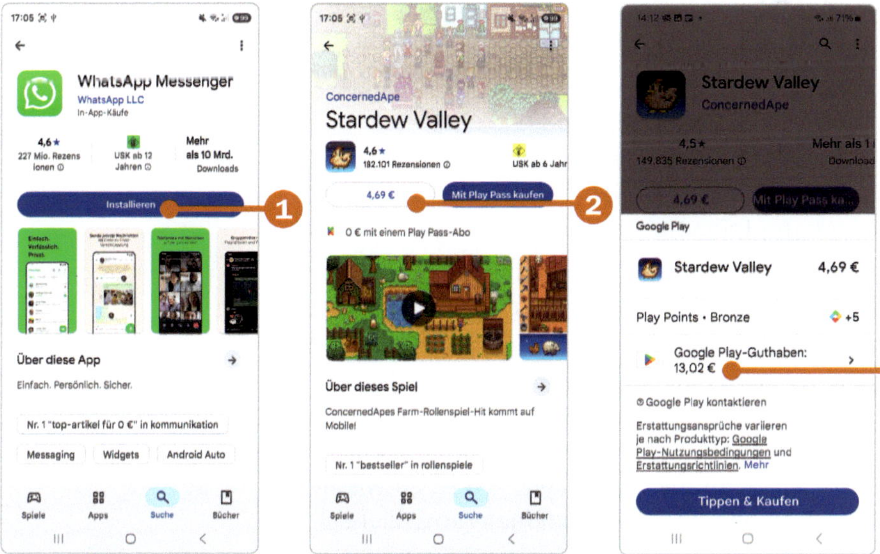

- **Kostenpflichtige App:** Tippen Sie auf die Preisschaltfläche ❷ (vorige Seite) und wählen Sie anschließend Ihre bevorzugte Zahlungsart. Dann tippen Sie auf *Zustimmen*. Im nächsten Fenster sehen Sie nochmals den Preis der App und wie viel Guthaben ❸ Ihnen gegebenenfalls zur Verfügung steht (zum Guthaben erfahren Sie gleich mehr).

  Tippen Sie auf *Tippen & Kaufen*. Im nächsten Schritt müssen Sie den Kauf bestätigen, entweder durch das Kennwort Ihres Google-Kontos oder (falls so vereinbart) durch einen Fingerabdruck. Unter Umständen erhalten Sie einen Hinweis auf ein Google Play Pass Probeabo. Tippen Sie auf *Nein, danke*. Warten Sie, bis die Installation beendet ist, dann kann die App geöffnet werden.

Zahlungsmethoden für den Play Store - Geschenkkarte einlösen

Im Play Store gibt es viele kostenlose Apps, die sich häufig über Werbeeinblendungen oder In-App-Käufe finanzieren. Bei einem In-App-Kauf erwerben Sie zusätzliche Funktionen gegen Zahlung eines einmaligen Betrags. Dazu zählt auch, dass statt einer Einmalzahlung ein Monats- oder Jahresabonnement angeboten wird.

Manche Apps können auch als kostenlose Testversion heruntergeladen werden. In diesem Fall steht die App nur für einen bestimmten Zeitraum zur Verfügung und kann nach Ablauf der Testphase nicht mehr genutzt werden, es sei denn, sie wird gekauft oder es wird ein Abonnement abgeschlossen.

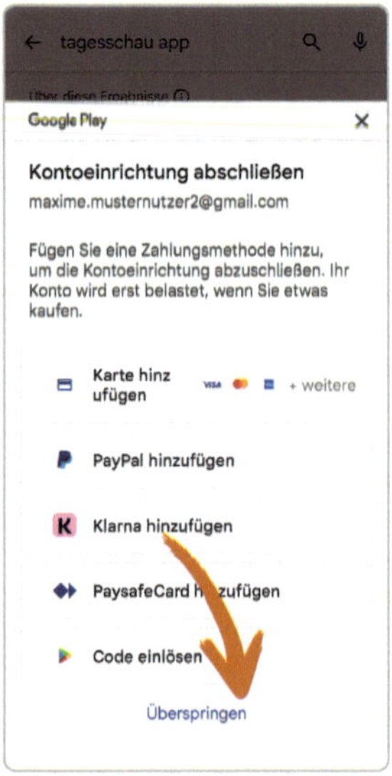

Achtung! Dabei ist der Übergang zu einem Abonnement manchmal fließend. Es kann sein, dass Sie eine App, die Sie als Testversion heruntergeladen haben, noch während des Testzeitraums kündigen müssen, weil sich sonst automatisch ein kostenpflichtiges Abonnement anschließt.

Um hier Bescheid zu wissen, sollten Sie bei der Installation von Apps, die einzelnen Hinweise genau lesen. Ein Abonnement ist grundsätzlich nichts Schlechtes viele Fitness-Apps, Zeitungen oder Musik-Apps stellen ihre Inhalte im Rahmen eines Abos zur Verfügung. Wichtig ist zu wissen, dass man gerade ein Abonnement abschließt.

Es gibt eine Reihe von Zahlungsmöglichkeiten, die für den Play Store hinterlegt werden können, z. B. Kreditkarte oder ein PayPal-Konto.

Unter Umständen werden Sie beim Herunterladen kostenloser Apps gebeten, die Kontoeinrichtung für den Play Store abzuschließen. Sie müssen aber keine Zahlungsmethode hinterlegen, wenn Sie nicht möchten. Wählen Sie einfach, falls die Meldung erscheint, *Weiter* und dann *Überspringen* (Grafik vorige Seite) aus.

Falls Sie doch einmal etwas kaufen möchten, empfehlen wir die **Google Play Geschenkkarte** mit Gutscheincode. Diese kann in Super- und Elektromärkten sowie Drogerien gekauft werden. Es gibt sie schon ab einem Preis von 5 €. Den Preis lesen Sie in der rechten oberen Ecke des Gutscheins ab.

- Um den Wert der Geschenkkarte Ihrem Konto gutzuschreiben, tippen Sie im Play Store oben rechts auf Ihr Profil ❶, wählen *Zahlungen und Abos* ❷ und anschließend *Code einlösen* aus. Ziehen Sie auf der Rückseite der Geschenkkarte den Streifen über dem Code ab. Geben oder scannen Sie den Code ❸ ein und tippen auf *Einlösen*.

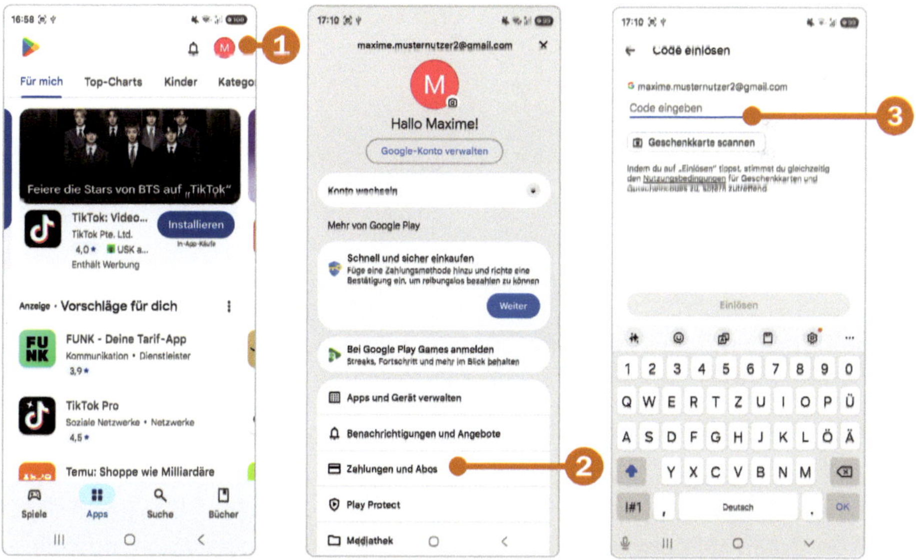

Wenn Sie viele Abos über den Play Store verwalten, ist es sinnvoller eine andere Zahlungsmethode als die Gutscheinkarte zu hinterlegen, um sicherzustellen, dass der Abobetrag bei Fälligkeit auch abgezogen werden kann.

4.2 App löschen

Eine Reihe von Apps sind schon auf Ihrem Smartphone installiert und werden auch dringend benötigt, z. B. Telefon, Kontakte, Kamera, Einstellungen etc. Diese können gar nicht deinstalliert werden.
Andere vorinstallierte Apps, z. B. Facebook oder LinkedIn, können Sie von Ihrem Gerät entfernen, falls Sie diese nicht verwenden möchten. Auch alle von Ihnen selbst installierten Apps können jederzeit wieder deinstalliert werden.

- Hierzu tippen Sie etwas länger auf das App-Symbol. Dabei ist es unerheblich, ob Sie die App auf dem Startbildschirm oder App-Bildschirm antippen. Wählen Sie dann *Deinstallieren* ❶ aus und bestätigen Sie mit *OK*. Manche nicht deinstallierbaren Apps lassen sich zumindest *Deaktivieren*.

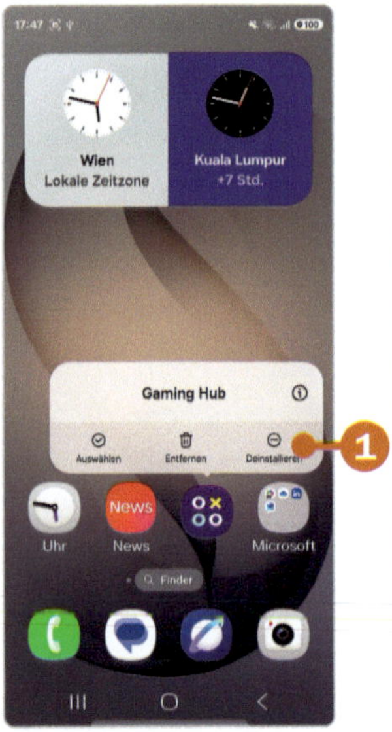

2. Startbildschirmseite

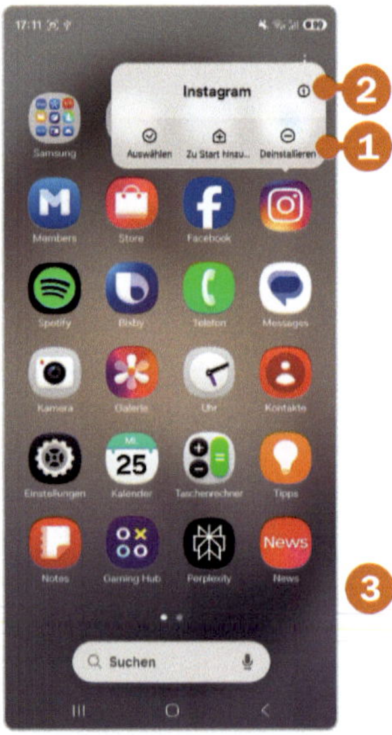

App-Bildschirm

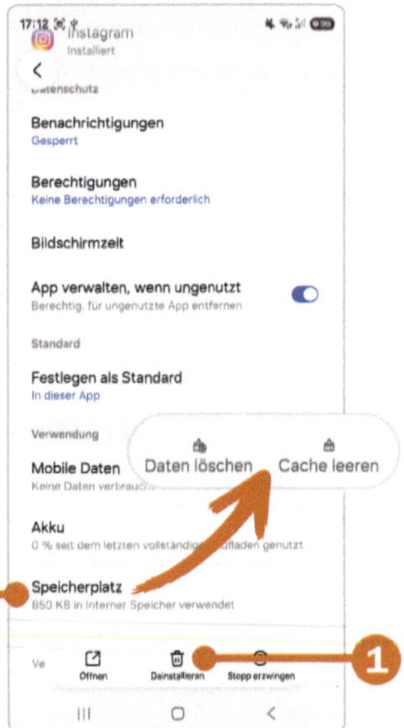

App-Info

Tippen Sie im Kontextmenü auf ⓘ ❷, um zur *App-Info* zu gelangen. Neben der Deinstallation finden Sie hier die Möglichkeit die App zu *Archivieren*. Eine archivierte App wird zwar deinstalliert, jedoch bleiben Ihre persönliche App-Daten auf dem Gerät gespeichert. Bei einer Neuinstallation muss diese App dann nicht neu eingerichtet werden. In der App-Info sehen Sie auch wie viel *Speicherplatz* ❸ die Anwendung benötigt. Tippen Sie auf *Speicherplatz* und dann auf *Cache leeren*, um nicht mehr benötigte Dateien der App zu entfernen und so Speicherplatz freizumachen. Mit *Daten löschen* wird die App vollständig zurückgesetzt und deren gesamter Inhalt gelöscht.

4.3 App auf dem Smartphone suchen

Alle installierten Apps werden auf dem App-Bildschirm angezeigt. Je mehr Apps, umso schwieriger wird es, die gewünschte zu finden. Vielleicht versteckt sich die App auch in einem Ordner. Hier hilft Ihnen entweder die *Finder*-Funktion am Startbildschirm oder die Suchleiste am App-Bildschirm:

- Tippen Sie auf Finder und geben Sie den Namen der App unten in die Suchleiste ❶ ein. Dazu passende Apps werden automatisch oben angezeigt. Tippen Sie die gewünschte App an, um diese zu öffnen.
- Wenn Sie wissen möchten, wo sich die App befindet, verbleiben Sie mit dem Finger etwas länger auf der gefundenen App, bis die Option *App finden* ❷ eingeblendet wird. Tippen Sie sie an, so wird der Ordner, in dem Sie die App finden, oder der passende App-Bildschirm angezeigt. Die App macht dann durch eine Bewegung auf sich aufmerksam.
- Über die Suchfunktion werden Ihnen auch Einstelloptionen (in der App *Einstellungen*) ❸ angezeigt; im Beispiel unten wird nach *Schriftgröße* gesucht. Durch Antippen der gefundenen Option öffnen Sie die App *Einstellungen* in der passenden Kategorie.
- Im Drei-Punkte-Menü ❹ legen Sie fest, wo und in welchen Apps der *Finder* suchen darf. In den dortigen *Einstellungen* können Sie beispielsweise auch Websuchen, Kontakte oder Dateien ein- bzw. ausschließen.

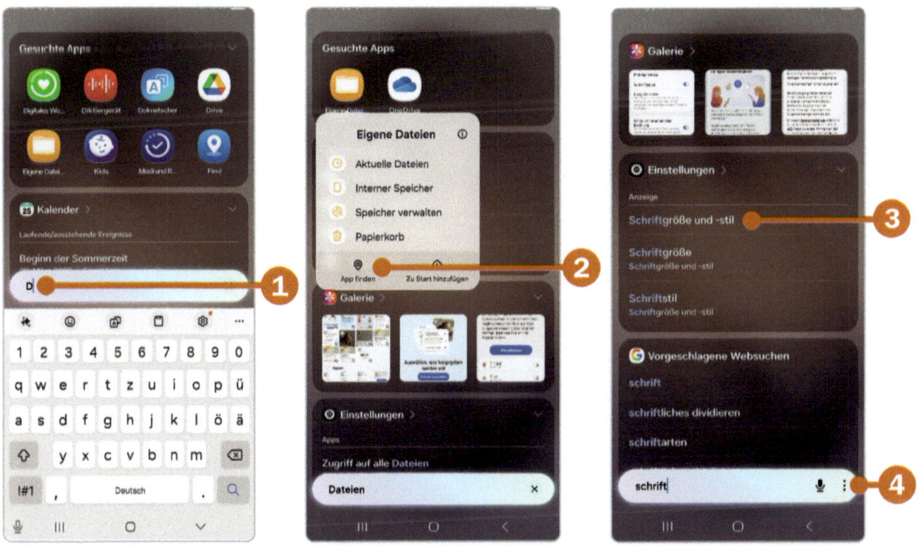

4.4 Standard-Apps festlegen

Zur Anzeige von E-Mails benötigen Sie eine E-Mail-App. Um PDF-Dateien zu betrachten, wird ein PDF-Viewer gebraucht und um Internetseiten aufzurufen, muss eine Browser-App installiert sein. Immer wenn mehrere Anwendungen für eine Aufgabe zur Verfügung stehen, werden Sie gebeten, eine Standard-App auszuwählen.

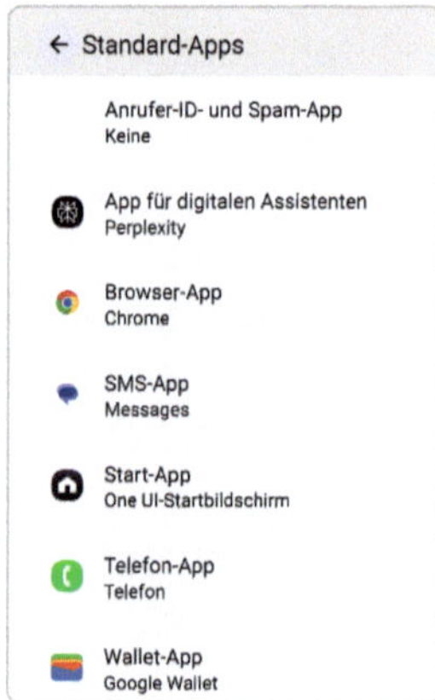

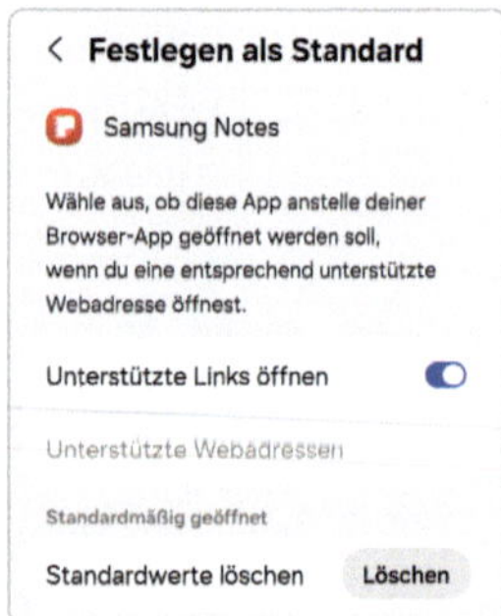

Beispiel: Sie möchten den Inhalt eines PDFs auf dem Handy anzeigen. Das ist mit mehreren Apps möglich, mit welcher entscheiden Sie. Dazu erhalten Sie eine Abfrage wie in der Abbildung:

- Damit Sie diese Anzeige nicht immer wieder erhalten, müssen Sie sich für eine App entscheiden, z. B. den Samsung Notes - PDF Reader. Tippen Sie die App an und wählen *Immer*.
- Wer sich noch nicht gleich entscheiden mag, tippt die gewünschte App an und *Nur diesmal*. Dann können Sie ausprobieren, ob Ihnen die App zusagt. Das bedeutet aber, dass Sie beim nächsten Mal wieder gefragt werden.

Die getroffene Wahl der Standard-App lässt sich in den *Einstellungen* ▶ *Apps* ▶ *Standard-Apps auswählen* ändern bzw. in der *App-Info* der jeweiligen Anwendung unter *Festlegen als Standard* ▶ *Standardwerte löschen* wieder rückgängig machen.

4.5 Updates

Sowohl die installierten Apps als auch die Systemsoftware Ihres Smartphones erhalten von Zeit zu Zeit Aktualisierungen, um Sicherheitslücken zu schließen, Fehler zu beheben, bestehende Funktionen zu verbessern oder neue hinzuzufügen. Die Updates im Auge zu behalten, ist nicht nur aus Gründen der Sicherheit wichtig. Updates sollten auch in regelmäßigen Abständen heruntergeladen werden, um den vollen Funktionsumfang zu erhalten. Wenn zu viele Updates über einen langen Zeitraum verpasst werden, treten vermehrt Fehler auf.

Android-Systemupdates und Sicherheitsupdates

System- und Sicherheitsupdates werden bei bestehender WLAN-Verbindung automatisch heruntergeladen. Diese Option ist standardmäßig in den *Einstellungen* unter *Software-Update* ▶ Drei-Punkte-Menü ❶ ▶ *Automatisch herunterladen* mit Auswahl von *Nur WLAN verwenden* eingeschaltet.

Unter *Software-Update* sehen Sie sofort die aktuell installierte Version von One UI.

Auf die Notwendigkeit, ein Software-Update Ihres Smartphones durchzuführen, werden Sie durch eine automatische Einblendung auf dem Bildschirm aufmerksam gemacht. Beachten Sie, dass der Akkustand mindestens 20% betragen muss, um das Update durchführen zu können. Das Update nimmt keine Änderung an Ihren gespeicherten Daten (Fotos, Nachrichten, Adressen usw.) vor. Allerdings gibt es bei jeder Installation ein Restrisiko; wer auf Nummer sicher gehen möchte, erstellt vorher ein Back-up.

Update verschieben: Wenn Sie das Update momentan nicht durchführen möchten, klicken Sie einfach auf den Home-Button. Natürlich ist aufgeschoben nicht aufgehoben. Sie sollten das Update zeitnah installieren. Sie werden in den darauffolgenden Tagen auch erneut darauf hingewiesen.

Tipp: Wird in den *Einstellungen* bei *Software-Update* ein oranger Punkt angezeigt, steht ein neues Update zur Verfügung. Dieses Symbol ist auch in anderen Apps ein Hinweis auf etwas Neues, z. B. eine neu hinzugekommene Funktion.

Nach Updates suchen: Wenn Sie den Updatehinweis weggeklickt haben oder prüfen möchten, ob ein Update verfügbar ist, öffnen Sie die *Einstellungen* und tippen auf *Software-Update*. Mit *Nach Updates suchen* ❷ (Abbildung oben) prüfen Sie, ob neue Updates bereitstehen. Falls ein Update verfügbar ist, wird es direkt heruntergeladen, sofern das Smartphone mit einem WLAN verbunden ist.

Download und Installation erfolgen im Hintergrund, sodass Sie das Smartphone währenddessen weiter verwenden können. Am Fortschrittsbalken sehen Sie, wie lange die Aktualisierung voraussichtlich noch dauert ❸.

Nach Abschluss der Installation muss das Smartphone neu gestartet werden, damit die Update-Komponenten wirksam werden. Tippen Sie dazu auf *Jetzt neu starten* ❹. Nach dem Neustart wird die PIN der SIM-Karte benötigt, um das Gerät zu entsperren. Sie sollten diese also zur Hand haben.

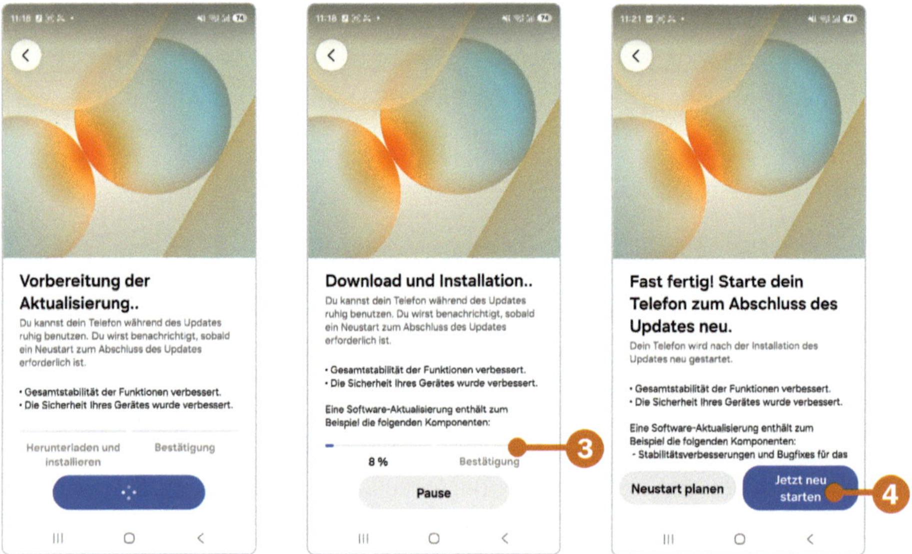

Apps aktualisieren im Play Store

Updates Ihrer installierten Apps erhalten Sie über den Play Store. Hier sollten Sie festlegen, dass Updates nur automatisch heruntergeladen werden, wenn Ihr Smartphone mit einem WLAN verbunden ist. Das ist die Standardeinstellung. Folgend zeigen wir, wie Sie sich vergewissern, dass diese auch bei Ihrem Telefon festgelegt ist.

- Öffnen Sie den Play Store und tippen Sie rechts oben auf Ihr Profil ❶.
- Wählen Sie anschließenden *Einstellungen* ❷ und dann die *Netzwerkeinstellungen* ❸.
- Bei *Apps automatisch aktualisieren* ❹ empfiehlt es sich die Option *Automatische App-Updates nur über WLAN zulassen* zu wählen. So werden Updates über eine WLAN-Verbindung, z. B. dem WLAN-Zugang zu Hause, heruntergeladen, ohne das mobile Datenvolumen zu verbrauchen. Welche Option sinnvoll ist, hängt jedoch auch vom verfüg-

baren Datenvolumen Ihres Mobilfunktarifs ab. Mit der genannten Einstellung wird das mobile Datenvolumen durch die Aktualisierung von Apps nicht belastet.

- Um die Einstellung zu ändern, tippen Sie auf *Apps automatisch aktualisieren*, wählen *Nur über WLAN aktualisieren* ❺ aus und verlassen den Bereich mit der Zurück-Taste.

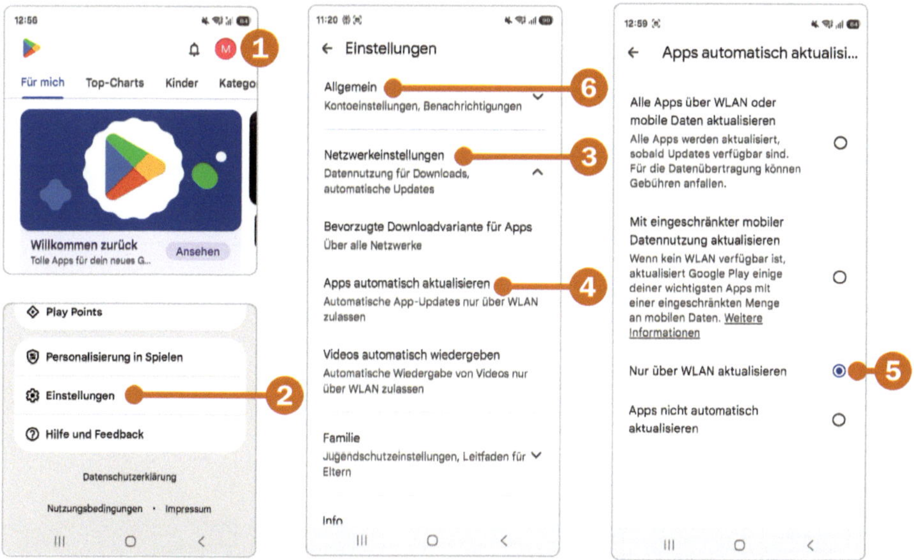

Apps automatisch archivieren: Haben Sie nicht mehr viel freien Speicherplatz auf Ihrem Gerät zur Verfügung, so können Sie unter *Allgemein* ❻ den Schieberegler bei *Apps automatisch archivieren* einschalten. Dadurch werden, sobald der freie Speicherplatz am Smartphone zu neige geht, selten verwendete Anwendungen von allein archiviert. Beim Archivieren wird die App-Software sowie temporäre Daten von Ihrem Gerät entfernt, Ihre wichtigen App-Daten selbst bleiben jedoch erhalten. Dadurch können Sie die App zu einem späteren Zeitpunkt unkompliziert neuinstallieren und direkt wieder so weiternutzen als wäre diese nie von Ihrem Gerät gelöscht gewesen.

Sie können jederzeit eine Aktualisierung auch manuell anstoßen. So geht's:

- Rufen Sie im Play Store Ihr Profil rechts oben auf und wählen Sie *Apps und Gerät verwalten* ❶ aus.

- Im Register *Übersicht* ❷ wird angezeigt, ob Updates verfügbar sind. Dieses Register ist standardmäßig ausgewählt. Tippen Sie auf *Details ansehen* ❸, um die ausstehenden Updates anzuzeigen. Hier haben Sie nun auch die Wahl, nur bestimmte Apps zu aktualisieren.
- Mit *Alle aktualisieren* laden Sie alle Updates herunter.
- Unter *Verwalten* ❹ finden Sie alle Apps, die Sie jemals über den Play Store installiert haben. Hier können Sie alle heruntergeladenen Anwendungen nach Häufigkeit der Nutzung, Zeitpunkt der letzten Aktualisierung oder nach Größe sortieren.

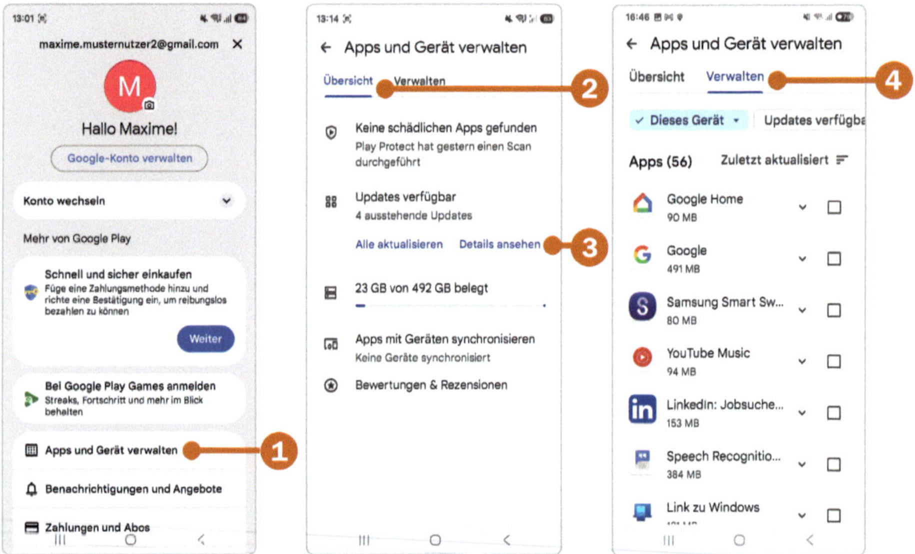

5 Tatsächlich telefonieren

5.1 Das Adressbuch verwalten

Am bequemsten telefonieren Sie, wenn Sie die Telefonnummern Ihrer Familienmitglieder und Freunde im Adressbuch des Smartphones gespeichert haben. Ihr Adressbuch ist die **App Kontakte**.

Ebenso können Sie über die **App Telefon** neue Kontakte hinterlegen. Dazu öffnen Sie die App und wählen unten die Registerkarte *Kontakte*.

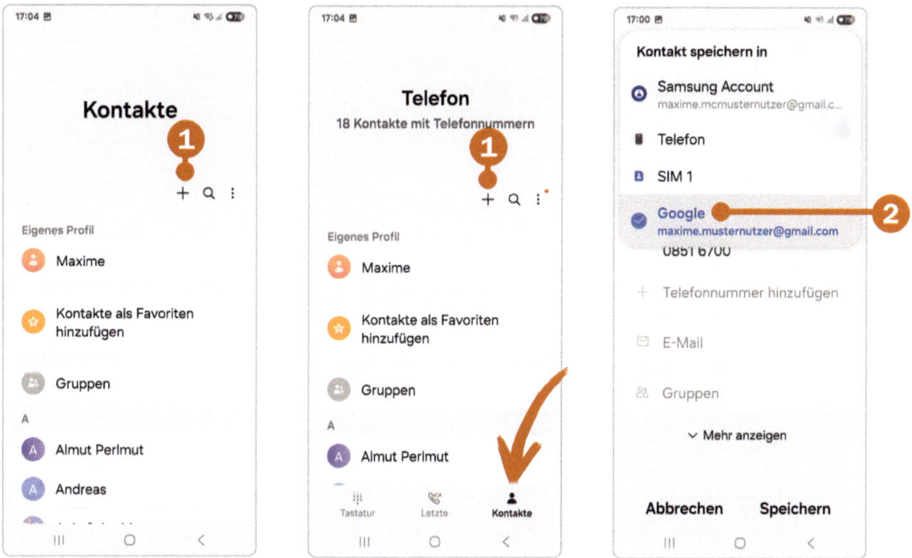

Kontakte abspeichern

- Um nun einen neuen Kontakt einzuspeichern, tippen Sie auf + ❶.
- **Speicherort auswählen:** Beim Hinzufügen des ersten Kontakts entscheiden Sie, wo dieser gespeichert werden soll: *Telefon* (Smartphone), *SIM-Karte*, *Google* ❷ und, falls Sie auch mit einem Samsung-Konto angemeldet sind, *Samsung Account*. Samsung und Google bieten den Vorteil, dass Ihre Kontakte extern gesichert sind und z. B. bei Verlust des Telefons weiterhin zur Verfügung stehen. Mit der Option *SIM-Karte* können nur Name und Telefonnummer gespeichert werden und mit der Auswahl *Telefon* werden die Daten lokal auf dem Telefon gespeichert und ebenfalls nicht extern gesichert. Wir verwenden *Google*,

zum einen weil die Daten extern gesichert werden und zum anderen, weil wir in diesem Buch auch das E-Mail-Programm von Google nutzen (Gmail) und die Informationen dann auch dort zur Verfügung stehen.

- **Foto:** Durch Antippen des Symbols ❸ knipsen Sie ein neues Bild oder fügen über die Galerie dem Kontakt ein bereits vorhandenes Foto hinzu.
- **Name:** Geben Sie den Vor- und Nachnamen ein.

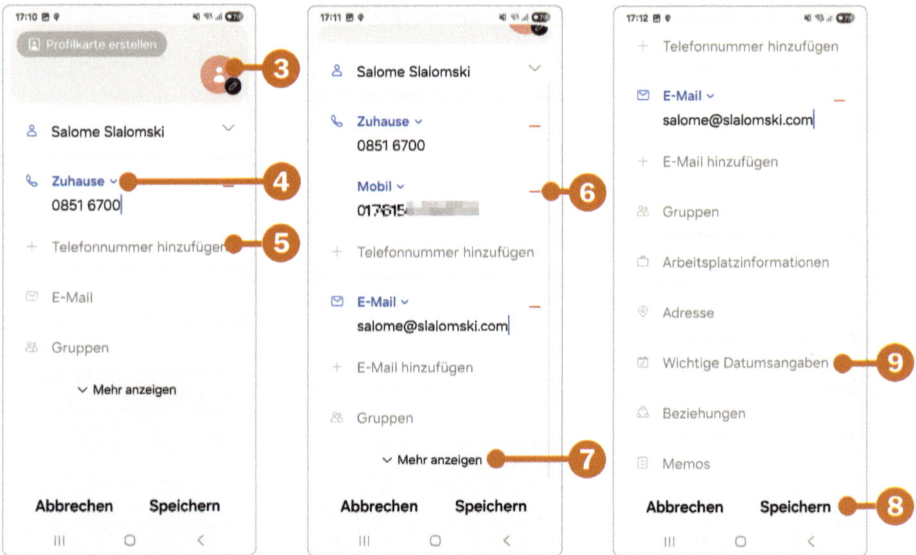

- **Telefonnummer:** Tippen Sie in das Feld *Telefon*, um eine Telefonnummer einzugeben. Beachten Sie, dass jede Nummer mindestens mit Ortsvorwahl eingegeben werden muss. Besser ist es, auch die Ländervorwahl zu hinterlegen. Durch längeres Drücken der Null wird ein Pluszeichen für +49 eingefügt. Dann folgt die Vorwahl ohne Führungsnull.
- Die einzelnen Telefonnummernfelder erhalten automatisch einen Nummerntyp, z. B. *Zuhause* ❹. Falls Sie einen anderen auswählen möchten, tippen Sie auf die Bezeichnung, dadurch wird eine Liste mit weiteren Nummerntypen (*Mobil*, *Arbeit* etc.) angezeigt.
- Sobald Sie eine Telefonnummer eingegeben haben, erscheint darunter ein weiteres Feld *+ Telefonnummer hinzufügen* ❺. Tippen Sie dieses an, falls Sie eine weitere Nummer eingeben wollen. Dieses Prinzip gilt auch für die E-Mail-Adresse.
- Mit dem Minus-Symbol – ❻ entfernen Sie einzelne Einträge wieder.

- Wenn Sie auf *Mehr anzeigen* ❼ tippen, erhalten Sie weitere Eingabemöglichkeiten, z. B. postalische Adresse, Webseite oder Speicherung des Geburtstags (dazu gleich mehr).
- Um den Kontakt abzuspeichern, tippen Sie auf *Speichern* ❽. Die Kontakte sind standardmäßig nach dem Vornamen alphabetisch sortiert.

So vergessen Sie keine Geburtstage!
Wenn Sie einen Kontakt in Ihrem Adressbuch anlegen, können Sie gleich dessen Geburtstag eintragen, der anschließend in der Kalender-App zu sehen ist. Tippen Sie auf *Mehr anzeigen* ❼ ▶ *Wichtige Datumsangaben* ❾ ▶ *Datum*. Um das Geburtsjahr auch anzuzeigen, setzen Sie ein Häkchen bei *Jahr eingeben*. Anschließend bewegen Sie den Finger auf dem Bildschirm von unten nach oben und umgekehrt, um Tag, Monat und Jahr auszuwählen. Bestätigen Sie mit *OK*.

Kontaktkonten synchronisieren: Falls Sie beim Öffnen der App schon Kontakte vorfinden, waren diese unter Umständen bereits in Ihrem Gmail- oder Samsung-Konto, vielleicht im Zuge des Schreibens von E-Mails, abgespeichert. Die Kontakte werden automatisch mit Ihren am Gerät angemeldeten Konten synchronisiert, also auch in der Cloud gespeichert. Sie überprüfen diesen Sachverhalt in der App Kontakte durch Anklicken des Drei-Punkte-Menüs oben rechts ▶ *Einstellungen* ▶ *Kontaktkonten synchronisieren*. Hier ist das Gmail-Konto aktiviert. Mit *Synchronisieren* stoßen Sie an, dass Kontaktdaten übertragen werden. Wenn Sie das nicht möchten, können Sie das hier auch ausschalten.

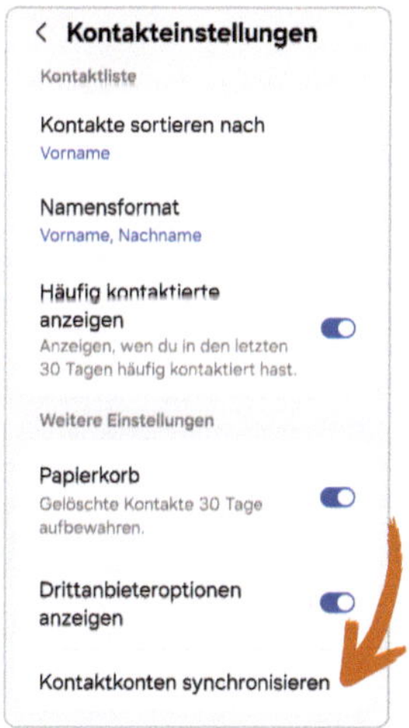

Mist! Meine Handynummer vergessen ...
Öffnen Sie die *Einstellungen* und zeigen Sie ganz unten die Kategorie *Telefoninfo* an. Hier finden Sie Ihre Telefonnummer.

Kontakte bearbeiten und löschen

Kontakt bearbeiten: Details zu einem Kontakt können sich ändern oder es muss etwas ergänzt werden. Wie Sie einen Kontakt bearbeiten, erfahren Sie jetzt:

- Zeigen Sie den Kontakt in Ihrem Adressbuch oder in der App Telefon im Register Kontakte an und wählen Sie diesen durch Antippen aus. Mit *Bearbeiten* 1 können Sie Änderungen am Kontakt vornehmen, Inhalte hinzufügen oder veraltete Informationen löschen.
- Bestätigen Sie Ihre Änderungen mit *Speichern* 2.

Kontakt löschen: Selbstverständlich kann ein Kontakt auch komplett aus dem Adressbuch gelöscht werden.

- Zeigen Sie den Kontakt an und tippen Sie rechts unten auf *Mehr* 3. Wählen Sie *Löschen* 4 und bestätigen Sie mit *In den Papierkorb*.

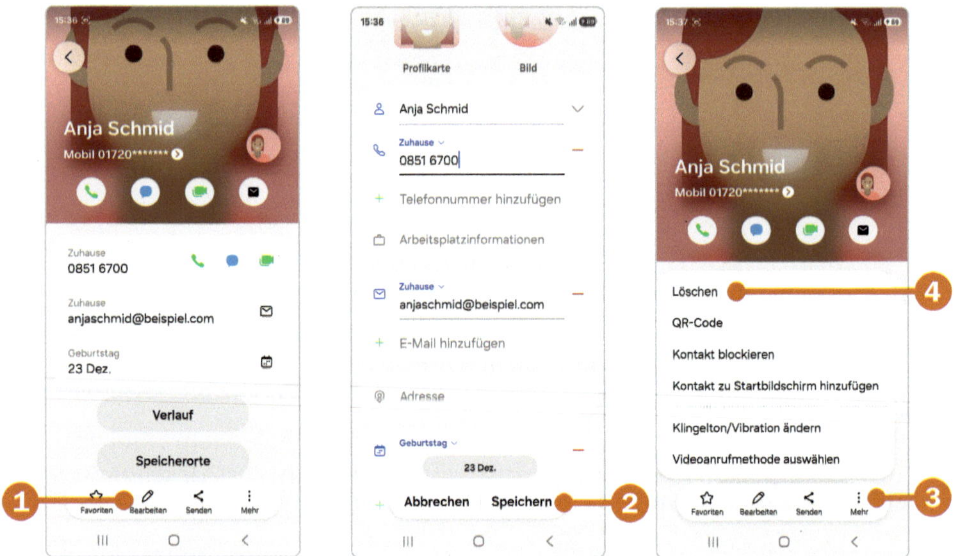

Kontakt favorisieren

Einige Kontakte sind wichtiger als andere – diese können als Favoriten markiert werden. Dadurch werden die „bevorzugten Kontakte" in einer eigenen Rubrik sowohl in der App **Kontakte** als auch in der App **Telefon** angezeigt und man muss nicht lange suchen.

- Zeigen Sie den Kontakt, den Sie als Favorit hinzufügen möchten, in der App Kontakte an.

- Tippen Sie auf das Stern-Symbol ❶. Der Stern wird gelb ★ angezeigt, damit ist der Kontakt nun ein Favorit. Der Kontakt wird oben bei *Favoriten* ❷ angezeigt.

Versehentlich angetippte Favoritensterne können Sie durch nochmaliges Antippen wieder „entfavorisieren".

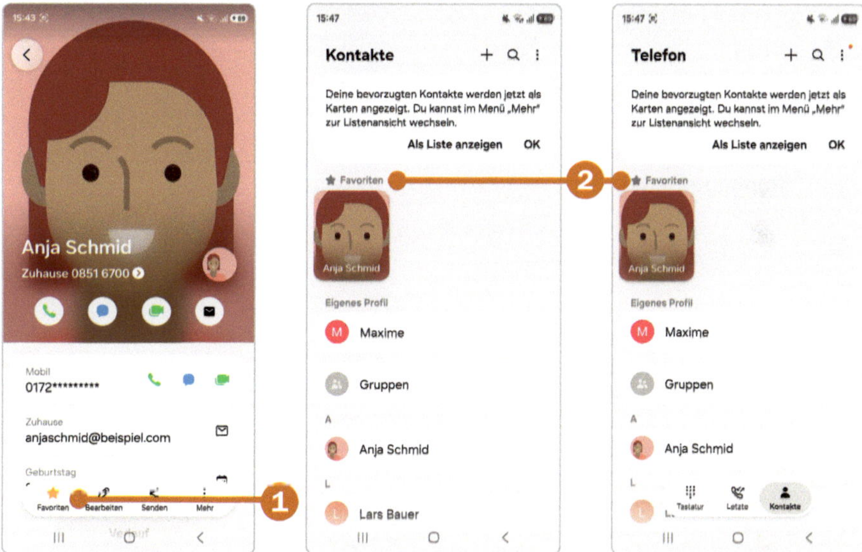

Hilfe im Notfall

Für einen Notfallanruf bei Rettungsdienst oder Feuerwehr muss das Smartphone nicht entsperrt werden. Auf Notfallnummern haben Sie über den Sperrbildschirm Zugriff. Außerdem können von Ihnen weitere Notfallkontakte und persönliche medizinische Informationen hinterlegt werden. So können Ersthelfer schneller Angehörige erreichen und Informationen, wie Blutgruppe, Medikamente, Allergien etc., einsehen. Auch das kann angezeigt werden, ohne dass das Smartphone entsperrt werden muss - wenn Sie Ihr Smartphone verlieren, natürlich auch von unbefugten Personen.

Notfallinformationen hinterlegen

- Tippen Sie in der Kontakte-App ganz oben in der Liste auf Ihr *eigenes Profil* ❶ (dort steht Ihr Name, siehe nächste Seite). Falls dieser nicht angezeigt wird, tippen Sie auf Ihre Telefonnummer.

- Wischen Sie bis ganz nach unten. Durch Antippen von *Medizinische Notfallinformationen* ❷ können Sie medizinisch relevante Informationen, wie z. B. die Blutgruppe, Allergien oder Medikamente hinterlegen. Zunächst erhalten Sie einen Hinweis, dass diese Informationen nicht vom Sperrbildschirm geschützt sind. Wenn Sie fortfahren möchten, tippen Sie auf *Bestätigen*. Wählen Sie aus, was Sie eintragen möchten und bestätigen Sie mit *Speichern* ❸.

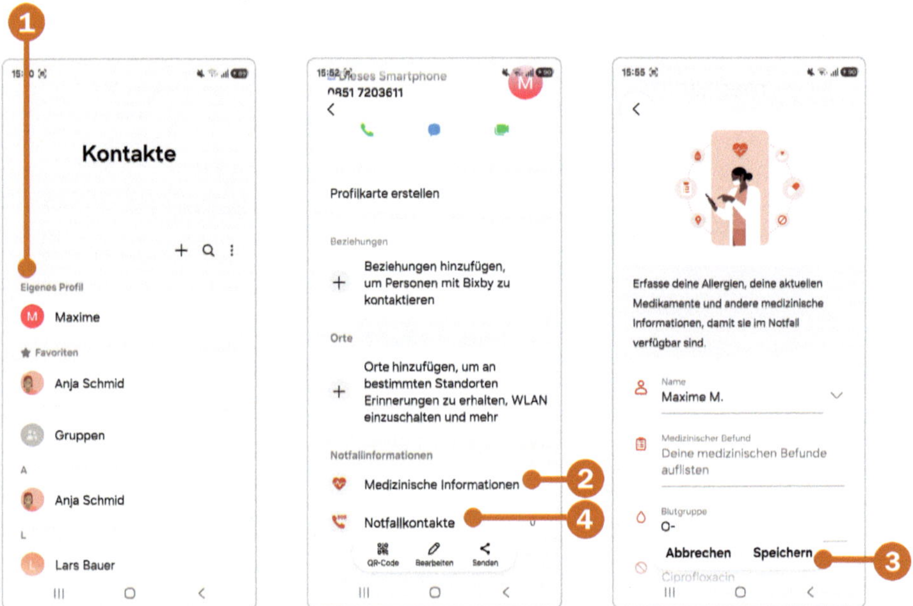

- Mit der Zurück-Taste gelangen Sie wieder zur Übersicht. Wählen Sie jetzt *Notfallkontakte* ❹ (Grafik oben in der Mitte) aus.
- Tippen Sie auf *Notfallkontakt hinzufügen* ❺. Die folgende Liste zeigt Ihre gespeicherten Kontakte. Wählen Sie einen Kontakt durch Antippen aus. Die Telefonnummer, die hier angezeigt wird, wird als Notfallnummer verwendet, auch wenn noch eine zweite Nummer für den Kontakt hinterlegt ist. Bestätigen Sie mit *OK*. Durch erneutes Anklicken von *Notfallkontakt hinzufügen* ein weiterer Notfallkontakt hinterlegt werden.

Unter *Einstellungen* ⚙ ▸ *Sicherheit und Notfall* können die medizinischen Informationen und die Notfallkontakte aktualisiert werden.

Notfallanruf tätigen

Im Notfall stehen nun alle hinterlegten Informationen zur Verfügung, ohne dass das Smartphone entsperrt werden muss.

- Wischen Sie über den Sperrbildschirm und tippen Sie auf *Notruf* ❻.
- Links oben finden Sie die Notfallkontakte ❼.
- Unter Notrufnummer ❽ steht die 112 (Rettungswagen und Feuerwehr) zur Verfügung. Tippen Sie *112 anrufen*.
- Die medizinischen Informationen werden durch Antippen von *Med. Infos* ❾ angezeigt.

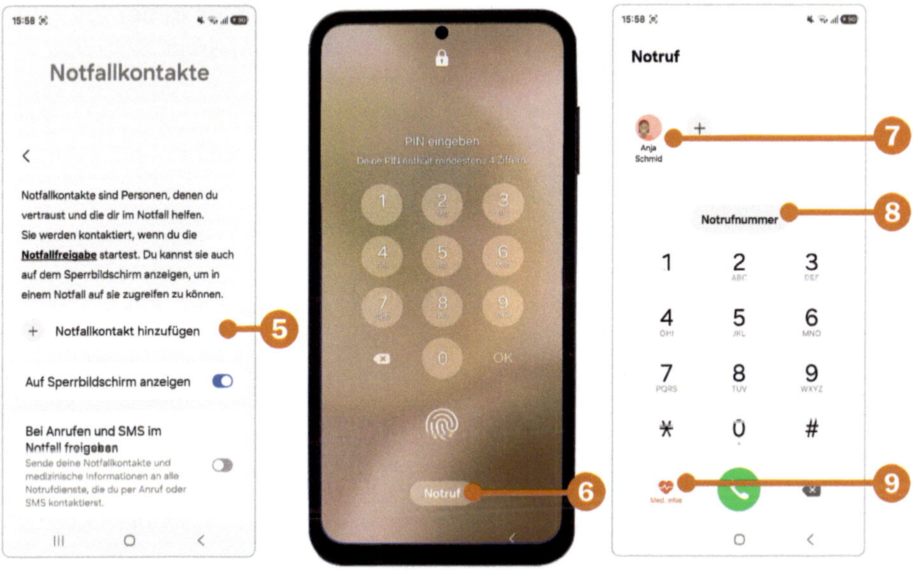

5.2 Freunde und Familie anrufen

In der App *Telefon* gibt es mit den drei Rubriken *Tastatur*, *Letzte* und *Kontakte* verschiedene Möglichkeiten, jemanden anzurufen.

Telefonnummer eintippen

Mit der Auswahl *Tastatur* ❶ können Sie eine Nummer einfach eintippen. Beachten Sie, dass Sie immer die Vorwahl eingeben müssen. Tippen Sie anschließend zum Verbindungsaufbau auf den grünen Hörer. Mit der Löschen-Taste können Sie einen Tippfehler entfernen.

Aus der Anrufliste auswählen

Bei *Letzte* ❷ wird eine Anrufliste angezeigt, auf der alle verpassten, angenommenen, abgelehnten aber auch ausgehenden Anrufe vermerkt sind. Haben Sie die Nummer des Kontakts eingespeichert, wird in der Liste der Name der Person angezeigt, sonst die Nummer. Mehrere Telefonate mit derselben Person werden durch Ziffern hinter dem Namen ❸ zusammengefasst. Bei Anrufen von privaten Nummern wird ebenfalls ein Name angezeigt ❹, sofern die Anrufprüfung aktiviert ist. Mehr dazu lesen Sie auf der nächsten Seite.

Auf verpasste Anrufe werden Sie auch durch eine Zahl am App-Symbol aufmerksam gemacht.

- Wollen Sie einen Kontakt erneut anrufen, tippen Sie in der Anrufliste einfach auf den Eintrag und dann auf den grünen Hörer ❺.

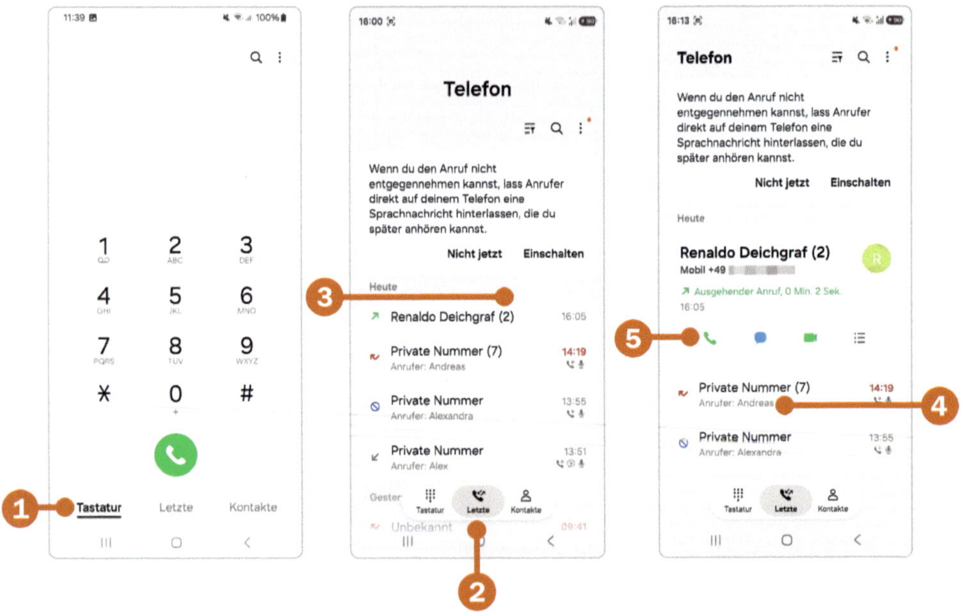

Symbole in der Anrufliste

Ausgehender Anruf	Verpasster Anruf	Eingehender Anruf, der angenommen wurde	Abgelehnter Anruf	Direkte Mailbox, siehe Seite 123 Blau: neue Nachricht Grau: abgehört

Achtung! Kennen Sie die Nummer nicht, ist beim Rückruf Vorsicht geboten. Mit einer Rückrufmasche versuchen Betrüger Sie zu verleiten, bei kostenpflichtigen Nummern anzurufen und Sie durch unverständliche Bandansagen/Warteschleifen möglichst lang in der Leitung zu halten. So ein Anruf kann mehrere Euro pro Minute kosten. Meist werden dazu ausländische Nummern verwendet, deren Ländervorwahl deutschen Ortsvorwahlen ähnelt, z. B. 00241 Gabun (0241 Aachen), oder Sonderrufnummern wie 00882 o. 00883.

Aus den Kontakten auswählen

Bei *Kontakte* ❻ wählen Sie einen eingespeicherten Kontakt aus. Die Liste ist alphabetisch nach Vornamen sortiert.

- Zum „Blättern" durch die Kontaktliste streichen Sie vertikal über den Bildschirm. Tippen Sie den gewünschten Kontakt an. Der grüne Hörer zum Verbindungsaufbau wird angezeigt. Tippen Sie diesen an.
- Ein Pfeil > hinter der Telefonnummer weist darauf hin, dass für den Kontakt eine zweite Nummer hinterlegt ist. Wenn Sie lieber diese anrufen möchten, tippen Sie zunächst auf ⓘ. Dadurch wird das Kontaktblatt geöffnet, auf dem Sie alle Informationen zu der Person sehen. Tippen Sie dann auf den grünen Hörer ❼ bei der passenden Nummer.

Wenn Sie einen Kontakt in Ihrem Adressbuch aufrufen, können Sie diesen nicht einfach nur über einen Sprachanruf kontaktieren, sondern Sie haben auch die Möglichkeit, einen Videoanruf zu tätigen oder eine Nachricht (SMS/RCS) bzw. eine E-Mail zu senden, sofern eine Mail Adresse hinterlegt ist.

Anruf durchführen

- Während des Telefonats können Sie den Anruf über die *Stumm-Taste* ❽ kurz stummschalten, dann werden Sie nicht gehört. Mit *Lautsprecher* ❾ schalten Sie den Verstärker ein und müssen das Smartphone nicht mehr ans Ohr halten. Das ist ganz praktisch, wenn Sie sich in einer Telefonwarteschlange befinden oder andere das Gespräch mithören sollen. Durch nochmaliges Antippen schalten Sie die Stummschaltung bzw. den Lautsprecher wieder aus.
- Durch Antippen von *Tasten* ❿ erhalten Sie im Gespräch ein Ziffernfeld. Für Anrufe bei Behörden oder Firmen wird die Zuteilung des korrekten Ansprechpartners zum Teil durch Eingabe von Nummern gelöst: „Für Fragen zu einer Rechnung tippen Sie die 1."

- Mit *Anruf hinzufügen* starten Sie eine Telefonkonferenz, bei der Sie eine weitere Person anrufen und mit *Verknüpfen* zum Gespräch hinzufügen.
- Sie haben auch die Option sich während des Telefonats z. B. mit einer Freisprechanlage via *Bluetooth* (siehe Seite 195) zu verbinden.
- Unter *Mehr* ⓫ finden Sie die Option den Anruf aufzuzeichnen, der Gesprächspartner wird vor der Aufnahme jedoch durch eine automatisierte Nachricht informiert. Außerdem können Sie hier auch *Anrufuntertitel* aktivieren, den *Anruf halten* oder den *Kontakt anzeigen*.
- Mit rufen Sie die KI-Optionen auf, hierzu gleich mehr auf Seite 120.
- Tippen Sie den roten Hörer an, um das Gespräch zu beenden.

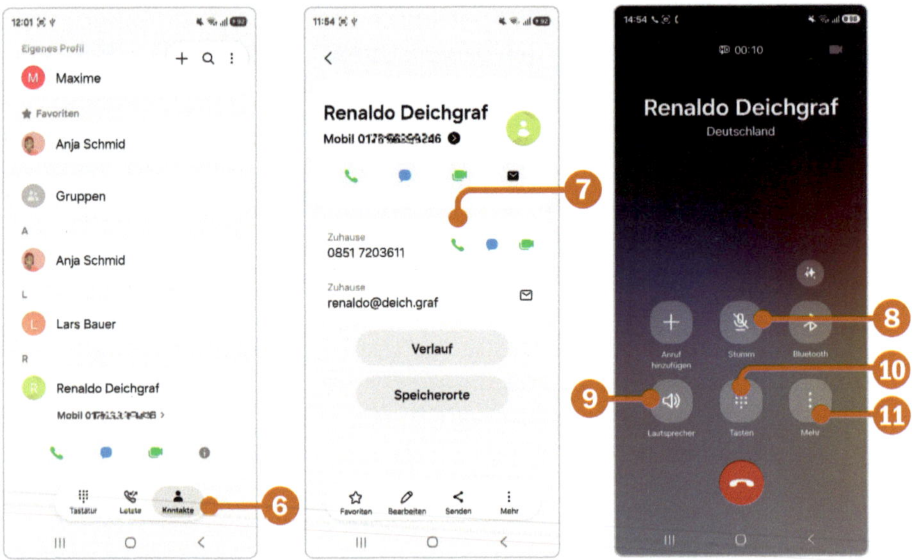

Anrufe live übersetzen

Telefonate in einer fremden Sprache sind oft schwierig zu meistern. Hier hilft die Anrufassistenz. Diese bietet die Möglichkeit der Live-Übersetzung des Telefonats. Damit werden Sie und Ihr Gesprächspartner simultan übersetzt.

- **Vorbereitung:** Öffnen Sie *Einstellungen* ▶ *Galaxy AI* ▶ *Anruf-Assistent* ▶ *Live-Übersetzung* und schalten Sie diese ggf. ein.
  - **Sprachen festlegen:** Wählen Sie im Bereich *Ich* ❶ bei *Sprache* Ihre Sprache und im Bereich *Andere Person* ❷ die Sprache des Gesprächspartners. Sie können das auch während des Telefonats festlegen. Es ist aber entspannter, das vorher zu erledigen.

- **Stummschaltung:** Während der Live-Übersetzung kann die eigene und die Stimme des Gesprächspartners stumm geschaltet werden und jeder hört nur die Übersetzung. Dies erledigen Sie bei *Meine Stimme stummschalten* ❸ bzw. *Stimme der anderen Person stummschalten*.

▶ **Telefonieren:** Rufen Sie den Gesprächspartner, wie gewohnt, an. Tippen Sie auf *Anruf-Assistent* und dann auf *Live-Übersetzung* ❹. Im oberen Bereich können Sie jetzt nochmals die Sprachen ändern, falls notwendig. Das Gespräch wird mitgeschrieben. Mit ❺ beenden Sie die Dolmetscher-Funktion, über das rote Telefonsymbol legen Sie ganz auf.

▶ **Text-Anruf** ❻**:** Diese Funktion hilft Personen, die nicht oder nur eingeschränkt über Sprache telefonieren können. Gesprochenes wird dann zu Text umgewandelt und Geschriebenes von der KI laut vorgelesen.

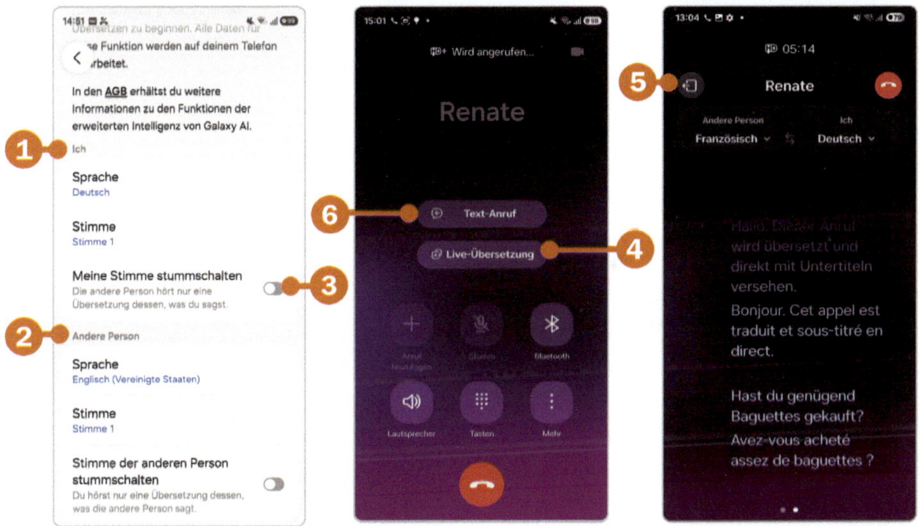

5.3 Anruf annehmen oder nicht?

▶ **Annehmen:** Wenn Sie einen Anruf erhalten, tippen Sie auf den grünen Hörer ❶ und ziehen ihn nach oben in die Mitte. Das ist auch möglich, wenn das Smartphone gerade gesperrt ist.

Wenn Sie ein Anruf erreicht, während Sie gerade eine App am Handy anzeigen, wird der Anrufhinweis nur oben eingeblendet. Dann nehmen Sie das Gespräch mit dem grünen Hörersymbol (*Antworten*) an oder weisen es mit dem roten Hörersymbol ❷ (*Ablehnen*) ab.

- **Ablehnen:** Haben Sie gerade keine Zeit, dann tippen Sie auf den roten Hörer und ziehen ihn nach oben. Oder Sie geben dem Anrufer via SMS kurz Bescheid, dass Sie den Anruf nicht entgegennehmen können: Ziehen Sie hierzu den weißen Balken nach oben oder tippen Sie auf *Weitere Optionen* ❸ bzw. *Nachricht senden* und wählen dann eine Nachricht ❹ durch Antippen aus. Haben Sie die *Direkte Mailbox* aktiviert, können Sie den Anrufer auch direkt auf diese weiterleiten.

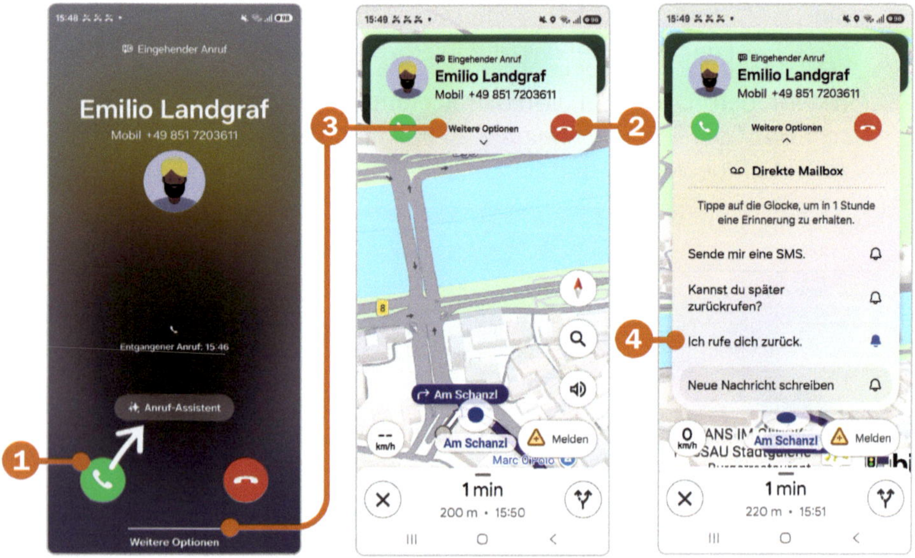

> **Rufnummer anzeigen bzw. unterdrücken**
> Bei privaten Anrufern, also jene die Ihre Nummer unterdrücken, gehe ich grundsätzlich nicht ans Telefon. Manchmal möchte man auch selbst nicht, dass die eigene Rufnummer beim Angerufenen angezeigt wird. In den *Einstellungen* der App Telefon ▶ *Zusatzdienste* ▶ *Deine Anrufer-ID anzeigen* haben Sie die Wahl zwischen *Nie*, *Immer* und *Netzstandard* Ihres Netzbetreiber. In der Regel wird die Rufnummer weitergegeben.

Anrufprüfung zur Abwehr unerwünschter Gespräche

Schutz vor Betrügern oder nervigen Werbeanrufen bietet die Funktion *Anrufprüfung*. Es handelt sich hierbei um einen KI-Concierge, der sich bei unbekannte Anrufern oder verdächtigen Telefonnummern zuerst nach dem Namen und dem Grund des Anrufs erkundigt. Die Antworten des Anrufers können Sie in Echtzeit am Bildschirm mitlesen und so entscheiden, ob Sie das Telefonat dann übernehmen wollen oder lieber ablehnen. Sie aktivieren die Funktion folgendermaßen:

- Öffnen Sie das Drei-Punkte-Menü rechts oben in der *Telefon*-App und rufen Sie *Einstellungen* ❶ auf.
- Wählen Sie *Anrufprüfung* ❷ und schalten Sie die Funktion *Ein*. Unter *Anrufe automatisch prüfen* ❸ legen Sie fest, ob sich der KI-Concierge nur bei unterdrückten sowie bekannten Spam-Nummern einschalten soll oder bei allen unbekannten Nummern. Damit sind alle Anrufer gemeint, deren Nummer nicht in den Kontakten abgespeichert ist und mit denen Sie noch nie telefoniert haben.

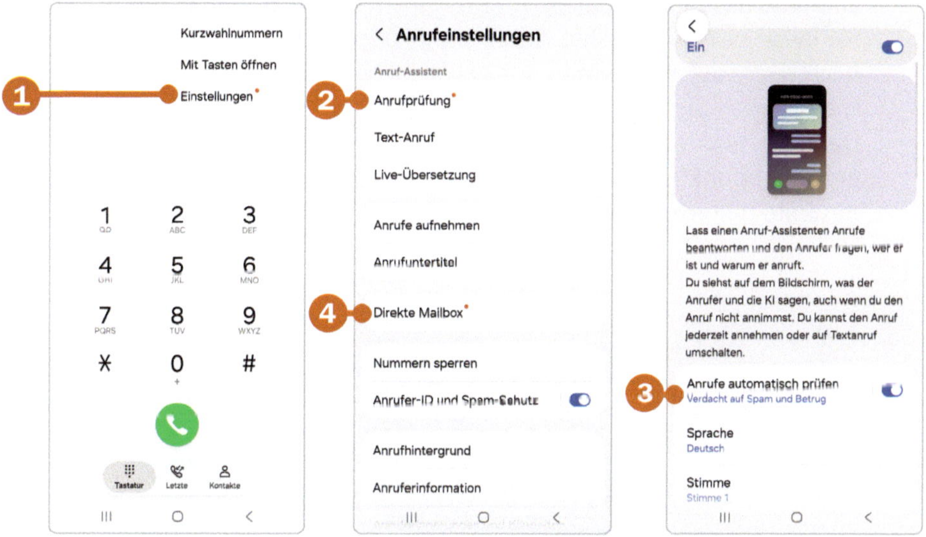

Digitaler Anrufbeantworter

Die Direkte Mailbox ist ein Anrufbeantworter fürs Smartphone. Zwar stellt auch Ihr Netzbetreiber eine klassische Mailbox bereit, doch die Direkte Mailbox bietet mehr Funktionen. Sie steht allerdings nur zur Verfügung, solange Ihr Smartphone eingeschaltet ist und Netz hat.

- **Aktivierung:** Öffnen Sie die Telefon-App. Tippen Sie auf das Drei-Punkte-Symbol rechts und dann auf *Einstellungen*. Tippen Sie auf *Direkte Mailbox* ❹ (siehe Grafik oben) und dann auf den Schalter ❺, um die Direkte Mailbox einzuschalten.

- **Klingelzeit:** Standardmäßig wird die Ansage der Direkten Mailbox nach 20 Sekunden abgespielt, wenn der Anruf nicht vorher angenommen wurde. Wischen Sie etwas nach unten, um bei *Automatisch an Mailbox senden* ❻ die Klingelzeit zu verlängern bzw. zu verkürzen.
- Der **Transkriptions-Assistent** bietet praktischen Mehrwert: Ist er eingeschaltet, erscheint die gesprochene Nachricht ❽ in Echtzeit in der Telefon-App. Sie können also mitlesen ohne den Anruf annehmen zu müssen. Außerdem wird eine Zusammenfassung hinterlegt. Zur Aktivierung tippen Sie auf *Transkriptions-Assistent* ❼. Dadurch wird automatisch die Option *Aufgenommene Anrufe und Direkte Mailbox autom. transkribieren* angezeigt. Schalten Sie diese Funktion ein.

▶ **Direkte Mailbox abhören**: Hat ein Anrufer eine Nachricht hinterlassen, finden Sie diese beim verpassten Anruf in der Telefon-App. Tippen Sie im Bereich *Letzte* auf den Namen des Anrufers, um den Bereich zu erweitern. Hier können Sie über das Mikrofonsymbol ❾ die Nachricht abhören. Darunter finden Sie, sofern der Transkriptions-Assistent aktiviert war, eine stichpunktartige Zusammenfassung. Tippen Sie diese an, um die gesamte hinterlassene Nachricht zu lesen.

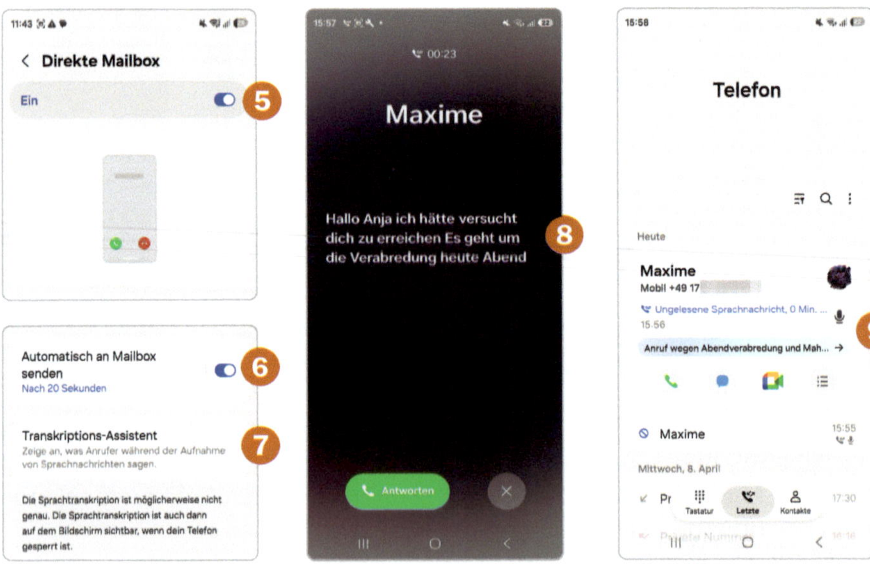

6 Nachrichten und Fotos versenden

SMS, E-Mails und WhatsApp-Nachrichten erleichtern die Kommunikation mit Familie und Freunden. Ein kurzer Text getippt, schnell auf Senden gedrückt und sofort kommt die Nachricht beim Empfänger an. In diesem Kapitel werden die Apps *Messages*, *Gmail* und *WhatsApp* vorgestellt.

6.1 Versenden und Empfangen von SMS sowie RCS

Eine SMS (**S**hort **M**essage **S**ervice - Kurznachrichtendienst) ist eine Mitteilung, die 160 Zeichen lang ist. Umfasst Ihre Nachricht mehr Zeichen, wird automatisch eine zweite verschickt. Der SMS-Versand kann zusätzliche Kosten verursachen, ist aber auch bei vielen Anbietern - je nach Vertrag - kostenlos.

Trotz vieler anderer Kommunikations-Apps, wie z. B. WhatsApp, hat die SMS immer noch ihre Berechtigung. Sie erhalten Informationen Ihres Mobilfunkanbieters als SMS, z. B. eine Benachrichtigung, wenn Sie sich in einem ausländischen Netz befinden. Auch Zugriffscodes werden via SMS versendet. Der große Vorteil der SMS ist, dass Sie für das Versenden nur eine Verbindung zum Mobilfunknetz benötigen. Die SMS bietet damit zuverlässige Erreichbarkeit. Es muss weder mobiles Internet (mobile Datenverbindung) noch WLAN zur Verfügung stehen.

Wir verwenden in diesem Buch die bereits vorinstallierte App *Google Messages*. Diese App unterstützt RCS (**R**ich **C**ommunication **S**ervices - Reichhaltiger Kommunikationsdienst), den Nachfolger der SMS. Dabei handelt es sich um einen Chat-Austausch ähnlich WhatsApp, jedoch läuft dieser direkt über die Netzinfrastruktur der Mobilfunkanbieter und ist an die SIM-Karte gebunden – ähnlich wie SMS. Die RCS bietet gegenüber der SMS verschiedene Vorteile: keine Zeichenbegrenzung, Gruppenchats, verschlüsselte Nachrichtenübertragung, Versenden von Videos, Emojis und Sprachnachrichten sowie eine Anzeige, ob die Nachricht gelesen wurde. Für das Versenden einer RCS-Nachricht benötigen Sie eine mobile Datenverbindung oder WLAN. Chat-Nachrichten reduzieren Ihr mobiles Datenvolumen, außer Sie sind mit einem WLAN verbunden.

Nicht alle Smartphones, insbesondere ältere iPhones, sind RCS-fähig: Voraussetzung mindestens OneUI **1** / Android **6** / iOS **18**. Außerdem muss der Mobilfunkanbieter RCS unterstützen. Wo das nicht vorliegt, wird automatisch eine SMS versandt.

SMS bzw. Chat versenden

- Öffnen Sie *Messages* von Google. Legen Sie fest, wer Ihren Namen und ggf. das Profilbild sehen kann. Tippen Sie dann auf *Weiter*.
- Tippen Sie auf die Schaltfläche *Chat starten* ❶ und geben Sie bei *An* den Namen der Person ein bzw. wählen Sie die Person unten durch Antippen aus. Falls Sie mit der Person bereits Nachrichten ausgetauscht haben, können Sie eine vorhandene Unterhaltung ❷ durch Antippen anzeigen, der Empfänger ist dann bereits eingetragen.
- Tippen Sie in das Textfeld unten und verfassen Sie Ihre Nachricht. Noch nicht abgeschickte Nachricht werden als Entwurf gekennzeichnet.
- Ob Sie eine SMS oder eine Chat-Nachricht versenden, ist leicht an der **Senden-Schaltfläche** zu erkennen: für SMS, für RCS-Chat ❸. Standardmäßig ist eingestellt, dass RCS-Chats verwendet werden, sofern sie verfügbar sind. Sollten Sie nur SMS verschicken wollen, tippen Sie auf Ihr Profilsymbol ❹, wählen *Messages-Einstellungen* und dann *RCS-Chats*. Hier können Sie die RSC-Chats aktivieren bzw. deaktivieren ❺.

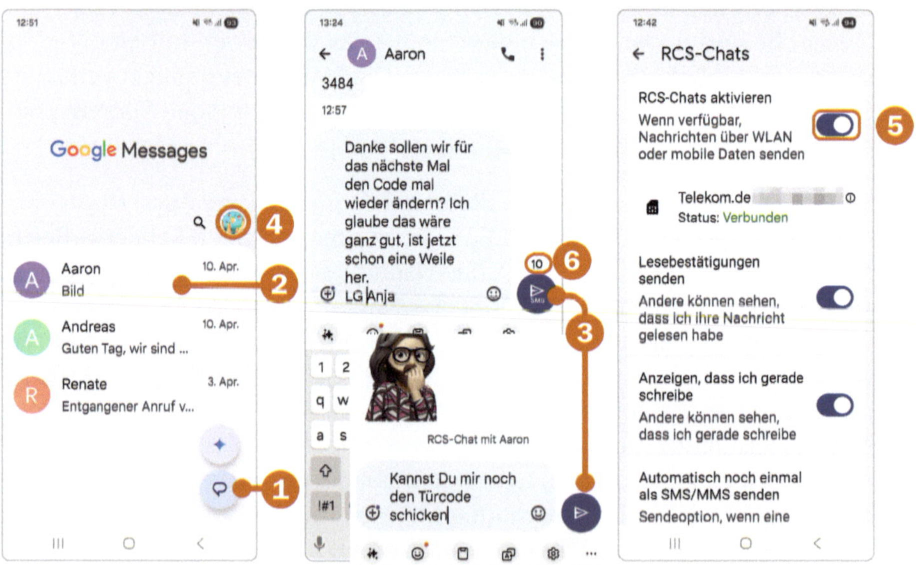

Tipp: Wenn Sie eine lange SMS-Nachricht schreiben, erscheint rechts neben der Nachricht eine Zahl, z. B. *10* ❻. Diese zeigt an, wie viel Zeichen Sie noch zur Verfügung haben bis eine weitere SMS versendet wird. Die zweite SMS umfasst dann nur noch 145 Zeichen

SMS erhalten

Auf den Eingang einer SMS werden Sie im Benachrichtigungsfeld und durch eine Ziffer (Anzahl der neuen SMS) am App-Symbol hingewiesen. Nach dem Öffnen der App sehen Sie Ihre Nachrichten. Ungelesene Nachrichten 7 sind fett markiert. Durch Antippen öffnen Sie diese und können im Nachrichtenfeld antworten. **Aber Achtung vor Phishing:** Mit vermeintlich seriösen SMS von Banken oder Paketversendern versuchen Betrüger sensible Daten abzufragen. Tippen Sie nicht auf die darin enthaltenen Links.

Unterhaltung löschen

Um einen Chat zu löschen, tippen Sie ihn etwas länger an und wählen oben das Papierkorb-Symbol 8.

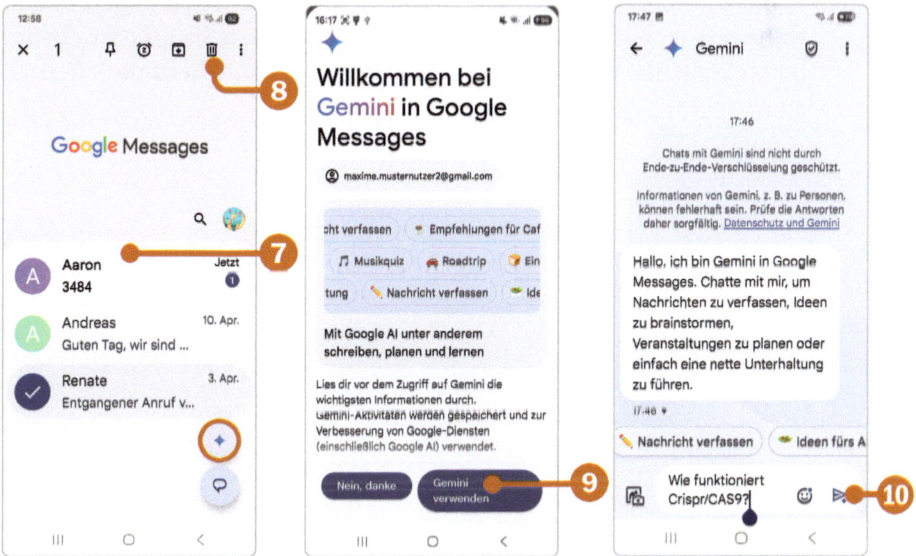

Gemini-Funktion in Google Messages

Auch in der Messages-App finden Sie KI-Funktionen. Möchten Sie mit Googles KI namens *Gemini* chatten, tippen Sie auf ✦ und bestätigen Sie anschließend mit *Gemini verwenden* 9 (Bild oben). Sie können Gemini bitten, Nachrichten für Sie zu formulieren, Ihnen Kochideen fürs Abendessen zu liefern, gesendete Bilder zu analysieren oder stellen Sie Gemini einfach Fragen. Mit 10 versenden Sie Ihre Anfrage. Da es sich bei der sogenannten KI eigentlich nur um ein großes Sprachmodell handelt, sind die Angaben mit Vorsicht zu genießen. Bitten Sie Gemini bei wichtigen Fragen daher um eine Quellenangabe mit Link.

Chat-Nachrichten übersetzen mit Galaxy AI

Möchten Sie mit einer Person in einer fremde Sprache chatten, so hilft Ihnen die Galaxy AI ❶ in der Tastaturleiste. In welchen Anwendungen die Übersetzungsfunktion bereit steht, sehen Sie in den *Einstellungen* unter *Galaxy AI* ▶ *Schreib-Assistent* ▶ *Chat-Übersetzung* ▶ *Verwalten von Apps*.

- Tippen Sie auf das AI-Symbol ❶ und wählen Sie *Chat-Übersetzung* ❷.
- Die Sprache wird automatisch erkannt und unterhalb ❸ der Originalnachricht übersetzt. Falls es Probleme gibt, können Sie über die Leiste oben die Sprache auswählen bzw. das passende Sprachpaket herunterladen, standardmäßig ist nur *Englisch* installiert. Für weitere Sprachen tippen Sie bei *Automatisch* ❹ auf den Erweiterungspfeil und wählen *Sprachen hinzufügen* aus. Dadurch werden Sie zu den verfügbaren Sprachen geleitet und können weitere Pakete herunterladen.
- Streichen Sie rechts oben über den Balken ❺ nach innen, um die Sprachleiste erneut einzublenden.

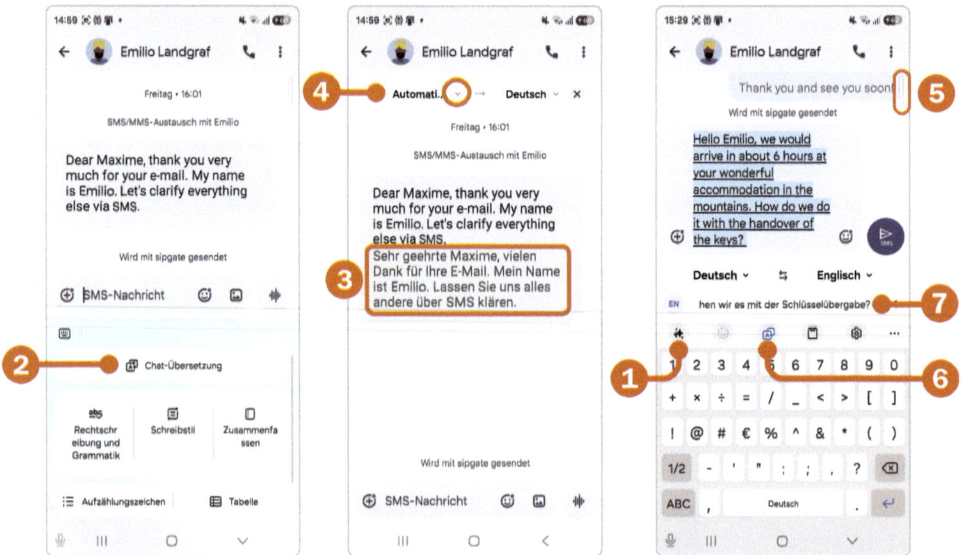

- Um Ihre Antwort ebenfalls zu übersetzen, tippen Sie in auf das Übersetzungssymbol ❻ in der Tastaturleiste.
- Geben Sie anschließend Ihre Nachricht in das untere Textfeld ❼ ein, die Übersetzung erscheint dann automatisch im oberen Textfeld.

6.2 Über E-Mails kommunizieren

Zum Verfassen und Empfangen von E-Mails empfehlen wir die Nutzung von *Gmail*, da hier bereits die Daten Ihres Benutzerkontos, welche Sie während der Einrichtung des Handys eingegeben haben, hinterlegt sind. Sie können sofort loslegen.

Vielleicht erledigen Sie den Großteil des E-Mail-Verkehrs am PC. Dennoch ist es praktisch, auch einmal schnell eine E-Mail am Smartphone zu lesen. Sie können dasselbe Konto mit Ihrem Smartphone und dem Computer verbinden.

☛ Sie finden die App *Gmail* im Ordner *Google* auf dem Startbildschirm. Zum Öffnen tippen Sie den Ordner an und wählen *Gmail*.

Beim ersten Öffnen der App wird oben die hinterlegte Gmail-Adresse angezeigt. Hier könnten auch noch weitere E-Mail-Adressen hinzugefügt werden. Darauf verzichten wir. Tippen Sie unten auf *Weiter zu Gmail*. Sie können Gmail erlauben, Ihnen Benachrichtigungen zu senden. Dann werden Sie über den Eingang neuer E-Mails automatisch informiert.

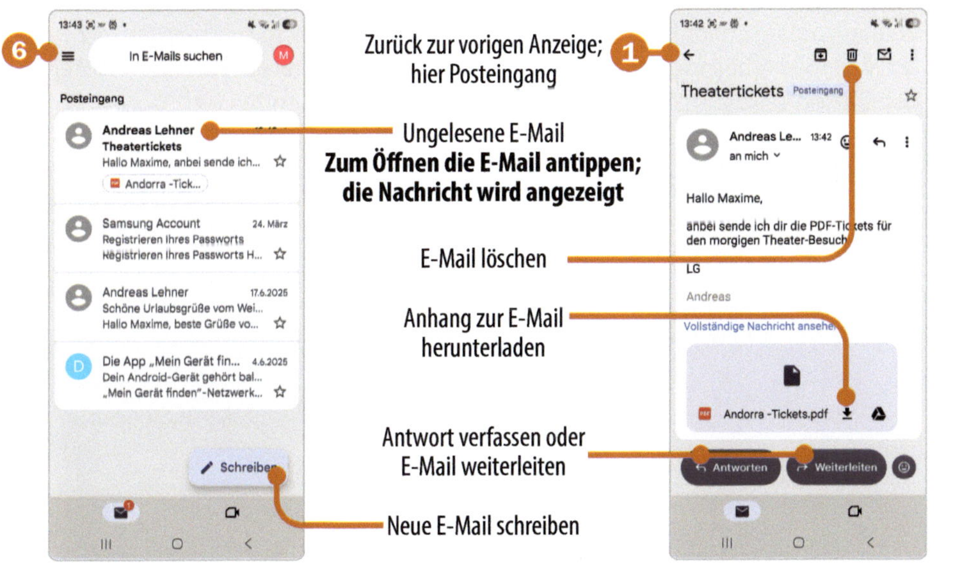

Posteingang
Anzeige aller aktuellen E-Mails

Inhalt einer E-Mail
Anzeige der ausgewählten E-Mail

Tipp: Falls nicht ausgeschaltet, werden Sie auch im Benachrichtigungsbereich auf neue E-Mails hingewiesen. Tippen Sie auf die Benachrichtigung, um die E-Mail anzuzeigen und direkt zu antworten, wie in Abbildung 2 auf Seite 67 gezeigt.

Neue E-Mail lesen und beantworten

E-Mail erhalten

Dass eine neue E-Mail eingetroffen ist, sehen Sie schon an der angezeigten Nummer beim Gmail-Symbol. Öffnen Sie die Gmail-App. Der Posteingang (*Allgemein*) wird automatisch angezeigt. Neue E-Mails finden Sie immer ganz oben in der Liste. Sie blättern durch vertikales Wischen durch die Liste.

- Zum Lesen des Inhalts tippen Sie die neue E-Mail an. Mit der Zurück-Taste ❶ (Grafik vorige Seite) gelangen Sie wieder zur Übersicht.

Eine Antwort verfassen

Um eine E-Mail zu beantworten, tippen Sie in der geöffneten E-Mail unterhalb auf *Antworten*. Dadurch wird ein Textfeld geöffnet ❷, in das Sie direkt Ihre Antwort eingeben können. Möchten Sie im Textfeld die ursprüngliche Nachricht anzeigen oder zitieren, so tippen Sie auf die drei Punkte ❸. Unter ❹ können Sie zusätzliche Empfänger hinzufügen oder in *CC* (Kopie) bzw. *BCC* (Blindkopie) setzen. Um die Nachricht an einen anderen Empfänger zu senden, wählen Sie *Weiterleiten*. Bei einer Antwort wird der Absender der Nachricht automatisch im Feld *An* eingetragen, der Betreff wird mit dem Zusatz *Re* (engl. Reply) übernommen; bei Weiterleitungen *Fwd* (engl. Forwad). Schreiben Sie Ihren Nachrichtentext und tippen Sie zum Versenden auf ⊳ ❺.

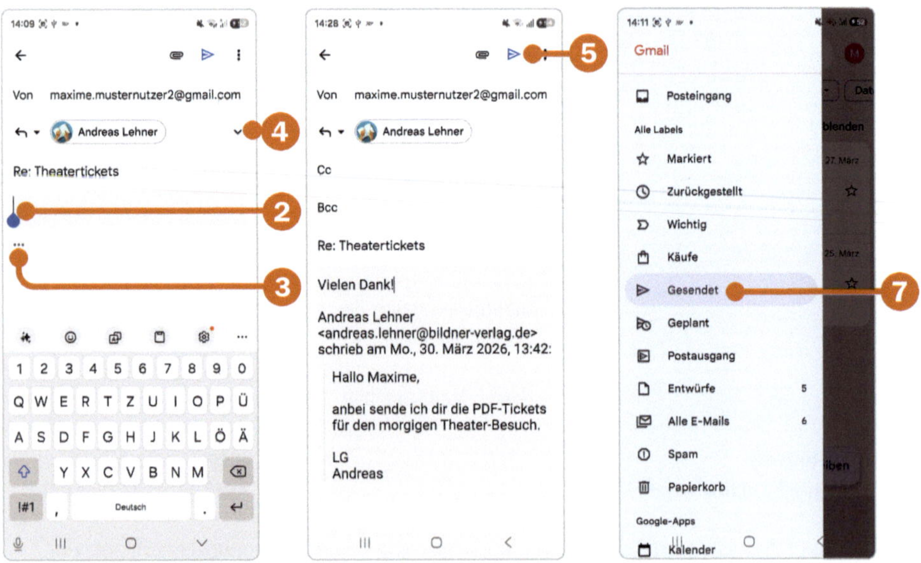

Tippen Sie auf das Menü ❻ (Grafik vorige Seite), um Ihre *Gesendeten* Nachrichten ❼ aufzurufen.

Neue E-Mail schreiben

Tippen Sie auf *Schreiben* und tragen Sie im Feld *An* die E-Mail-Adresse des Empfängers ein. Bestätigen Sie diese mit *Empfänger hinzufügen*. Beim Eingeben der ersten Buchstaben erhalten Sie meist schon Vorschläge möglicher Adressaten. Tippen Sie einen Vorschlag an, um ihn zu übernehmen. Im Feld *CC* eingetragene Empfänger erhalten eine Kopie, sichtbar für den Hauptadressaten, Adressen im Feld *BCC* sind nur für Sie sichtbar. Geben Sie noch einen *Betreff* an und verfassen Sie die E-Mail. Zum Versenden tippen Sie auf ▷.

Foto oder Video versenden

Mit dem Klammer-Symbol 8 können Sie auch Dateien (Fotos, kurze Videos, Dokumente etc.) via Gmail versenden. Wählen Sie nach Antippen der Klammer *Fotos* oder *Dateien*, navigieren Sie im sich öffnenden Fenster zum entsprechenden Album oder Ordner und tippen Sie auf das gewünschte Bild. Via *Fotos* wird es im Textfeld eingefügt und komprimiert, mit *Dateien* wird das Bild in Originalqualität als Anhang versendet. Den Anhang sehen Sie am Ende der E-Mail, er kann durch Antippen von x 9 wieder entfernt werden. Ein über *Fotos* eingefügtes Bild löschen Sie wie Text mit der ⌫ -Taste.

E-Mail löschen

Durch längeres Antippen einer E-Mail erhalten Sie weitere Bearbeitungsmöglichkeiten. Tippen Sie auf das Papierkorb-Symbol 10 oben rechts, um die markierten E-Mails zu löschen. Gelöschte E-Mails verbleiben 30 Tage im Papierkorb und werden erst dann endgültig gelöscht.

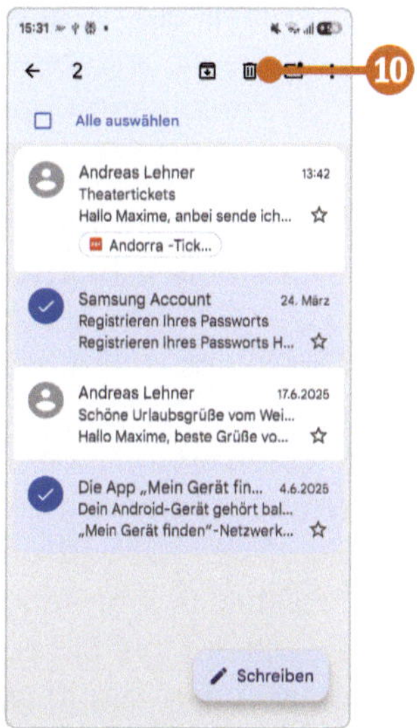

6.3 Nachrichten über WhatsApp

Via WhatsApp tauschen Sie Nachrichten, Bilder und Videos aus. WhatsApp-Nachrichten haben die SMS abgelöst, schließlich ist dieser Dienst kostenlos, man kann ganz einfach Fotos und Videos versenden und sogar Sprach- und Videoanrufe per WhatsApp tätigen. Zunächst muss die App aus dem Play Store heruntergeladen werden. Wie das geht, haben Sie bereits auf Seite 99 erfahren. Sie können natürlich auch andere Nachrichtendienste, wie Signal oder Threema, verwenden.

WhatsApp einrichten

- Nach dem Öffnen müssen Sie zunächst eine Sprache bestimmen. Standardmäßig ist die Gerätesprache bereits ausgewählt. Mit *Zustimmen und fortfahren* ❶ (siehe nächste Seite) erklären Sie sich mit den Datenschutzrichtlinien und Nutzungsbedingungen einverstanden. Um diese zu lesen, tippen Sie auf die farbig hinterlegten Worte und zeigen mit der Zurück-Taste danach wieder WhatsApp an. Im Anschluss entscheiden Sie, ob WhatsApp Ihnen Benachrichtigungen senden darf.
- **Telefonnummer eintragen:** Im nächsten Schritt müssen Sie Ihre Handynummer eingeben ❷. Beachten Sie, dass der Ländercode *+49* automatisch vorangestellt wird. Dadurch entfällt die erste Null Ihrer Telefonnummer. Tippen Sie auf *Weiter* und bestätigen Sie die Richtigkeit der Nummer mit *Ja*. Zur Verifikation der Telefonnummer wird eine SMS gesendet und in der Regel auch gleich übernommen. Ansonsten tippen Sie den sechsstelligen Code ein. Wenn Sie keine SMS erhalten haben, überprüfen Sie die angezeigte Telefonnummer. Hat sich ein Tippfehler eingeschlichen, dann tippen Sie auf *Falsche Nummer?*. Ist die Nummer richtig, wählen Sie entweder *SMS erneut senden* oder *Anrufen lassen*.

Berechtigungen erteilen: Tippen Sie auf *Weiter* ❸, um die verschiedenen Berechtigungen zu erteilen. Den Zugriff auf die Kontakte sollten Sie mit *Zulassen* erlauben, sonst können Sie WhatsApp nicht nutzen. Den Zugriff auf Musik- und Audiodateien können Sie auch auf später verschieben und erst einmal *Nicht zulassen*. Wenn Sie Bilder über WhatsApp versenden möchten, müssen Sie auch den Zugriff auf Fotos erlauben. Hier können Sie die Rechte auf bestimmte Fotos beschränken. Dazu tippen Sie auf *Eingeschränkten Zugriff zulassen* ❹ und wählen im nächsten Schritt ein Foto aus, z. B. Ihr Profilbild und bestätigen mit auf *Erlauben*. So verwehren Sie WhatsApp den Zugriff auf Ihre Bilder, müssen dann aber für jedes Bild, das Sie versenden, einzeln den Zugriff gewähren. Mit der Option *Vollen Zugriff auswählen* ❺ hat WhatsApp Zugriff auf Ihr gesamtes Fotomaterial. Sie wägen hier ab zwischen Pragmatismus und Datenschutz.

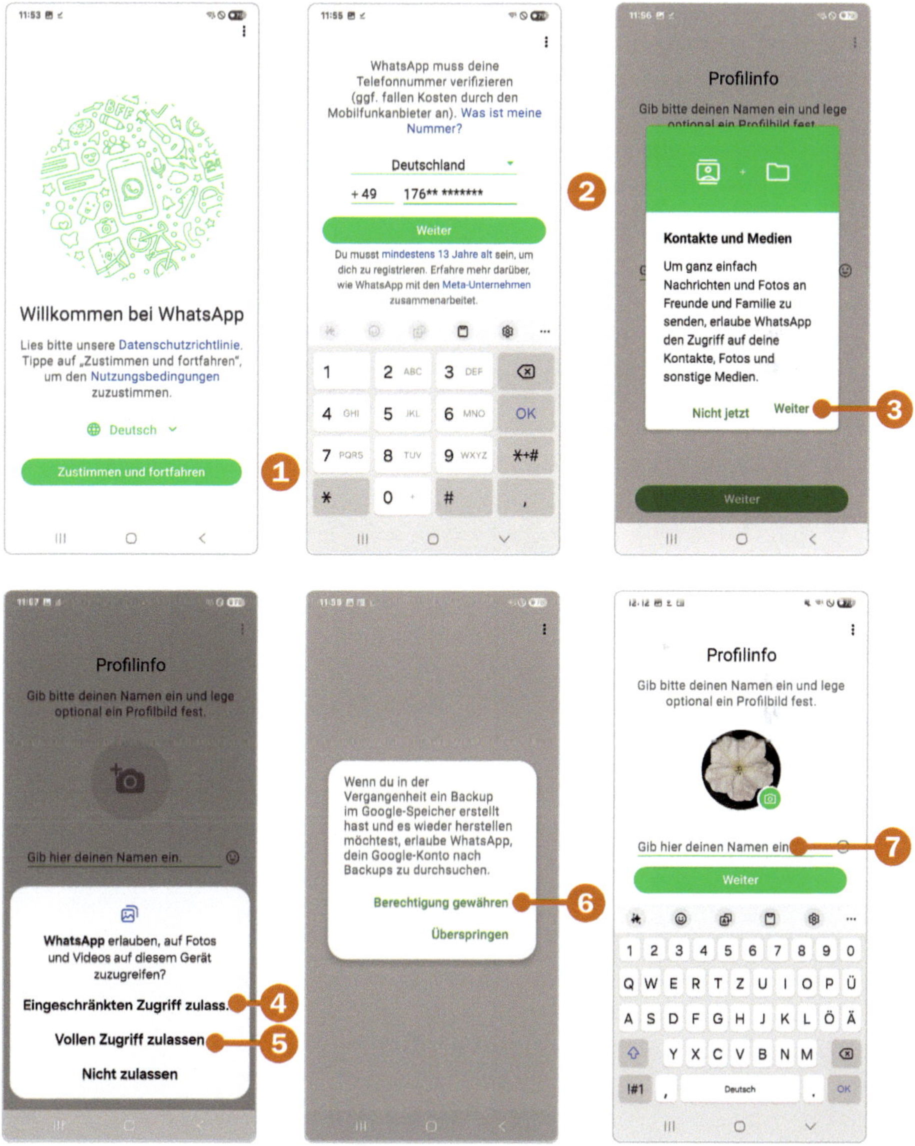

- Wenn Sie möchten, können Sie im Anschluss einen Passkey erstellen, ein verschlüsselter digitaler Schlüssel, mit dem Sie via Fingerabdruck, Gesichtserkennung oder PIN Ihre Identität bestätigen müssen, falls Sie sich zukünftig mit einem neuen Gerät in WhatsApp einloggen.

- **Back-up suchen:** Falls Sie WhatsApp bereits auf einem anderen Smartphone verwendet und auf Google Drive eine Sicherung erstellt haben, tippen Sie auf *Berechtigung gewähren* ❻ und wählen Sie anschließend Ihr Google-Konto, um Ihre Chats samt Bilder auf das neue Handy zu laden. Aber auch ohne Sicherung ist eine Übertragung des Chatverlaufs via WLAN und QR-Code möglich. Wählen Sie hierzu *Von altem Telefon übertragen* aus und bestätigen Sie mit *Weiter*. Folgen Sie anschließend der Anweisung am Bildschirm. Sollten Sie WhatsApp mit dieser Nummer zum ersten Mal verwenden, wird die Einrichtung ohne die Backup-Abfrage durchgeführt und Sie überspringen diesen Schritt.
- Geben Sie dann für Ihr WhatsApp-Profil einen Namen ❼ ein, der Ihren WhatsApp-Kontakten angezeigt wird, und laden Sie optional ein Profilbild hoch. Tippen Sie dann auf *Weiter*.
- **Back-up erstellen:** Bei einem Back-up werden Ihre Chats mit Bildern und ggf. auch Videos auf Google-Drive gesichert. So kann nichts verloren gehen. Das ist durchaus sinnvoll. Wenn Sie ein Back-up erstellen möchten (*Einstellungen* ▸ *Chats* ▸ *Chat-Backup*), wählen Sie aus, wie häufig gesichert werden soll, z. B. *wöchentlich* ❽. Im Anschluss müssen Sie ein Google-Konto wählen. Das Konto, das Sie bei der Einrichtung des Smartphones hinterlegt haben, wird angezeigt. Tippen Sie dieses an ❾. Zu guter Letzt müssen Sie WhatsApp den Zugriff auf Ihr Google-Konto erlauben; tippen Sie auf *Zulassen* ❿. Wenn Sie auch Videos sichern möchten, tippen Sie auf den Regler bei *Inklusive Videos*. Schließen Sie mit *Fertig* ab.

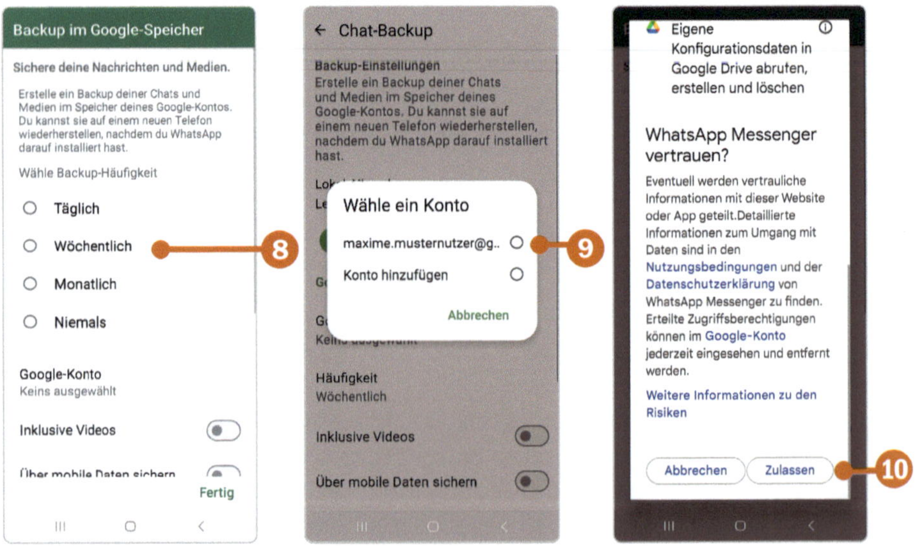

Eine Nachricht versenden

Um einen neuen Chat zu starten, zeigen Sie das Register *Chats* ❶ an und tippen auf den Befehl *Neue Nachricht* ❷. Es wird eine Liste aller Kontakte angezeigt, die Sie im Adressbuch Ihres Smartphones (App Kontakte) mit Handynummer gespeichert haben und die WhatsApp verwenden.

- Tippen Sie den Namen der Person ❸ an, der Sie eine Nachricht schicken möchten. Es öffnet sich ein neuer Chat.
- Geben Sie Ihren Text ein. Versenden Sie die Nachricht durch Antippen von ➤ ❹.
- Mit dem Pfeil links oben oder der Zurück-Taste verlassen Sie den Chat wieder und kehren zur Übersicht zurück.

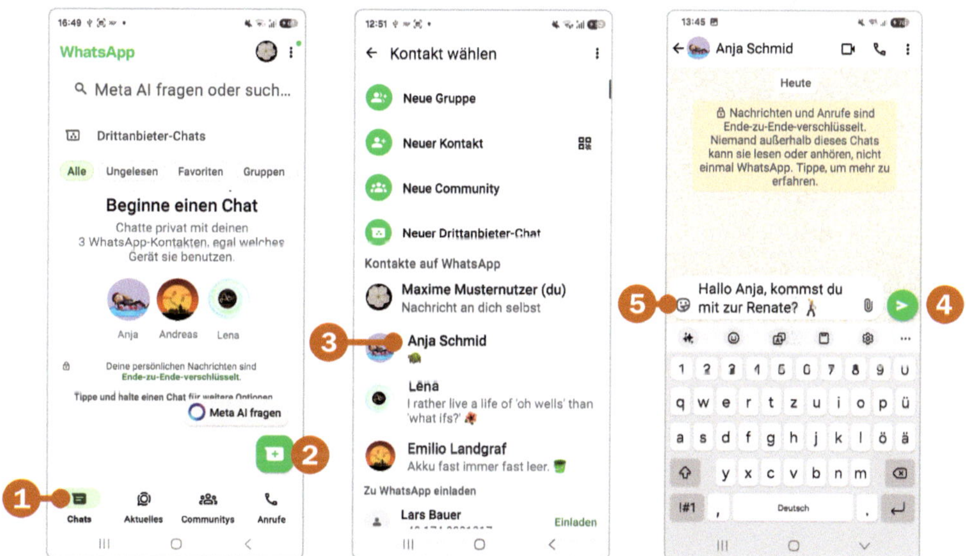

Wenn Sie dieser Person das nächste Mal eine Nachricht schreiben, können Sie einfach den Chat in der Übersicht auswählen.

> **Tipp:** Zum Einfügen von Emojis tippen Sie auf den Smiley ❺ im Nachrichtenfeld. Ansonsten gilt auch hier, was Sie auf Seite 57 über Emojis bereits erfahren haben.

Fotos/Videos versenden

- Öffnen Sie den Chat mit dem gewünschten Empfänger ❶.
- Tippen Sie im Texteingabefeld auf das Büroklammer-Symbol 📎 ❷ und anschließend auf *Galerie* 🖼.
- Ihre letzten Fotos, Videos, Screenshots werden angezeigt. Falls Sie einen speziellen Ordner auswählen möchten, tippen Sie auf *Letzte* ❸. Wählen Sie ein Foto/Video durch Antippen aus; auch die Auswahl mehrere Elemente ist möglich. Falls Sie den Zugriff beschränkt haben, müssen Sie durch Anklicken von *Verwalten* den Zugriff auf das Bild erlauben. Wenn Sie die ausgewählten Bilder nochmals betrachten möchten, tippen Sie auf ❹. Fügen Sie, wenn gewünscht, eine Bildunterschrift hinzu. Senden Sie die Datei durch Antippen von ➤.

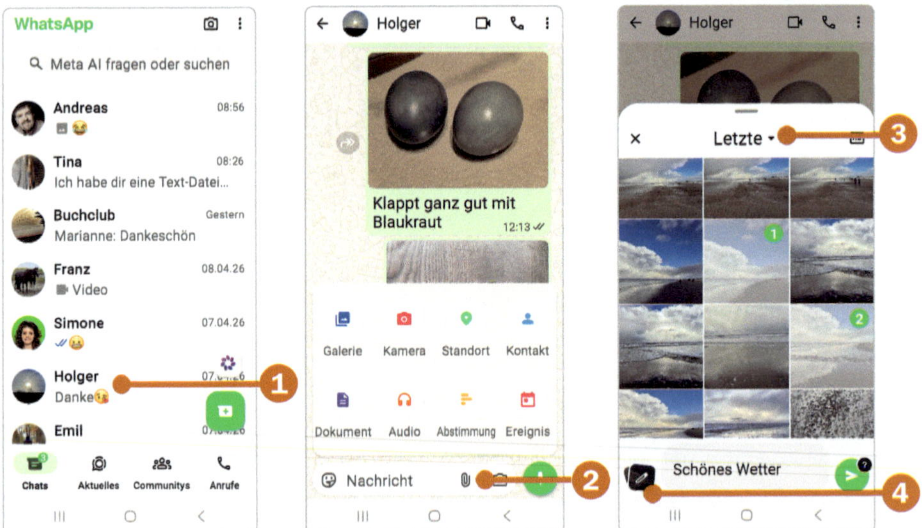

Den cleveren Assistenten Meta AI nutzen

Meta AI ist der integrierte KI-Assistent des Unternehmens Meta. Sie können Meta AI bitten kreative Inhalte wie Gedichte, Geschichten oder lustige Bilder zu erstellen. Außerdem können Sie aktuelle Nachrichten, Wettervorhersagen oder Empfehlungen für Orte abrufen und Antworten auf all Ihre Fragen erhalten. Auch hier gilt, Meta AI kann auch Fehler machen.

- Sie können mit Meta AI Nachrichten in einem eigenen Chat austauschen. Um diesen aufzurufen, tippen Sie auf das Symbol ✿ ❶. Tippen Sie dann Ihre Anweisung oder Frage ❷ ein.

- Alternativ lässt sich auch die Suchleiste ❸ oberhalb der Chat-Übersicht zum Aufrufen des Chats mit Meta AI nutzen. Tippen Sie Ihre Frage ein: Wir haben um die Erstellung eines Stickers in Form eines Ferkels gebeten. Da es sich gleichzeitig um die Suchleiste handelt, müssen Sie auf *Senden* ❹ tippen, um den Meta AI-Chat anzuzeigen.
- Sie können auch in anderen Chats die KI befragen. Erwähnen Sie den KI-Assistenten hierzu im Nachrichtenfeld mit *@Meta AI* ❺, schreiben Sie Ihre Frage dahinter und tippen Sie auf das Versenden-Symbol

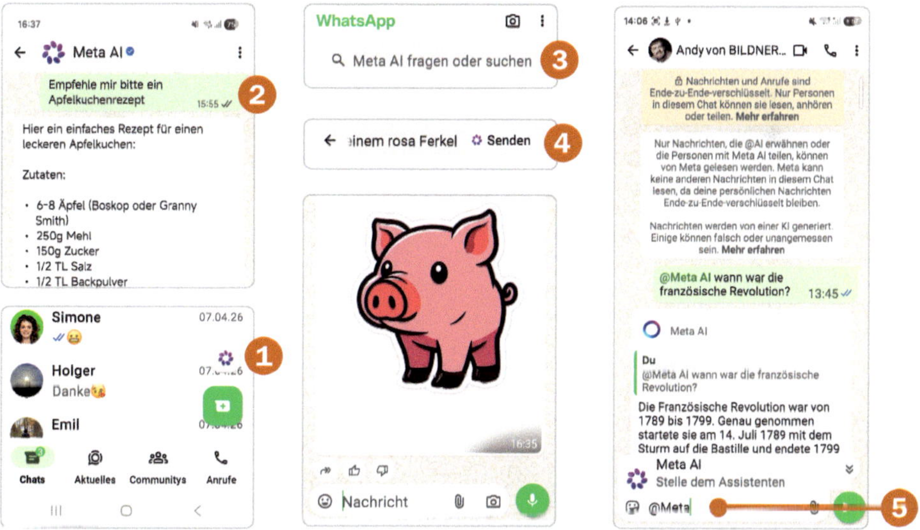

- Es ist möglich die Verwendung von KI im Chat zu unterbinden. In diesem Fall stehen auch andere Funktionen nicht mehr zur Verfügung. Sie müssen das für jeden Chat separat vereinbaren. Dazu aktivieren Sie im Chat oben rechts über das Drei-Punkte-Menü ▶ *Kontakt ansehen* den *Erweiterter Chat-Datenschutz*.

Sprachnachrichten und Videoanrufe

Eine Sprachnachricht aufnehmen

- Öffnen Sie den Chat mit der Person, der Sie eine Sprachnachricht senden möchten. Tippen Sie auf das Mikrofon-Symbol ❶. Wenn nötig, erlauben Sie den Mikrofonzugriff mit *Weiter* und *Bei Nutzung der App*.
- Sie pausieren die Aufnahme mit ⏸, verwerfen sie mit 🗑 und schicken die Sprachnachricht mit ▶ ab ❷.

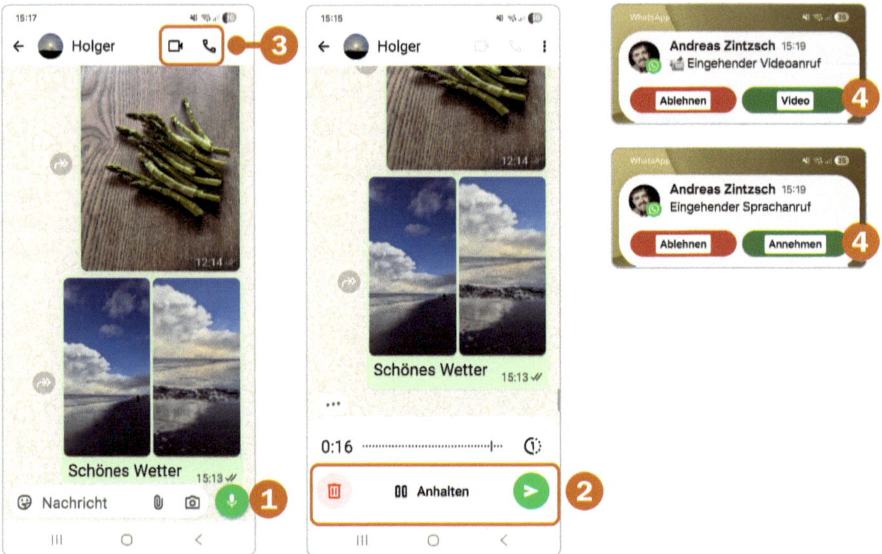

Jemanden via WhatsApp anrufen

- Öffnen Sie den Chat der Person, mit der Sie telefonieren wollen.
- Tippen Sie oben in der Leiste auf das Hörer-Symbol für einen Sprachanruf oder auf das Kamera-Symbol ❸ für einen Videoanruf. Wenn nötig, erlauben Sie vor dem Videoanruf den Zugriff auf die Kamera.

Einen WhatsApp-Anruf erhalten

- Wenn Sie via WhatsApp angerufen werden, wird ein Feld mit dem Anrufernamen eingeblendet. Sie können jetzt den Videoanruf durch Antippen von *Video* ❹ oder den Sprachanruf durch Auswahl von *Annehmen* ❹ entgegennehmen.

Warnhinweis Mikrofon und Kamera: Am rechten oberen Rand des Smartphones wird bei Nutzung der Kamera bzw. des Mikrofons ein dementsprechendes Symbol eingeblendet und dann nach kurzer Zeit auf einen grünen Punkt reduziert. Das soll Sie darauf aufmerksam machen, dass diese Gerätekomponenten gerade verwendet werden. Wenn Sie einen WhatsApp-Videochat durchführen, ist das völlig in Ordnung, da Sie sowohl Kamera als auch Mikrofon benötigen. Sollte der grüne Hinweis bei einer App auftauchen, zu deren Funktionalität weder Kamera noch Mikrofon gehören, bzw. sollten Sie gerade keine App verwenden, kann das ein Hinweis auf Malware (mehr dazu im Glossar) sein.

7 Fotos und Videos

Mit dem Smartphone haben Sie jetzt auch immer eine Kamera dabei. Diese macht nicht nur hübsche Schnappschüsse, sondern hilft auch, Informationen festzuhalten, z. B. können Sie an der Bushaltestelle die neuen Abfahrtszeiten abfotografieren.

7.1 Fotos und Videos aufnehmen

Bedienoberfläche

Beim Öffnen der App Kamera erscheint am rechten oberen Rand des Smartphones ein grün hinterlegtes Kamerasymbol, welches auf die Nutzung der Kamera hinweist. Wie Sie auf der vorigen Seite schon erfahren haben, handelt es sich um einen Hinweis, der vor unberechtigtem Zugriff schützen soll. Bei Auswahl des Modus *Video* werden das Mikrofon- und Videosymbol angezeigt.

Fotos knipsen

- Öffnen Sie die Kamera-App . Vergewissern Sie sich, dass der Aufnahmemodus *Foto* ❶ ausgewählt ist.
- **Zoom:** Wählen Sie zwischen Ultraweitwinkel *0,6x* ❷ und der Hauptkamera ohne Zoom *1x* oder mit optischem Zoom (bis *3x* bei S26/S26+ und bis *5x* bei S26 Ultra). Der Ultraweitwinkel eignet sich gut für Landschaftsaufnahmen. Mit Auswahl von *3x* bzw. *5x* (je nach Handymodell) holen Sie das Motiv so nahe heran, wie es das Objektiv zulässt. Mit dem Digitalzoom ist noch mehr möglich. Dazu gleich mehr auf der nächsten Seite.
- **Scharfstellen:** Tippen Sie auf dem Bildschirm den Teil des Fotos an ❸, auf den scharf gestellt werden soll. Die Belichtung wird dadurch an den angetippten Bereich angepasst. Gleichzeitig wird ein Schieberegler angezeigt, über den Sie die Belichtung korrigieren können. Halten Sie den Fokuspunkt länger gedrückt, wird dieser gelb und somit fixiert.
- **Auslösen:** Wenn Sie zufrieden sind, drücken Sie den Auslöser am Bildschirm unten .

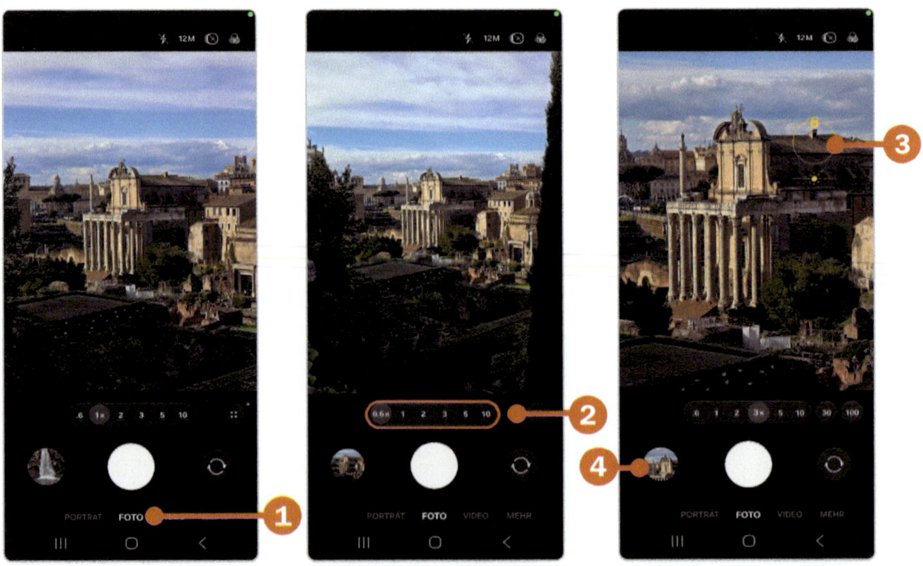

Nach der Aufnahme wird das Foto als Miniaturbild ❹ in der linken unteren Ecke eingeblendet. So sehen Sie, dass die Aufnahme funktioniert hat. Sie können dann gleich ein neues Bild knipsen.

Digitalzoom - Motiv weiter vergrößern: Mit Verwendung des Digitalzooms (größer *3x* bzw. *5x* je nach Modell) vergrößern Sie das Motiv nochmals, dabei werden allerdings mittels Software Bildpunkte rechnerisch ergänzt.

- Zur Anzeige des stufenlosen Zooms 5 tippen Sie etwas länger auf eine der Zoomstufen.
- Die einzelnen Zoom-Schritte werden jetzt darunter angezeigt. Verschieben Sie den Zoom-Regler nach links oder rechts, um weiter zum Motiv hinein- oder hinauszuzoomen. Sie können auch zoomen, in dem Sie auf dem Bildschirm zwei Finger auseinander ziehen.

Space Zoom: Mit einem digitalen Zoom von *30x* bzw. *100x* holen Sie sogar den Mond vom Himmel. Um Verwacklungen zu mindern, verwenden Sie am besten ein Stativ. Auch hier hilft die KI beim Nachschärfen und rechnet Verwacklungen heraus.

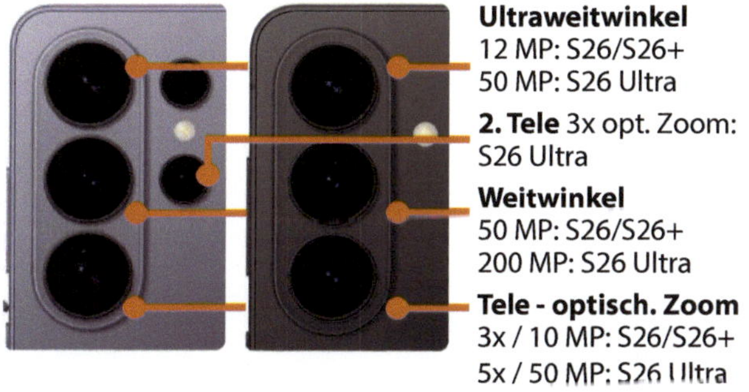

Was sind Megapixel (MP)?
Das Digitalfoto setzt sich aus vielen Bildpunkten (Pixel) zusammen. Je mehr Pixel vorhanden sind, umso detailreicher ist das Foto; man spricht hier auch von einer guten Auflösung (= Breite x Höhe eines Bildes in Pixel).

Mit der Hauptkamera (Weitwinkel) können Sie Bilder mit bis zu 50 Megapixel (MP) erstellen, beim Ultra-Modell bis zu 200 MP; standardmäßig nehmen Sie mit 12 MP auf. Das Ultra-Weitwinkelobjektiv stellt weniger Megapixel zur Verfügung. Allerdings sind die Megapixel nicht das allein entscheidende Qualitätsmerkmal. Ein 5-MP-Foto kann durchaus in Postkartengröße mit guter Qualität gedruckt werden, für ein A3-Poster reichen die Pixel allerdings nicht aus.

Geotagging

Nachdem Sie die ersten Fotos geknipst haben, erscheint eine Abfrage, ob Sie Geotagging zulassen möchten. Mit Geotagging werden Ihren Fotos Informationen zum Aufnahmeort hinzugefügt. Das funktioniert recht genau mit Ort, Straßenname und Hausnummer (sofern vorhanden). Wenn Sie das Foto teilen, werden diese Informationen unter Umständen in Form von GPS-Koordinaten weitergegeben.

Natürlich ist es auch praktisch, dass man jederzeit beim Bild nachschauen kann, wo es geknipst wurde. Außerdem stehen Such- und Sortierfunktionen auf Grundlage des Standorts zur Verfügung. Wenn Sie Geotagging verwenden möchten, tippen Sie auf *Einschalten* ❶. Im nächsten Schritt erlauben Sie den Zugriff auf den Gerätestandort. Hier entscheiden Sie zunächst, ob nur ein ungefährer Standort oder der genaue ❷ verwendet werden darf. Tippen Sie dann auf *Bei Nutzung der App*. Wenn Sie keine Standortinformationen speichern möchten, wählen Sie *Abbrechen*.

In der App *Galerie* werden zum Foto die Standortinformationen ❸ angezeigt. Dazu wischen Sie in der Einzelbildansicht (siehe Seite 149) der App *Galerie* von unten nach oben.

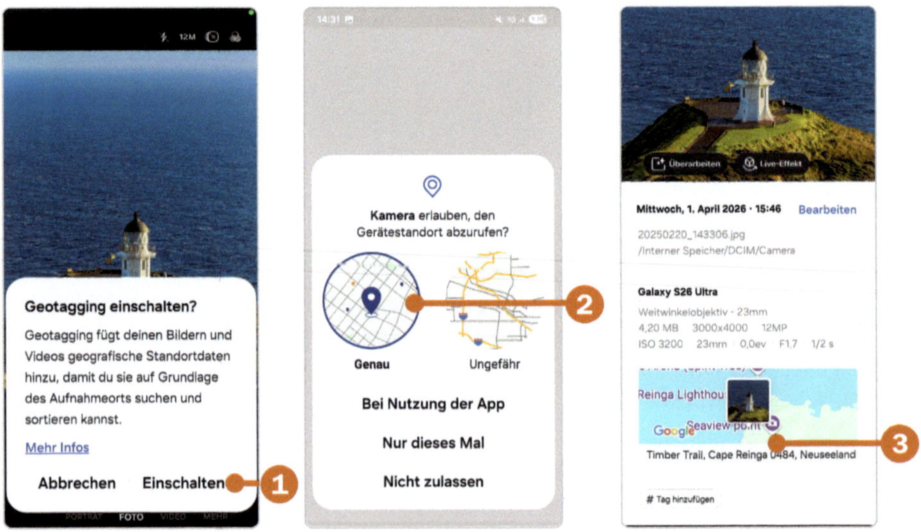

Blitz einschalten

Tippen Sie auf das Blitz-Symbol in der Leiste rechts oben und wählen Sie zwischen *Aus*, *Automatisch* und *Ein* (Blitz wird immer ausgelöst).

Auswahl des Seitenverhältnisses

Die Kamera-App stellt verschiedene Seitenverhältnisse zur Verfügung. Sie finden diese in den *Kamera-Schnelleinstellungen* ❶. Standardmäßig ist das Format 3:4 ausgewählt. Oft gelingen schönere Bilder im Querformat. Drehen Sie das Handy, wechselt die Anzeige automatisch zum Format 4:3 ❷.

- Tippen Sie in den *Kamera-Schnelleinstellungen* das Symbol auf das Seitenverhältnis, um die weiteren Optionen anzuzeigen. Hier können Sie ein anderes Bildformat wählen.

3:4 oder 9:16: Das Bild rechts wurde im Format 3:4 geknipst, das Foto in der Mitte im Format 9:16. Sie sehen, dass mit 3:4 der größere Bildausschnitt ❸ aufgenommen werden kann. Das ist der große Vorteil dieses Formats.
9:16 ist das Seitenverhältnis von Instagram- und WhatsApp-Stories, das von Monitoren und Fernsehern 16:9. Wenn Sie also Ihre Fotos direkt für Social Media schießen oder im Querformat am Laptop oder Fernseher vorführen möchten, dann können auch Aufnahmen mit diesem Seitenverhältnis sinnvoll sein, da sie den gesamten Bildschirm einnehmen.

Tipp: Für den täglichen Gebrauch empfiehlt sich das Format 3:4, denn zuschneiden können Sie das Foto später immer noch.

1:1 und Full: Mit der Auswahl 1:1 knipsen Sie quadratische Bilder und mit *Full* wird das Seitenverhältnis des Handybildschirms verwendet. Wenn Sie ein Hintergrundbild für den Startbildschirm Ihres Smartphones fotografieren möchten, ist die Auswahl von *Full* von Vorteil.

Wechsel zwischen 12 MP und 50 MP: Durch Antippen von *12M* ❹ wechseln Sie zu *50M* bzw. *200M* beim Ultra-Modell. Die Zahl gibt die Menge an Megapixeln an. Da sich durch eine höhere Auflösung die Dateigröße im Vergleich zur Auswahl von *12M* vervielfacht, ist diese Option nicht als Dauerzustand anzuraten; der interne Speicher Ihres Smartphones wäre unter Umständen schnell voll.

Selfie aufnehmen

Die Frontkamera steuern Sie durch Antippen von ❺ an. Da es etwas umständlich sein während des Selfies den Auslöser zu drücken, steht Ihnen hier eine weitere Auslösetechnik zur Verfügung: Halten Sie einfach Ihre Handfläche in die Kamera. Dadurch erscheint ein Timer und ein paar Sekunden später wird das Foto geknipst. Wenn ein Gruppenselfie erstellt wird oder Sie noch etwas mehr Umgebung abbilden möchten, tippen Sie vor dem Auslösen auf .

Video aufnehmen

Zur Aufnahme eines Videos wechseln Sie in den Modus *Video* ❶ und tippen dann auf den Auslöser ❷. Im oberen Bereich wird die Aufnahmezeit eingeblendet. Beenden Sie das Video durch Antippen von ■ ❸. Sie können mit ❚❚ ❹ ein Video auch pausieren und mit ● ❺ wieder fortsetzen.

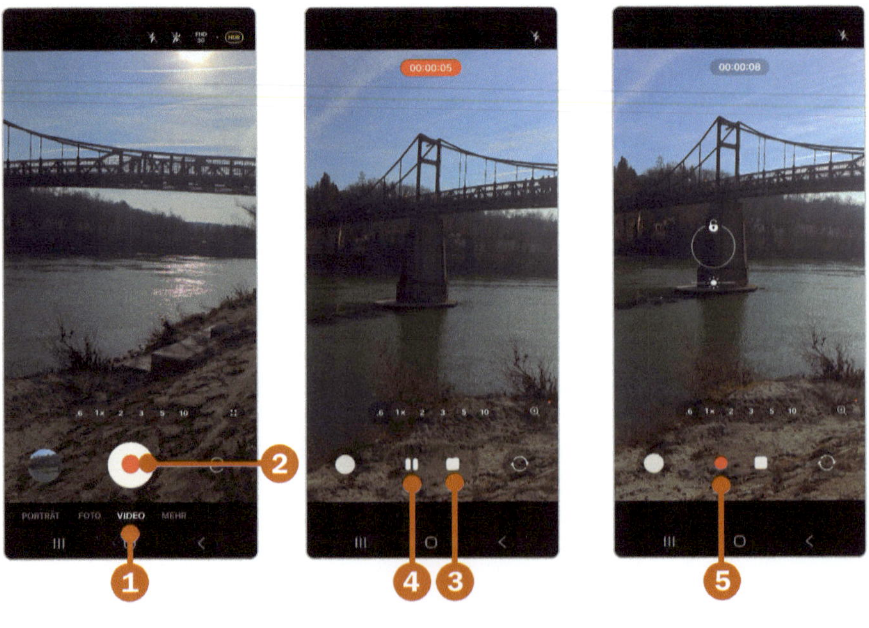

Weitere Aufnahmemodi, Einstellungen und Camera Assistant

Neben dem Fotomodus, Selfie und Video stehen Ihnen noch weitere Aufnahmefunktionen zur Verfügung.

Porträtaufnahme mit Hintergrundunschärfe: Im Aufnahmemodus *Porträt* ❶ und *Porträtvideo* positionieren Sie Ihr Hauptmotiv, z. B. das Gesicht der Person, die Sie fotografieren oder filmen möchten, im angezeigten Kreis. Auf den Rest des Bildes wird eine Hintergrundunschärfe angewendet. Hierfür stehen diverse Effekte und Effektstärken zur Verfügung, die Sie durch Antippen des Effektsymbols ❷ anzeigen. Den Beleuchtungsregler ❸ können Sie bei einigen Effekten mithilfe des Sonnensymbols rechts oben einblenden.

Unter *Mehr* ❹ finden Sie neben den Profi-Modi *Expert RAW*, *Pro* und *Pro-Video* noch weitere Optionen für beeindruckende Aufnahmen:

- Mit *Essen* ❺ kann man schnell das leckere Frühstück für Freunde ablichten. Mit dem Finger verschieben Sie den Fokus und bestimmen so einen Ausschnitt, auf den scharf gestellt wird.
- Mit *Panorama* nehmen Sie bis zu 360° Ihrer Umgebung als Foto auf.
- Mit *Zeitlupe* bzw. *Hyperlapse* erstellen Sie Slow-Motion- oder Zeitrafferaufnahmen. So können Sie entweder eine schnelle Bewegung, wie einen fallender Wassertropfen, in allen Details sichtbar machen oder ein mehrminütiges Video einer rasanten Achterbahnfahrt auf einige Sekunden verkürzen.

Kameraeinstellungen: Tippen Sie auf ⚙ ❻ in der Schnellsteuerung ⠿, um zu den *Einstellungen* zu gelangen. Hier sollten Sie noch ein paar kleine Änderungen vornehmen, damit Ihnen auch als Anfänger schöne Fotos gelingen:

- Aktivieren Sie *Aufnahmevorschläge* ❼, um während des Fotografierens Hinweise für die ideale Bildkomposition zu erhalten.
- Unter *Foto-Optimierung* lässt sich die *Szenenerkennung* einschalten, damit Farbe und Kontrast automatisch optimal angepasst werden.
- Bei der *Kompositionsanleitung* ❽ (Raster und Hilfslinien) sowie dem *Verfolgungs-Autofokus* handelt es sich ebenfalls um nützliche Werkzeuge.

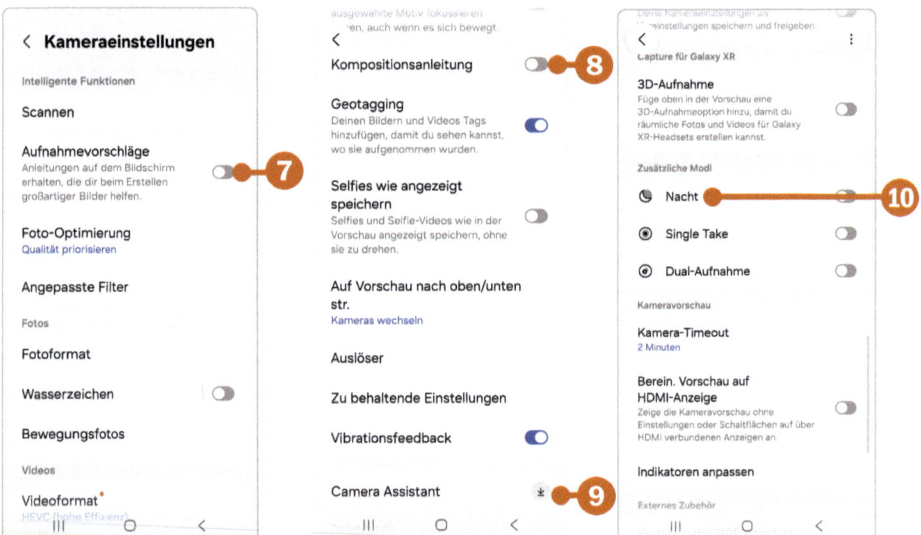

Zusätzliche Modi mit dem Camera-Assistant

In den *Einstellungen* lässt sich der *Camera-Assistant* ❾ herunterladen. Dort finden Sie neben weiteren Optionen zu Zoom, Fokus, Aufnahmen, Vorschau und externem Zubehör auch die Möglichkeit weitere Aufnahmemodi zu aktivieren:

- Der Modus *Nacht* ❿ ermöglicht Ihnen, auch bei wenig Licht noch scharfe Fotos zu machen. Dabei wird die benötigte Belichtungsdauer eingeblendet, während der das Telefon nicht bewegt werden sollte.
- Mit *Dualaufnahme* der wählen Sie zwei Ihrer Objektiven und nehmen anschließend ein Video mit den beiden gewählten Kameras auf.
- Mit *Single-Take* wird ein kurzes Video aufgenommen und automatisch eine Auswahl der besten Fotos, Filter-Varianten und Clips erstellt.

Die Kamera scannt QR-Codes

Mittels QR-Codes werden Ihnen Informationen zur Verfügung gestellt. Dabei kann es sich um eine Adresse oder Telefonnummer handeln, die sich hinter dem Code verbirgt. Oft dienen Codes der Weiterleitung zu einer Internetseite, beispielsweise als Teil eines Gewinnspiels oder zur Anzeige von Bildern und Videos zu einem Informationsflyer, Seminar oder Buch.

Den QR-Code können Sie mit der Kamera Ihres Smartphones scannen. Öffnen Sie die App *Kamera* und nehmen Sie den QR-Code ins Visier. Dieser wird automatisch gescannt. Wenn das geschehen ist, wird darunter angezeigt, auf was der Code verweist, in diesem Beispiel auf eine Webseite. Wenn Sie die Seite anzeigen möchten, tippen Sie auf das Feld ❶. Unter Umständen wird abgefragt, mit welchem Browser Sie die Seite anzeigen möchten (dazu lesen Sie mehr auf Seite 106).

Tipp: Falls das Scannen des QR-Codes nicht klappt, überprüfen Sie in den *Einstellungen* ⚙ ❷ unter *Scannen* (siehe erste Abbildung vorige Seite), ob die Funktion aktiviert ist und schalten ggf. *QR-Codes scannen* ❸ ein.

In den Schnelleinstellungen finden Sie ebenfalls eine Schaltfläche *QR-Code scannen* ❹. Hier steht Ihnen noch die Möglichkeit zur Verfügung, die Taschenlampe einzuschalten, um den QR-Code etwas zu beleuchten, oder bereits fotografierte oder abgespeicherte QR-Codes einzulesen.

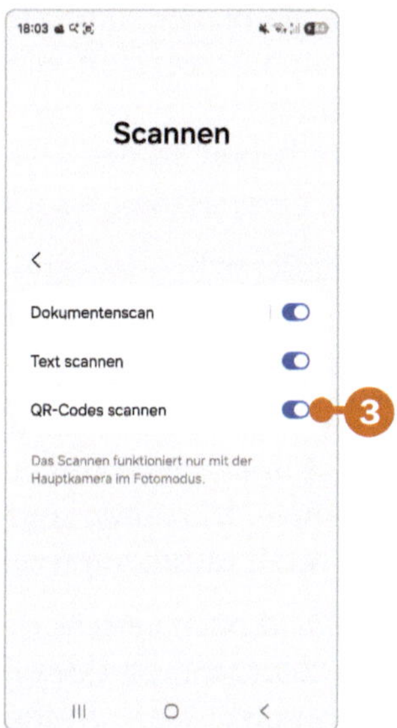

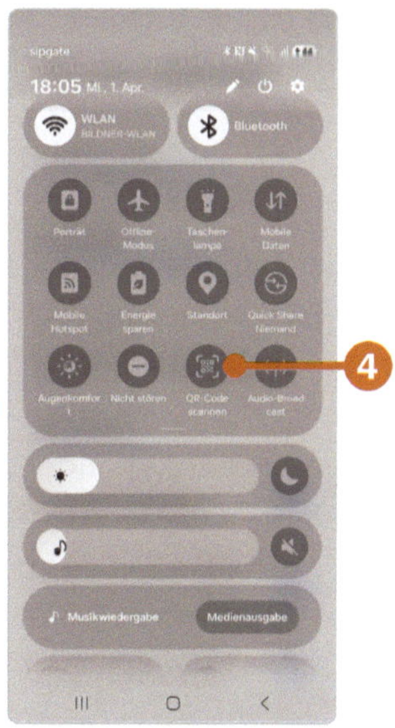

7.2 Die Galerie-App

Die App *Galerie* dient der Anzeige Ihrer Fotos bzw. Videos und bietet darüber hinaus mit dem Foto-Editor auch einfache Bearbeitungsfunktionen.

Benutzeroberfläche und Kategorien

Die Galerie ist in die Bereiche *Bilder*, *Alben*, *Kollektionen* und *Menü* aufgeteilt. Zwischen den einzelnen Kategorien wechseln Sie durch Antippen des Namens. Der Name des aktuell angezeigten Bereichs ist fett hervorgehoben.

Bilder: Die Kategorie *Bilder* enthält alle Bilder, Screenshots und Videos, die Sie gemacht oder bekommen haben. Videos erkennen Sie in der Übersicht an der eingeblendeten Videolänge ❶. Die Dateien sind nach Datum sortiert. Wischen Sie vertikal über den Bildschirm, um durch Ihren Bildbestand zu blättern. Die Anzeigegröße der Vorschaubilder ändern Sie, indem Sie ein Bild mit zwei Fingern auseinander- bzw. zusammenziehen.

Alben: In der Kategorie *Alben* finden Sie, sobald Sie ein Foto geknipst haben, das Album *Kamera*. Hier werden alle Fotos und Videos gesammelt, die Sie mit dem Smartphone aufgenommen haben. Tippen Sie ein Album an, um die Bilder darin anzuzeigen. Mit der Zurück-Taste verlassen Sie das Album wieder und kehren zur Übersicht zurück.

Je mehr Apps und Dienste Sie nutzen, umso mehr Alben kommen automatisch hinzu. Für den ersten Screenshot wird automatisch das Album *Screenshots* erstellt. Das Album *WhatsApp Images* erscheint, wenn Sie via WhatsApp ein Bild erhalten haben. In der Kategorie *Alben* werden Bilder und Videos sozusagen nach deren Herkunft sortiert.

Um zu vermeiden, dass der Bereich *Alben* zu unübersichtlich ist, wird die Anzeige auf die wichtigen Alben beschränkt. Durch Antippen von *Alle anzeigen* ❷ werden alle verfügbaren Alben angezeigt.

Kollektionen: Im Bereich *Storys* ❸ werden nach einiger Zeit und bei ausreichend vorhandenem Fotomaterial automatisch Storys erstellt. Dabei berücksichtigt die App Motive, Uhrzeiten und Aufnahmeorte und stellt passende Fotos als Diashow mit Musikuntermalung zusammen.

Außerdem wird Ihr Bildbestand nach verschiedenen Kriterien automatisch sortiert, z. B. nach *Standort* (Aufnahmeort des Fotos). Abfotografierte Restaurantrechnungen können unter *Belege* erscheinen und Screenshots von Shopwebseiten unter *Shopping* ❹. Welche Kategorien verfügbar sind, hängt davon ab, welche Motive und Inhalte Sie fotografieren. Tippen Sie auf einen dieser Filter, um nur Dateien anzuzeigen, die dem Merkmal entsprechen. Sie können außerdem gezielt nach bestimmten Merkmalen suchen: Tippen Sie dazu auf das Lupensymbol ⑤ und geben Sie einen Suchbegriff ein.

Menü: Im Menü finden Sie weitere Rubriken: *Videos*, *Favoriten*, *Papierkorb*, *Einstellungen* etc.

Bilder

Alben

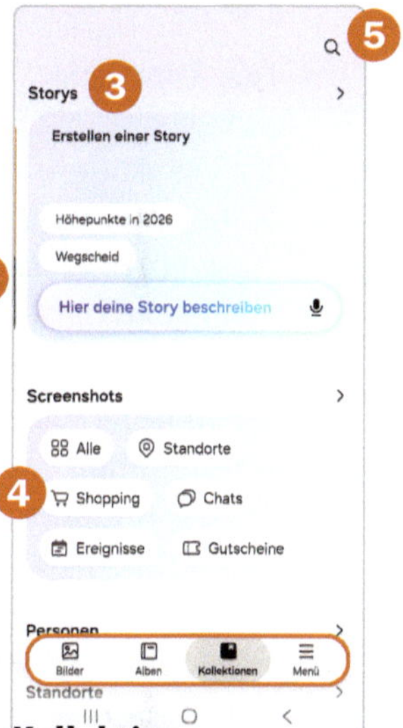

Kollektionen

Bilder in der Einzelbildansicht anzeigen

In der Einzelbildansicht können Sie Ihre Bilder genauer betrachten. Wählen Sie dazu ein Bild in der Galerie durch Antippen aus. Durch horizontales Wischen zeigen Sie die nächsten Bilder an. Neben grundlegenden Bildbearbeitungsfunktionen bietet der Foto-Assistent mit Galaxy AI-Unterstützung praktische Bearbeitungsvorschläge.

① **Zu Favoriten hinzufügen**

② **Bearbeiten**

③ **Foto-Assistent - Galaxy AI**

④ **Senden**

⑤ **Löschen**

⑥ **Menü** (Details, Kopieren, Verschieben, Drucken etc.)

Bearbeitungsvorschläge für bessere Bilder

Passend zum Foto, dem gezeigten Motiv oder automatisch erkannten „Problemen“ werden ein oder mehrere möglichen Bearbeitungsoptionen angeboten, die je nach Foto variieren können. Folgend eine kurze Erläuterung.

☛ Schieben Sie in der Einzelbildansicht das Foto nach oben, um die *Details* ⓘ einzublenden und die Bearbeitungsvorschläge anzuzeigen.

- **Foto-Remastering:** Für eine schnelle Verbesserung des Fotos tippen Sie auf *Überarbeiten* ❶. Durch Verschieben des Balkens ❷ vergleichen Sie die Änderungen, links das Original, rechts die überarbeitete Version. Unter Umständen werden wichtige Motive ❸ erkannt und zur Auswahl unter dem Bild angeboten. Durch Antippen zoomen Sie dann schnell an dieser Stelle ins Foto und können genauer betrachten, wie sich die Überarbeitung auf das Bild auswirkt.

  Wenn Ihnen die Änderungen gefallen, können Sie diese mit *Speichern* übernehmen. Über *Mehr* ❹ und Auswahl von *Kopie speichern* legen Sie die Änderungen in einer neuen Datei ab. Mehr zum Speichern erfahren Sie gleich auf Seite 158.

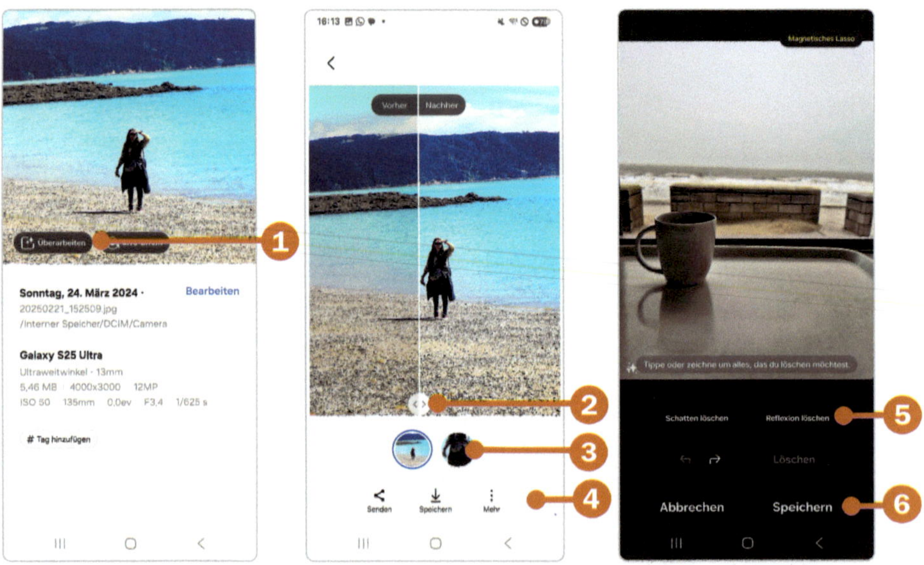

- **Live-Effekt:** Vorder- und Hintergrund werden im Bild entkoppelt und gegeneinander verschoben, wodurch eine kurze Video-Sequenz mit einem dreidimensionalen Effekt erstellt wird.

- **Reflexion entfernen:** Wenn Sie durch ein Fenster fotografieren, spiegeln Sie sich meist mit im Fenster, was manchmal erwünscht, oft aber nicht gewollt ist. Mit *Reflexion löschen* ❺ wird die Spiegelung automatisch entfernt und Sie müssen das Foto nur noch *Speichern* ❻.

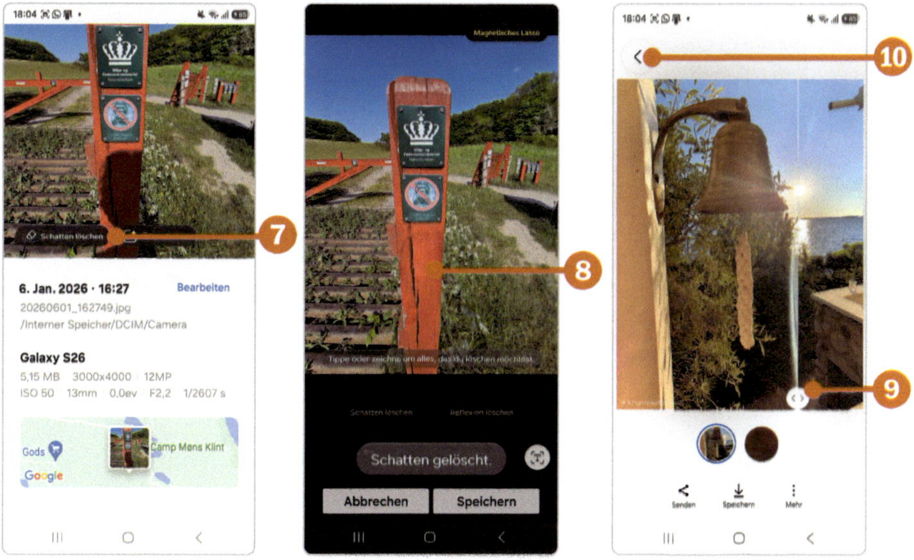

- **Schatten löschen:** Nach dem selben Prinzip arbeitet auch *Schatten löschen*. Hier wird der problematische Schatten automatisch erkannt und die Option angeboten. Tippen Sie auf *Schatten löschen* ❼ und der Schatten ❽ wird einfach weggezaubert.
- **Zeitraffervideo erstellen:** *24-h-Zeitraffer* erstellt aus dem Foto ein kurzes Video mit Musikuntermalung, welches die Lichtstimmung des Orts von Sonnenaufgang bis Sonnenuntergang simuliert.
- **Hintergrundunschärfe hinzufügen:** Bei Porträtaufnahmen aber auch bei anderen Fotos von Einzelobjekten kann die Bearbeitung des Hintergrunds angeboten werden. Tippen Sie auf *Hintergrundunschärfe* und stellen Sie über den Regler unten den Grad der Unschärfe ein.
- **Blendenflecken löschen:** Im letzten Beispiel entfernen wir sogenannte Blendenflecken, welche durch zu starkes Gegenlicht verursacht werden. Durch Verschieben des Reglers ❾ wird sichtbar, wie die Sonnenstrahlen verschwinden.

Falls Ihnen die Ergebnisse nicht gefallen, verwerfen Sie die Änderungen je nach Bearbeitungsoption entweder mit *Abbrechen* oder mit dem Pfeil ❿.

Filter verwenden, Bilder zuschneiden und retuschieren

Für weitere Bearbeitungsoptionen wählen Sie ein Foto aus und tippen auf *Bearbeiten* . Hier stehen Ihnen fünf Bearbeitungskategorien zur Auswahl. Die gelb eingefärbte Option ist gerade ausgewählt.

Foto-Assistent (KI-Editor)

Umwandeln (Format, Ausrichtung)

Filter (Kamera- und Fotoeffekte)

Farbe (z. B. Helligkeit, Sättigung)

Designs (Zeichnen, Sticker, Text)

Tools (Radierer, Lasso etc.)

Fotos zuschneiden, kippen und drehen

- **Foto zuschneiden:** Beim Öffnen der Bearbeitungstools ist standardmäßig die Option *Umwandeln* ausgewählt, falls nicht, tippen Sie auf ❶. Um das Foto an den Rändern zu beschneiden, ziehen Sie an den weißen Anfassern ❷ in den Ecken des Bildes. Das Bild kann dann auch zusätzlich verschoben werden. Die Option *Umwandeln* bietet neben dem Zuschneiden noch weitere Funktionen ❸ (siehe Bild oben):

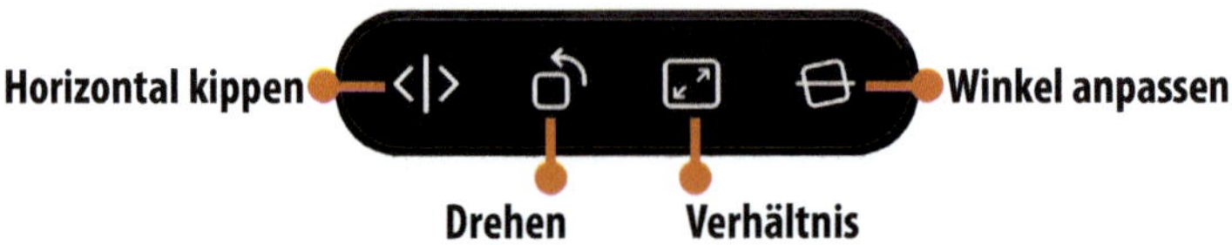

- **Foto gerade rücken:** Tippen Sie auf *Winkel anpassen* . Dann können Sie durch horizontales Streichen über die Skala das Bild ausrichten. Oder Sie tippen auf *Auto* ❹ (siehe Bild nächste Seite), um das Foto automatisch gerade auszurichten. Durch das Geraderücken wird ein Teil des Bilds abgeschnitten. In diesem Beispiel ist das nicht so schlimm. Falls Sie auf die

Ränder angewiesen sind, können Sie durch die generative Bearbeitung (siehe Seite 155) die abgeschnittenen Teile ergänzen lassen.

- **Perspektivische Verzerrungen**, z. B. bei Fotos von Gebäuden, können durch Anklicken von *Horizontal* bzw. *Vertikal* 5 und Korrektur mittels Drehregler ausgebessert werden.
- **Bild spiegeln und drehen:** Normalerweise werden Fotos korrekt angezeigt. Steht doch einmal eines Kopf, können Sie es mit Funktion *Drehen* jeweils um 90° drehen. Mit *Horizontal kippen* spiegeln Sie Ihr Foto entlang der vertikalen Bildachse.
- **Seitenverhältnis ändern:** Um das Bildformat nachträglichen zu ändern, tippen Sie auf *Verhältnis* und wählen dann das neue Format 6 aus.

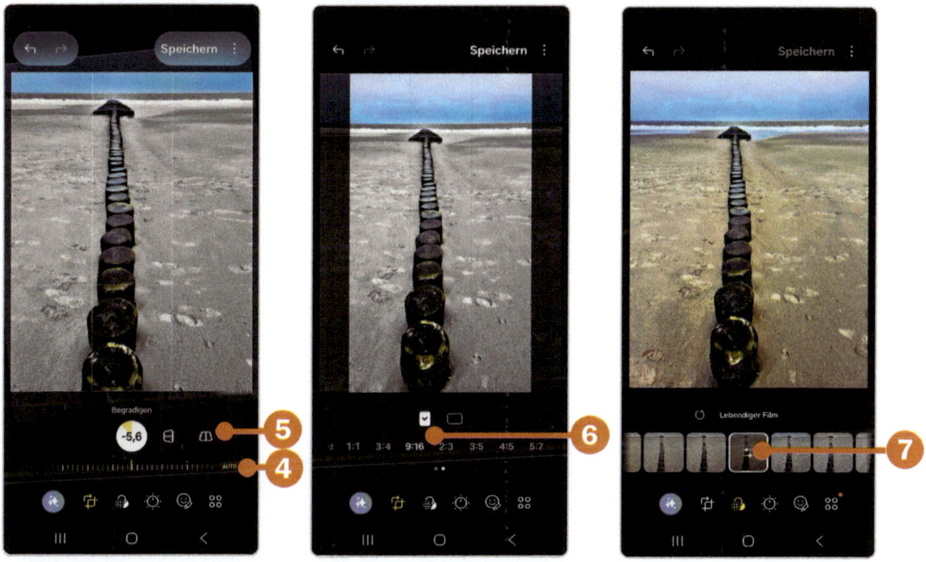

Filter anwenden

Mit Filtern verändern Sie Ihr Foto schnell: Sie können die Farben kühler oder wärmer erscheinen lassen oder ein Schwarz-Weiß-Bild erstellen.

- Tippen Sie auf die Bearbeitungskategorie *Filter* und wischen Sie unten mit einer horizontalen Fingerbewegung durch die Filter. Durch Antippen 7 (siehe Bild oben rechts) wählen Sie einen Filter aus. Durch nochmaliges Antippen des Filters können die Filtereinstellungen geändert werden.

Foto automatisch anpassen

Anstelle eines Filters können Sie auch versuchen, im Bereich *Farbe* ❽ durch Anpassungen bei *Helligkeit*, *Kontrast*, *Schatten* etc. das Foto zu verbessern. Auch hier steht Ihnen durch Antippen von *Auto* die Möglichkeit einer automatischen Anpassung zur Verfügung. Die kleinen gelben Punkte zeigen an, welche Werte geändert wurden.

Weitere Tools zur Bildretusche

Die Bearbeitungskategorie *Tools* bietet unter anderem die Möglichkeit, Teile des Bilds zu entfernen oder Colorkey-Fotos (Schwarz-Weiß-Bilder mit einer Farbe) zu erstellen.

- **Colorkey-Foto:** Das Werkzeug *Punktfarbe* bietet Ihnen die Möglichkeit, eine oder mehrere Farben im Foto erstrahlen zu lassen und den Rest des Bildes in Schwarz-Weiß anzuzeigen. Dazu wählen Sie die Option *Punktfarbe* ❾ und tippen dann auf die Bildelemente, deren Farbe Sie behalten möchten. Mit dem Radiergummiwerkzeug ❿ können Sie Farben auch auf dem Bild ausradieren.

Generative Bearbeitung - Fotos neu gestalten mit Galaxy AI

Störende Elemente ausradieren

Mit dem KI-Radierer entfernen Sie z. B. schnell Touristen von vermeintlich einsamen Stränden. Tippen Sie hierzu zuerst auf das AI-Symbol ✨, um den Foto-Assistenten aufzurufen. Anschließend wählen Sie *KI-Radierer* ❶ und umranden Sie das störende Element mit dem Finger. Die Ränder des eingekreisten Objekts werden automatisch erkannt und die Umrandung ❷ angepasst. Tippen Sie dann auf *Löschen* ❸.

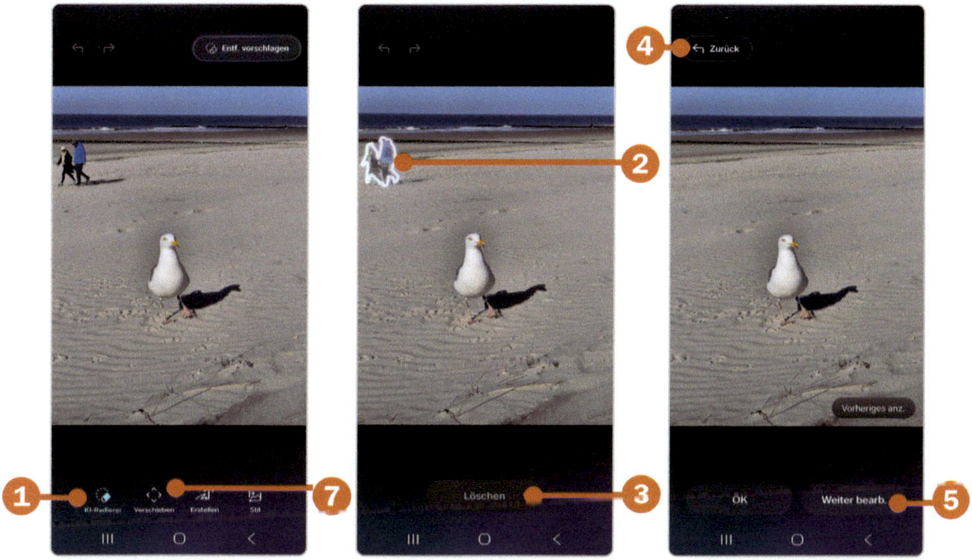

Wurde zu viel entfernt, machen Sie mit *Zurück* ❹ den letzten Bearbeitungsschritt rückgängig. Gefällt Ihnen das Ergebnis, bestätigen Sie mit *OK*. Tippen Sie auf *Weiter bearb.* ❺, um die Bearbeitung fortzuführen. Denn es ist noch so viel mehr möglich.

Ränder vervollständigen

Öffnen Sie erneut den *Foto-Assistent* ❻ (siehe nächste Seite) und wählen Sie *Verschieben* ❼ (siehe Bild oben) Mit dem Regler ❽ lässt sich das Bild manuell bis zu 15 Grad drehen oder mit *Auto* automatisch ausrichten. Tippen Sie dann auf *Erstellen*, um die fehlenden Bildränder (karierte Fläche) zu ergänzen. Mit Gedrückthalten von *Vorheriges anzeigen* ❾ wird das ursprüngliche Foto eingeblendet.

Elemente verschieben oder hinzufügen

Tippen Sie das Element, welches Sie verschieben möchten, mit dem Finger etwas länger an (10), bis es markiert wird. Mit dem Finger verschieben Sie das Objekt. Durch Ziehen an den weißen Punkten (11) kann das Objekt vergrößert bzw. verkleinert und gedreht werden. Tippen Sie auf *Erstellen*, um die fehlenden Bildstellen zu ergänzen, und anschließend auf *Weiter bearb.*, um zurück zu den Funktionen des *Foto-Assistenten* zu gelangen.

- Tippen Sie nun im Reiter *Erstellen* auf *Hinzufügen aus Bild* ⑫ und wählen Sie anschließend aus Ihrer Galerie ein Foto aus, im Beispiel die Möwe von Seite 155.
- Sie erhalten einen automatischen Auswahlvorschlag ⑬, gekennzeichnet durch eine helle Umrandung, mit *Neuauswahl* können Sie auch selbst ein Objekt einkreisen. Sind Sie mit der Auswahl zufrieden, tippen Sie auf *OK* und geben nun in das Textfeld ⑭ ein, wie der Inhalt des einen Bildes in das andere Foto eingefügt werden soll, z. B. „Setze die Möwe auf den Kopf der Person".
- Tippen Sie nun auf *Erstellen*, so werden beide Bilder zusammengefügt. Durch Antippen des Uhr-Symbols ⑮ rechts oben rufen Sie den Bearbeitungsverlauf auf und können zu einem der Zwischenschritte zurückspringen. Ist das Ergebnis brauchbar, tippen Sie auf *Kopie speichern*.

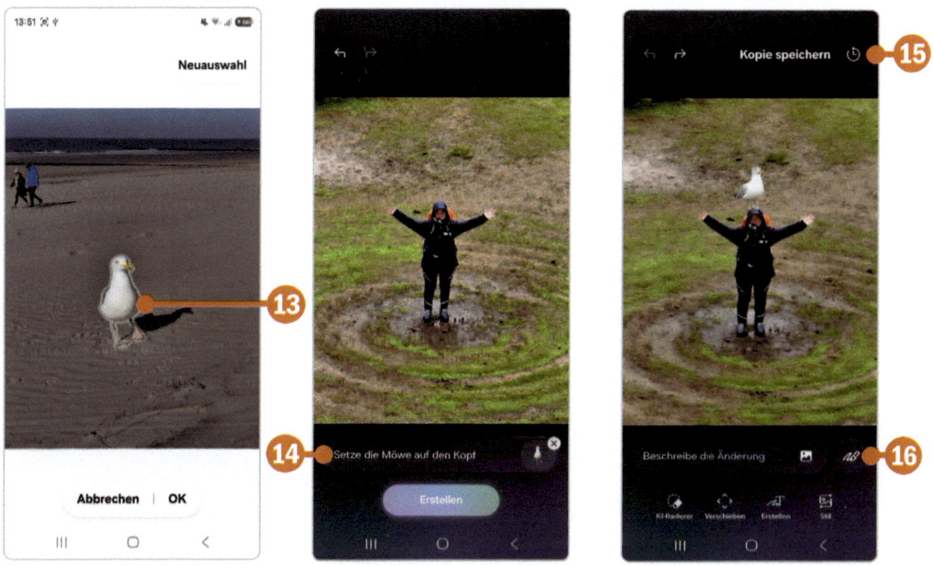

Neben *Hinzufügen aus Bild* steht Ihnen auch die generativen Bearbeitung über die Funktion *Skizze zu Bild* ⑯ zu Verfügung.

- Tippen Sie auf das Stift-Symbol ⑰ und zeichnen sie anschließend eine Skizze in Ihr Bild. Durch Antippen des Stifts kann Farbe und Dicke gewählt werden, mit dem Radierer entfernen Sie Striche.
- Um Ihre Zeichnung nun zum Leben zu erwecken, tippen Sie auf *Erstellen* ⑱. Wischen Sie nach links ⑲, um die Skizze zu überarbeiten oder nach rechts für einen weiteren Versuch.

Änderungen übernehmen oder verwerfen

- **Änderungen speichern:** Um Änderungen, die Sie am Foto vorgenommen haben, zu behalten, tippen Sie rechts oben auf *Kopie speichern*. Dabei werden Ihre Korrekturen als neu Bilddatei gespeichert. Bei KI-Bearbeitungen steht Ihnen generell nur diese Option zur Verfügung.
- Bei herkömmlich bearbeitet Bildern steht Ihnen auch normales *Speichern* ❶ (siehe nächste Seite) zur Verfügung, die Änderungen werden dann im Originalbild gespeichert. Möchten Sie auch hier lieber zwei separate Dateien, so tippen Sie rechts oben auf *Weitere Optionen* ⋮ und dann auf *Kopie speichern* ❷.
- **Änderungen verwerfen:** Wenn Sie die Änderungen nicht behalten möchten, tippen Sie einfach auf *Zurücksetzen* ❸ und bestätigen mit *Auf Original zurücksetzen* ❹. Dann werden **alle** Änderungen entfernt.
- Sie können aber auch über die Pfeile ❺ einzelne Änderungen rückgängig machen bzw. wiederholen. Die Änderungen werden schrittweise jeweils mit einem Antippen rückgängig gemacht.

In der Galerie können Sie vorgenommene Veränderungen ebenfalls direkt zurücknehmen: Öffnen Sie das Foto in der Galerie-App und tippen Sie auf das Drei-Punkte-Menü ⋮. Auch dort steht Ihnen die Option *Auf Original zurücksetzen* zu Verfügung, mit der Sie das Bild schnell wieder in den Originalzustand zurückversetzen. Wenn Sie eine bearbeitete Datei versenden, wird diese in den meisten Fällen mit allen Änderungen verschickt.

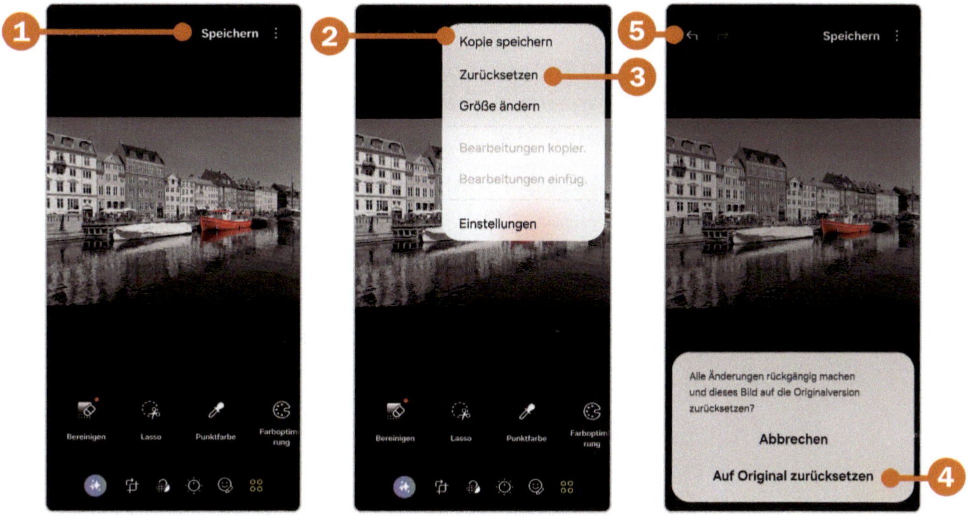

Lieblingsbilder und -videos markieren: Bilder und Videos können in der Einzelansicht über den Befehl *Zu Favoriten hinzufügen* ♡ als Lieblingsaufnahme markiert werden. Alle Favoriten werden dann gemeinsam im Album *Favoriten* angezeigt. Falls das nicht vorhanden ist, tippen Sie unten rechts in der *Galerie* auf ☰ und wählen *Favoriten* aus.

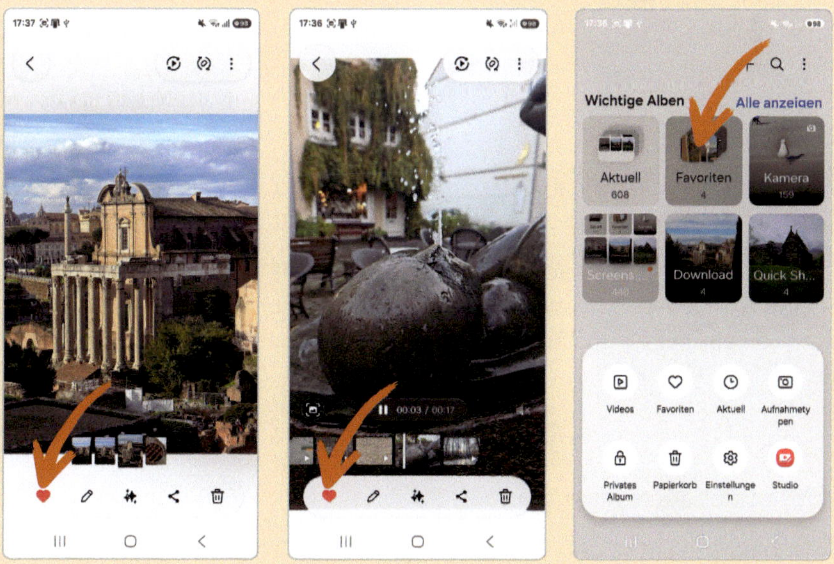

Videos abspielen

- Um ein Video wiederzugeben, öffnen Sie die Galerie-App und wählen es durch Antippen aus. Zum Video wird in der Übersicht die Abspieldauer ❶ eingeblendet.
- Das Video wird nach Auswahl sofort abgespielt, zunächst allerdings ohne Ton. Um diesen einzuschalten, tippen Sie auf ❷.
- Für Videos finden Sie in der Bearbeitungsleiste diese Optionen: *Zu Favoriten hinzufügen* , *Bearbeiten* , *Audio-Radierer* ❸, *Senden* und *Löschen* . Unter *Bearbeiten* steht Ihnen zusätzlich zu den aus der Bildbearbeitung bekannten Werkzeugen noch die Funktion *Zuschneiden* zur Verfügung, mit dem sich das Video sowohl am Anfang als auch am Ende kürzen als auch die Geschwindigkeit des Videos verändern lässt.
- Mit dem *Audio-Radierer* entfernen Sie störende Hintergrundgeräusche, wie Wind oder Straßenverkehr, aus Ihren Videos.

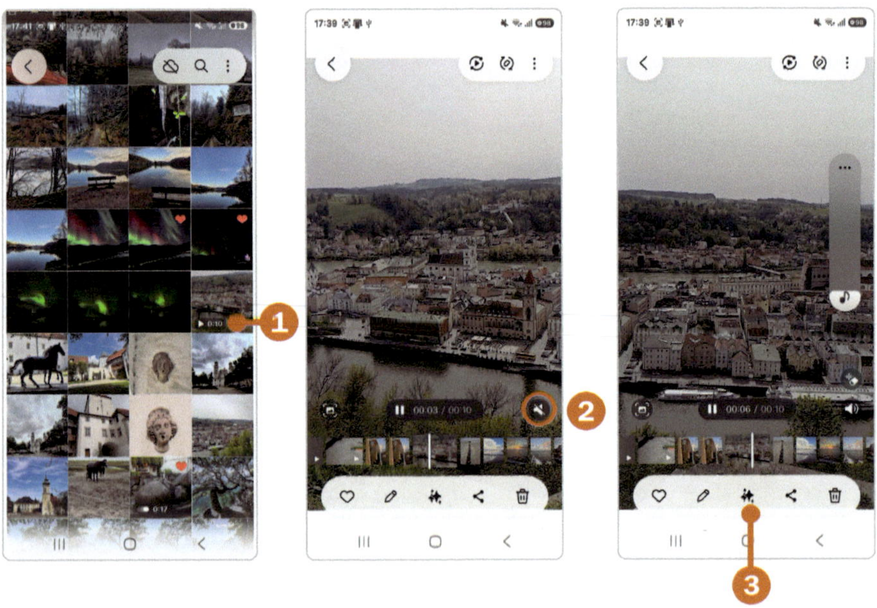

Bilder und Videos löschen

Meist belegen Fotos und Videos den größten Teil des Speicherplatzes Ihres Smartphones. Löschen Sie deshalb Bilder und Videos, die misslungen sind oder die Sie nicht mehr benötigen. Öffnen Sie die Galerie-App .

- **Einzelbild löschen:** Wählen Sie ein Bild oder ein Video durch Antippen aus. Dieses wird in der Einzelansicht angezeigt. Tippen Sie unten auf 🗑 und bestätigen Sie mit *In den Papierkorb*.
- **Mehrere Bilder löschen:** Sie können auch mehrere Bilder auf einmal auswählen, um diese zu löschen. Dazu tippen Sie in der Übersicht etwas länger auf ein zu löschendes Bild. Dieses wird links oben mit einem Häkchen versehen und ist damit ausgewählt. Tippen Sie dann nacheinander die weiteren Bilder an, die Sie löschen möchten. Tippen Sie dann auf *Löschen* ❶ und bestätigen Sie mit *In den Papierkorb*.

Gelöschte Bilder wiederherstellen

Bilder und Videos, die Sie gelöscht haben, landen im Papierkorb. Zur Anzeige des Papierkorbs tippen Sie in der Galerie-Übersicht auf ≡ und anschließend auf *Papierkorb* ❷.

- **Wiederherstellen:** Wenn Sie ein Foto aus Versehen gelöscht haben, tippen Sie im Papierkorb auf *Bearbeiten*, wählen das Bild durch Antippen aus und tippen dann unten links auf *Wiederherstellen* ❸.

> **Papierkorb leeren:** Wenn Sie sich sicher sind, dass die gelöschten Bilder nicht mehr gebraucht werden, können Sie diese auch aus dem Papierkorb entfernen. Dazu tippen Sie oben rechts auf *Weitere Optionen* ⋮ und wählen *Leeren* aus. Bestätigen Sie mit *Löschen*. Nach 30 Tagen wird der Papierkorb automatisch geleert.

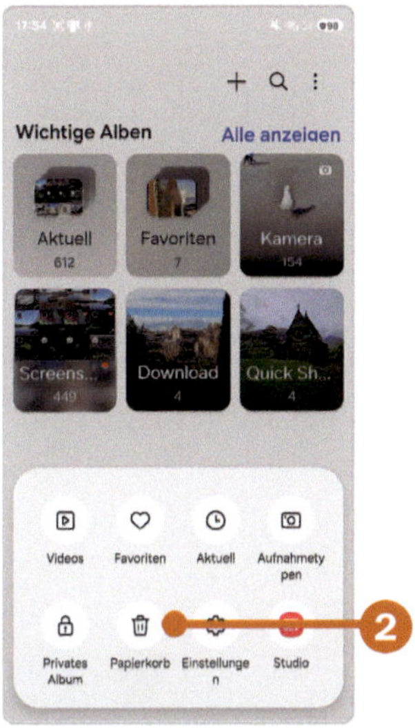

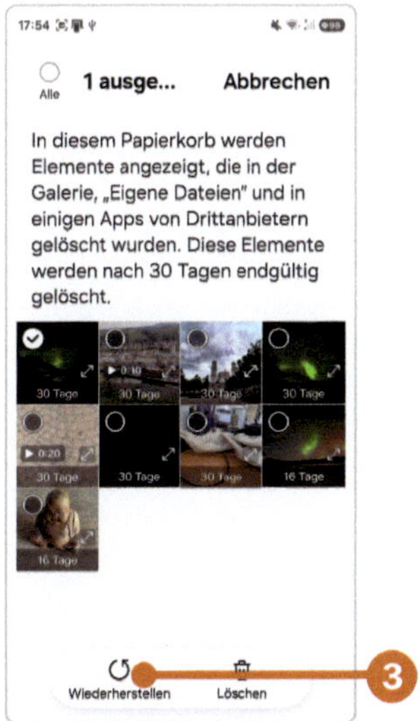

8 Merken und erinnern

Das Smartphone als ständiger Begleiter ist das ideale Medium zum Speichern kurzer Notizen oder Einkaufslisten. Daneben vervollständigen die App Kalender mit der Speicherung von Terminen und die App Uhr Ihre Möglichkeiten.

8.1 Termine im Griff haben mit der Kalender-App

- Öffnen Sie die *Kalender*-App von Samsung. Schon auf dem App-Symbol sehen Sie den aktuellen Tag. Auf dem Tabellenblatt ist dieser hervorgehoben. Der Kalender wird beim ersten Öffnen in der Monatsansicht angezeigt. Durch horizontales Wischen können Sie durch die verschiedenen Monate blättern. Zur Anzeige des aktuellen Datums kehren Sie wieder über das kleine Kalenderblattsymbol rechts oben ❶ zurück.
- Durch Antippen eines Eintrags im Kalender wird der von Ihnen hinterlegte Termin ❷ oder Feiertag ❸ gesondert in der Tagesansicht angezeigt ❹. Tippen Sie neben das Kalenderblatt, um die Tagesansicht wieder auszublenden.
- Für eine andere Darstellung wischen Sie in der Übersicht vertikal von unten nach oben und markieren dann den gewünschten Tag. Unter einem verkleinerten Kalenderblatt finden Sie die Termine ❺ des Tags.

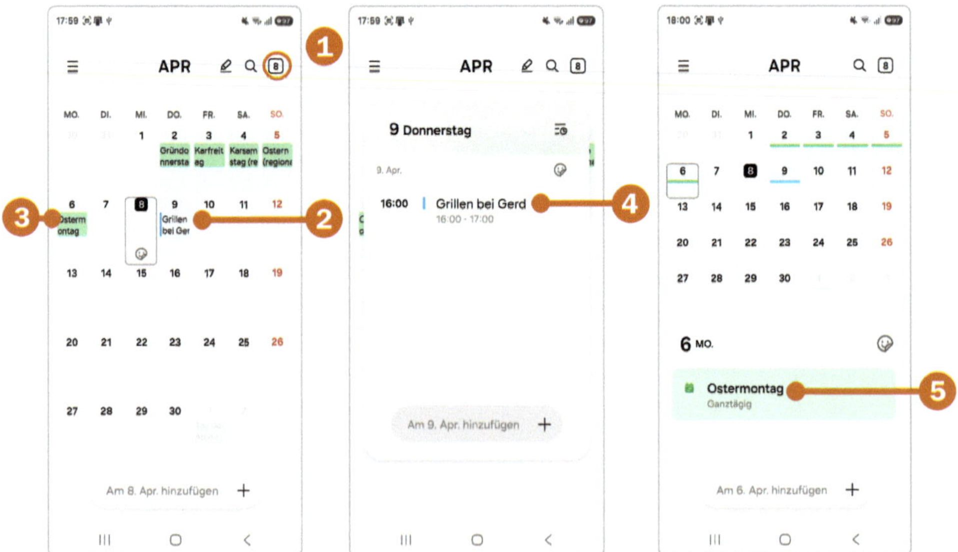

Termin eintragen

- Markieren Sie auf dem Kalenderblatt durch Antippen den Tag des Termins. Dadurch ersparen Sie sich die händische Eingabe.
- Tippen Sie auf + und geben Sie bei *Titel* eine Bezeichnung für den Termin ein.
- Kontrollieren Sie nochmals das Datum und tippen Sie dann auf die Uhrzeit ❶, um den Beginn festzulegen. Im sich darunter öffnenden Bereich legen Sie die genaue Startuhrzeit fest. Tippen Sie erneut auf die Zeit ❷, um die Tastatur anzuzeigen. Geben Sie die Uhrzeit ein und bestätigen Sie mit *OK*. Dadurch blendet die Tastatur wieder ab. In der Regel können Sie auf die Eingabe des Terminendes verzichten.
- Scrollen Sie nach unten. Standardmäßig werden Sie zehn Minuten vor Beginn des Termins erinnert, außer bei ganztägigen Ereignissen. Wenn Ihnen eine frühere Erinnerung wichtig ist, tippen Sie auf *10 Min. vorher*, entfernen Sie die Auswahl vor *10 Min. vorher* durch Antippen und wählen eine andere Erinnerungszeit ❸. Manchmal ist es aber auch praktisch, zwei Erinnerungen zu erhalten. Sie verlassen den Bereich *Erinnerung* mit *<* links oben.
- Ebenso können Sie einen *Ort* oder weitere *Notizen* hinterlegen, was aber in der Regel gar nicht notwendig ist. Bestätigen Sie mit *Speichern* ❹.

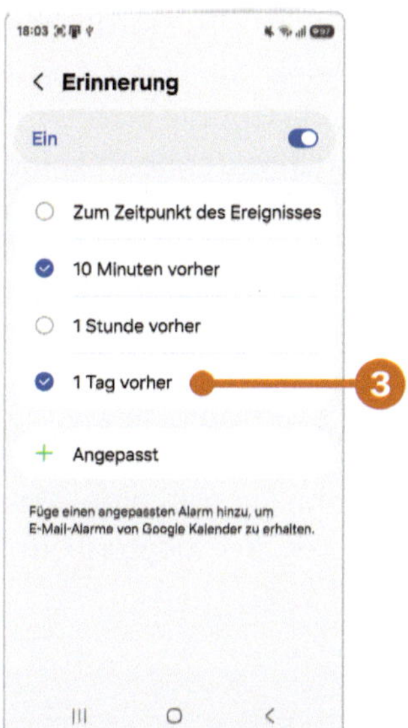

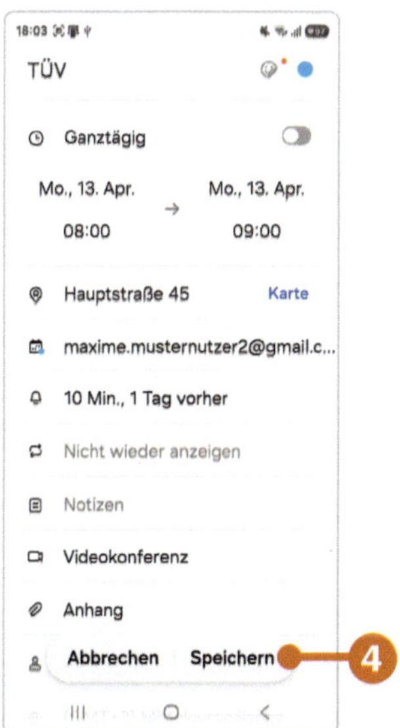

Terminerinnerung: Die Erinnerung an einen Termin erscheint, sofern erlaubt, am oberen Bildschirmrand. Die Benachrichtigung ist natürlich auch in der Statusleiste hinterlegt.

Datumsnavigator: Zur Anzeige eines Navigators, mit dem Sie größere Zeiträume überspringen können, tippen Sie oben auf den Monatsnamen ❺.

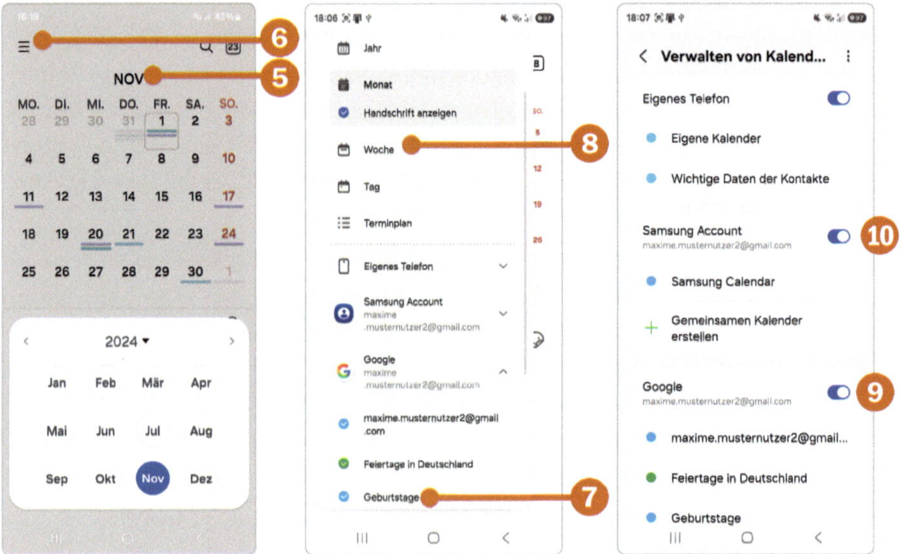

Tipp Geburtstage und Feiertage: Geburtstage tragen Sie in den Kalender nicht als Termin ein, da diese ja jedes Jahr stattfinden und Sie damit viel zu tun hätten. Geburtstage hinterlegen Sie in der App Kontakte bei der jeweiligen Person. Diese werden dann via Google-Konto mit dem Kalender synchronisiert und dort angezeigt. Sollten dennoch keine Geburtstage im Kalender angezeigt werden, überprüfen Sie die Optionen. Tippen Sie im Kalender links oben auf *Navigationsmenü erweitern* ≡ ❻ und zeigen Sie ggf. über den Erweiterungspfeil ∨ die Informationen zum Google-Konto an. Aktivieren Sie die Anzeige der Geburtstage durch Antippen von *Geburtstage* ❼. Gleiches gilt für die Feiertage. Sollten diese im Kalender nicht angezeigt werden, können Sie ebenfalls hier aktiviert werden.

Kalenderdarstellung ändern: Wenn Sie statt einer Monatsdarstellung den Kalender lieber wochenweise anzeigen möchten, öffnen Sie das Navigationsmenü und tippen Sie auf *Woche* ❽.

Kalender synchronisieren: Standardmäßig werden Ihre Kalenderinhalte mit dem Google-Konto synchronisiert, d. h. alle Termine werden online bei Google gespeichert. Falls Sie das Handy verlieren oder es kaputt geht, können Sie die Informationen so wiederbekommen. Öffnen Sie das Navigationsmenü ☰, scrollen Sie nach unten und tippen Sie auf *Verwalten von Kalendern*. Die Synchronisierung der Inhalte mit Google ist eingeschaltet ❾. Die Inhalte könnten auch mit dem Samsung-Konto ❿ synchronisiert werden. Eine doppelte Sicherung ist nicht nötig.

Termine bearbeiten oder löschen

Natürlich können Sie Termine auch bearbeiten, z. B. um diese zu verschieben.

- **Termin verschieben:** Tippen Sie einmal auf den Termin auf dem Kalenderblatt, dann nochmals in der Tagesansicht ❶ und dann auf *Bearbeiten* ❷. Tippen Sie nun auf das Datum ❸. Ein Kalenderblatt wird angezeigt, auf dem Sie durch Antippen dann ein neues Datum auswählen. Bestätigen Sie mit *Speichern*.
- **Termin löschen:** Zeigen Sie den Termin an und tippen Sie unten rechts auf *Löschen* ❹. Bestätigen Sie nochmals mit *Löschen*.

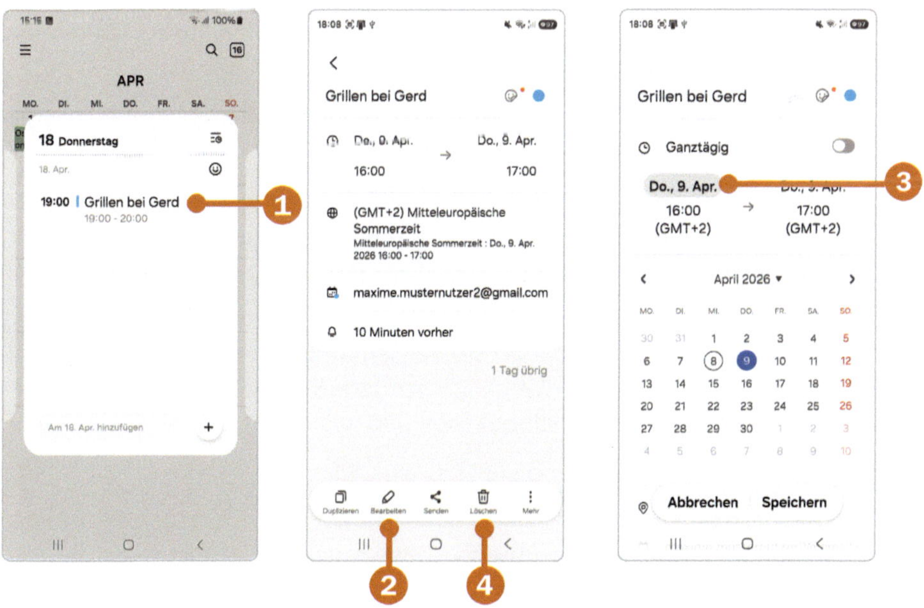

8.2 Die App Uhr

Die App Uhr bietet neben einer Weckfunktion auch verschiedene Zeitzonen (*Weltuhr*), eine *Stoppuhr* und einen *Timer*.

Vom Smartphone geweckt werden

☛ Öffnen Sie die App *Uhr*; der Bereich *Alarm* ❶ wird angezeigt.

In der App ist bereits eine Weckzeit voreingestellt. Mit diesen Vorgaben klingelt der Wecker Montag bis Freitag um 6 Uhr morgens. Allerdings ist dieser Wecker momentan nicht aktiviert.

Neuen Weckeintrag erstellen

- Tippen Sie auf das Symbol + ❷.
- **Weckzeit vereinbaren:** Verschieben Sie die Rädchen der Stunden ❸ und der Minuten, indem Sie mit dem Finger nach oben und unten wischen.
- **Tag(e) auswählen:** Sie können nicht nur die Weckzeit festlegen, sondern auch die Tage ❹, an denen der Wecker ertönen soll. Blau bedeutet, dass diese Tage ausgewählt sind. Falls Sie einen Tag versehentlich ausgewählt haben, tippen Sie erneut auf diesen. Bei Auswahl von mehreren Tagen bleibt der Wecker aktiv, um Sie am folgenden ausgewählten Tag, erneut zu wecken.

  Wenn Sie keinen Tag auswählen ❺, klingelt der Wecker zum eingestellten Zeitpunkt und ist dann ausgeschaltet.

  Tipp: Man kann die Weckfunktion auch dazu verwenden, sich an etwas erinnern zu lassen, beispielsweise die Einnahme von Medikamenten am Abend. Dann wählen Sie einfach jeden Tag aus und geben eine passende Uhrzeit ein.
- Im unteren Bereich können Sie die Schlummerfunktion (*Erinnern*) einstellen, also wann der Wecker, nachdem Sie die Schlummertaste gedrückt haben, erneut klingeln soll und wie oft.
- Tippen Sie abschließend auf *Speichern* ❻.

Sie erkennen am Uhrensymbol in der Statusleiste, dass der Wecker eingeschaltet ist.

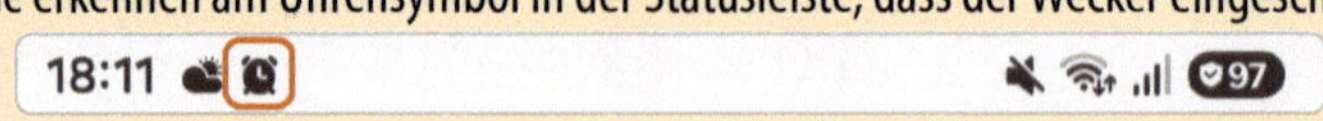

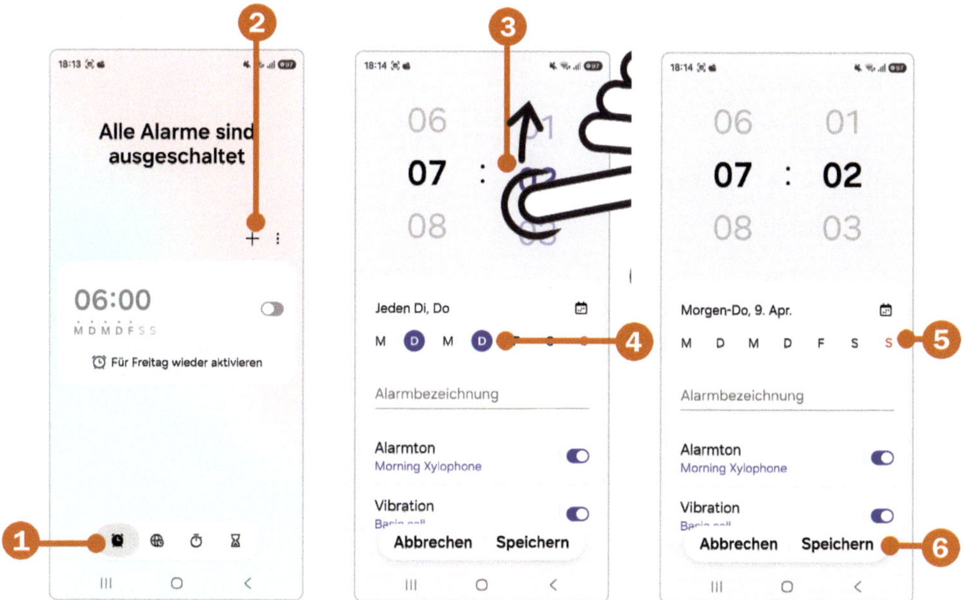

Weckt jeden Di und Do

Weckt am nächsten Tag

Schlummern oder aufstehen?

Wenn der Wecker klingelt, tippen Sie auf ⓧ ❼ und ziehen das Feld leicht nach oben, dann ist Ruhe! Oder Sie wählen *5 min schlummern* und der Wecker klingelt nach fünf Minuten erneut. Mit + und - können Sie die Schlummerzeit verlängern bzw. verkürzen.

Wecker ein- und ausschalten

Im Register *Alarm* können mehrere Weckzeiten vereinbart sein. Aktive Weckzeiten erkennen Sie am eingeschalteten Regler. Ist der Regler ausgeschaltet, klingelt dieser Wecker nicht. Aus diesem Grund müssen Sie die Wecker nicht löschen. Es reicht sie zu deaktivieren, bis Sie diese wieder benötigen. Sie aktivieren bzw. deaktivieren einen Wecker, indem Sie den Regler antippen.

Tipp: Hier ❽ sehen Sie, wann der Wecker das nächste Mal klingelt.

Wecker bearbeiten und löschen

Um einen Wecker zu löschen, tippen Sie diesen in der Übersicht etwas länger mit dem Finger an. Dadurch erscheint unten *Löschen* 🗑 ❾.

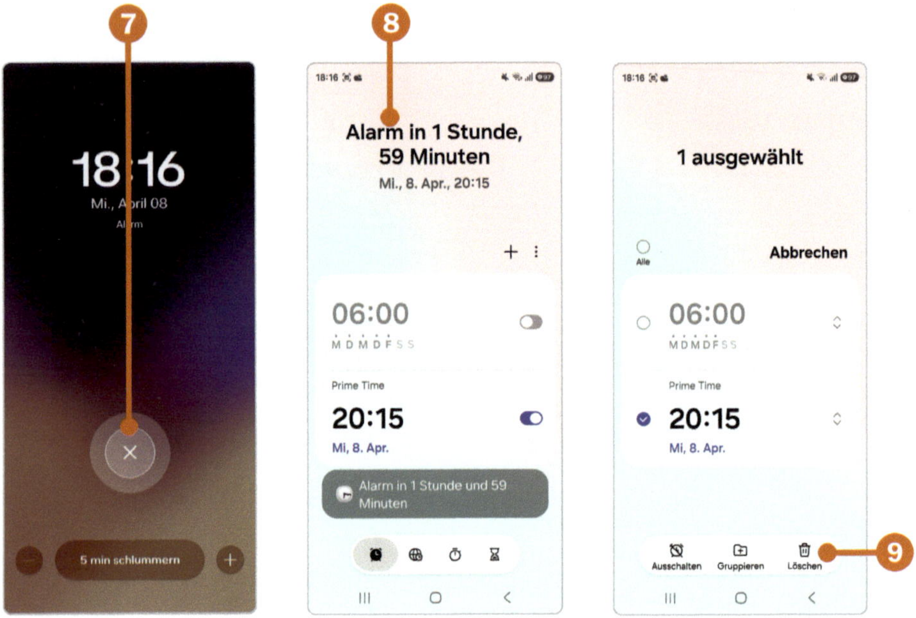

Das Smartphone als Eieruhr

Das Vier-Minuten-Ei rechtzeitig aus dem Topf holen oder die Backzeit für den Kuchen einstellen - auch das bietet die App Uhr.

- Wählen Sie den Bereich *Timer* ❶.
- Stellen Sie durch Ziehen mit dem Finger die Zeit ❷ ein, nach deren Ablauf das Smartphone klingeln soll, und tippen Sie dann auf *Starten*.
- Während der Timer nach unten zählt, können Sie jederzeit pausieren ❸ oder den laufenden Timer auch löschen. Wenn Sie zu einer anderen App oder dem Startbildschirm wechseln, wird die verbleibende Timer-Zeit in einen kleinen ovalen Bereich angezeigt. Diesen können Sie verschieben, falls er stört. Halten Sie den Bereich mit dem Finger gedrückt und ziehen Sie das Oval an eine andere Stelle.

- Nach Ablauf ertönt ein Signal. Um dieses auszuschalten, tippen Sie auf *Verwerfen* ❹ (sofern der Smartphonebildschirm noch an ist). Falls der Bildschirm aus ist, erscheinen am Sperrbildschirm die Optionen *Verwerfen* sowie *Neustart* ❺.

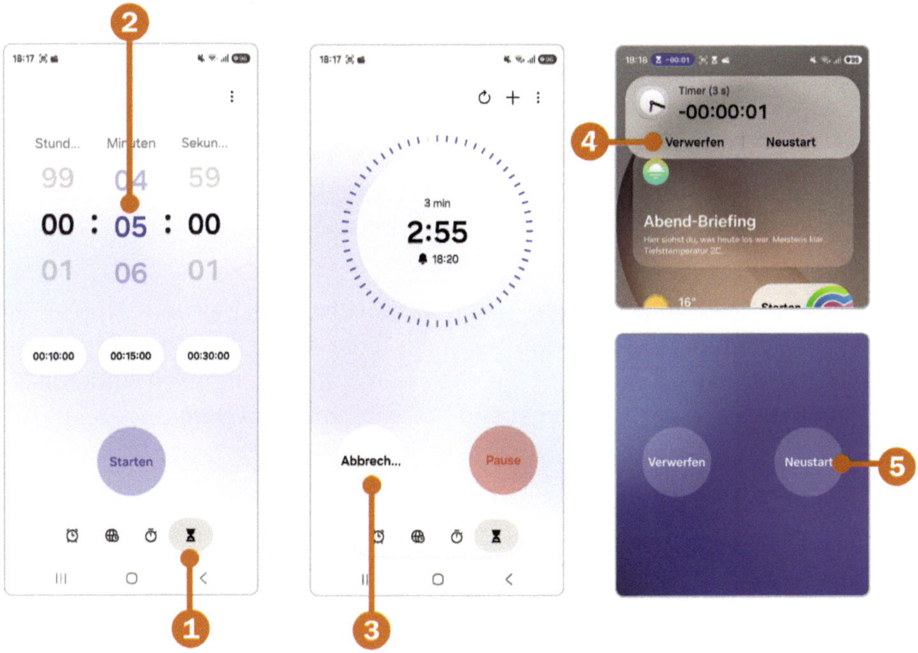

8.3 Notizen und Screenshots

Es gibt eine Vielzahl toller Apps, mit denen Sie Notizen erstellen, aufwendig bearbeiten, teilen und sowohl am Smartphone als auch am Laptop betrachten können. Wer hier mehr machen möchte, dem sei Microsoft OneNote empfohlen. Aber auch die App *Samsung Notes*, aufgewertet durch den Notizenassistent mit KI-Funktionen, bietet vielfältige Möglichkeiten. Diese App konnten Sie bereits während der Einrichtung Ihres Smartphones installieren. Sie finden Sie aber auch im Play Store und im Galaxy Store.

Beim ersten Öffnen von **Samsung Notes** werden Sie aufgefordert, alte Notizen über die Samsung Cloud zu synchronisieren. Davon ausgehend, dass Sie noch keine alten Notizen haben, tippen Sie auf *Jetzt nicht*. Als nächstes müssen Sie einen Seitenstil wählen, z. B. *Individuelle Seiten*, d. h. die Notizen bestehen aus getrennten Seiten. Tippen Sie auf *Weiter*. Im nächsten Schritt legen Sie fest, ob Ihre Seitenlänge *Normal* oder *Lang* sein soll, und entscheiden dann noch, ob Sie lieber *Vertikal* oder *Horizontal* wischen möchten, um zwischen den Seiten zu wechseln. Bestätigen Sie Ihre Auswahl mit *OK*.

Notiz erstellen

- Öffnen Sie *Samsung Notes* und tippen Sie auf ❶, um eine neue Notiz zu erstellen.
- Tippen Sie ggf. in den Notizenbereich, um die Tastatur anzuzeigen und die Notiz einzutippen. Zu einer neuen Liste können Sie durch Antippen von *Titel* ❷ noch eine Überschrift hinzufügen. Bestätigen Sie den Titel mit *OK* auf der Tastatur.
- Die Notiz wird standardmäßig automatisch gespeichert. Tippen Sie auf die Zurück-Taste (ggf. mehrmals) oder den Zurück-Pfeil ❸, um zur Übersicht zu gelangen. Die einzelnen Notizen sind nach Änderungsdatum sortiert. Der vergebene Titel wird unter der Notiz angezeigt.
- **Speicherung von Notizen:** Notizen werden automatisch gespeichert. Das ist sinnvoll, sonst müssten Sie jede neue Notiz und Änderung einzeln abspeichern. Zur Kontrolle zeigen Sie die **Einstellungen von Notes** an. Dazu tippen Sie auf das Menü ❹ und dann auf das Zahnradsymbol ❺. Der Schalter bei *Automatisches Speichern von Notizen* ❻ sollte eingeschaltet sein.

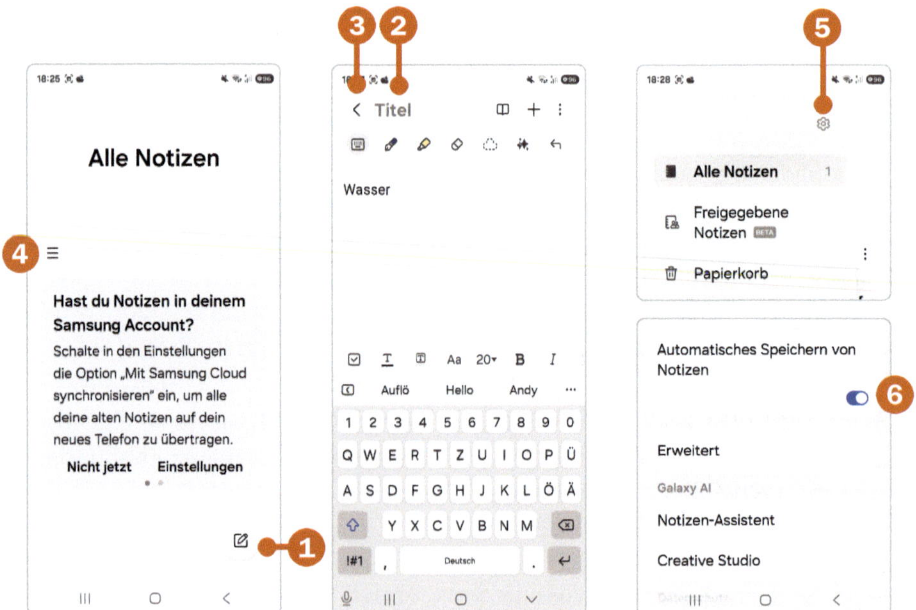

Notizenassistent verwenden

Dieser hilft dabei Notizen zu organisieren, formatieren, er kann Fehler berichtigen, Inhalte zusammenfassen und Texte übersetzen.

Notizen-Assistent einschalten

Zum Einschalten des Notizen-Assistenten (siehe auch Seite 52) zeigen Sie eine Notiz an und tippen in der Bearbeitungsleiste auf ✦ ❶. Informationen zu den Intelligenten Notizen werden angezeigt. Scrollen Sie durch den Text bis zum Ende und klicken Sie dann auf *OK* ❷. Beim nächsten Antippen von ✦ werden die Assistenzfunktionen ❸ sofort angezeigt.

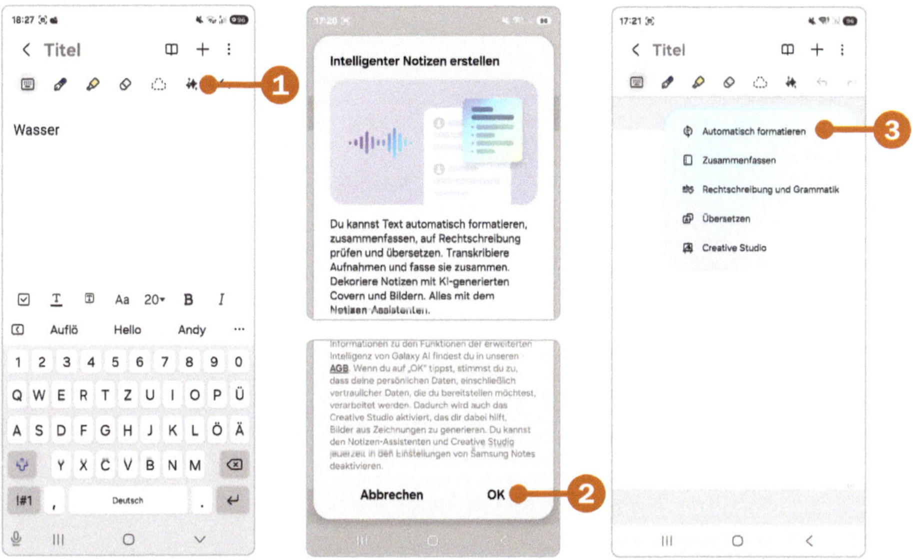

Notiz berichtigen und zusammenfassen

- Zeigen Sie die Notiz an und tippen Sie auf ✦ ❶. Der Text wird markiert und das Bearbeitungsmenü angezeigt. Sollte der Text mehrere Seiten umfassen, wurde unter Umständen nicht alles markiert. Erweitern Sie die Markierung durch Ziehen an den Tropfen ❷.
- Wählen Sie eine Bearbeitung aus:
  - Mit Auswahl von *Rechtschreibung und Grammatik* ❸ wird eine Rechtschreibkontrolle durchgeführt. Berichtigte Worte sind blau unterstrichen. Wählen Sie *Ersetzen* ❹, um die Korrekturen in die Notiz zu übernehmen.

- Mit *Zusammenfassen* ❺ listen Sie die wichtigsten Aussagen eines längeren Texts schnell auf. Dieses Resümee können Sie entweder mit *Kopieren* ❻ in einer anderen App hinterlegen oder mit *Hinzufügen zu* und Auswahl von *Neue Seite am Anfang* oder *Neue Notiz* ❼ in der Notizen-App abspeichern.
- Die Übersetzungsfunktion haben Sie bereits auf Seite 60 kennengelernt. Diese funktioniert hier genauso.

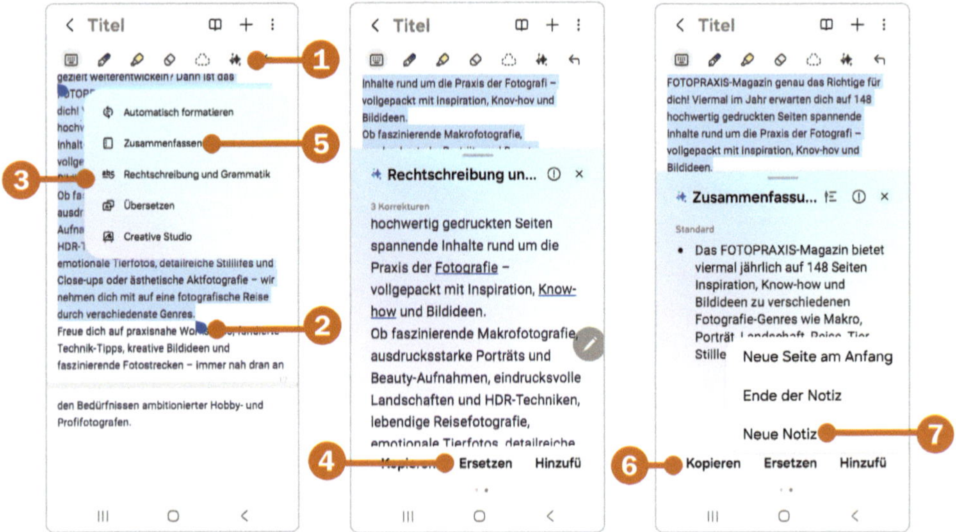

Notiz betrachten, bearbeiten und löschen

Inhalt einer Notiz betrachten: Tippen Sie die Notiz in der Übersicht ❶ an, um deren Inhalt anzuzeigen.

Notiz bearbeiten: Zur Ergänzung einer bestehenden Notiz zeigen Sie deren Inhalt an und tippen dann in den Notizenbereich.

- ▶ Sie müssen die Eingabemarkierung (Cursor) durch Tippen an die gewünschte Position verschieben. Um eine Liste am Ende weiterzuführen, tippen Sie hinter das letzte Wort. Um in einer neuen Zeile zu beginnen, wählen Sie ↵. In der unteren Bearbeitungsleiste ❷ stehen Ihnen zahlreiche Formatierungsmöglichkeiten zur Verfügung. Beim Ultra-Modell finden Sie in der oberen Bearbeitungsleiste ❸ zusätzliche Optionen für den S Pen (siehe Seite 175).
- ▶ Mit der Zurück-Taste kehren Sie wieder zur Übersicht zurück.

Notiz löschen: Tippen Sie in der Übersicht länger mit dem Finger auf die zu löschende Notiz. Diese wird dadurch markiert und Sie können *Löschen* ❹ auswählen. Bestätigen Sie durch Antippen von *In Papierkorb verschieben*.

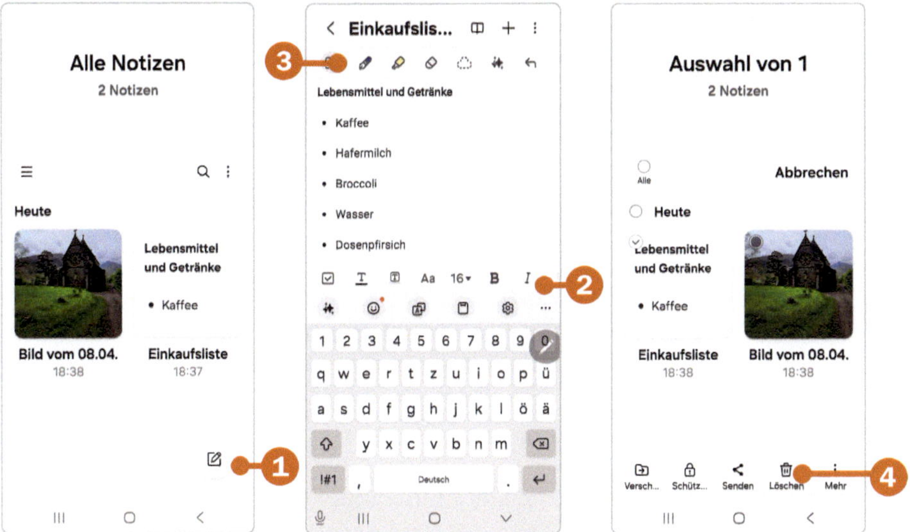

Text kopieren und einfügen

Text kann zwischen verschiedenen Apps kopiert werden. Beispielsweise können Sie Informationen einer Webseite oder einer E-Mail kopieren und in die Notizen-App einfügen.

Drücken Sie dazu etwas länger auf den Text, den Sie kopieren möchten. Eine Bearbeitungsleiste wird eingeblendet. Ziehen Sie an den kleinen Tropfen, um die Markierung zu vergrößern bzw. zu verkleinern. Tippen Sie dann auf *Kopieren* ❶.

Zeigen Sie die Notizen-App an und erstellen Sie eine neue Notiz. Tippen Sie etwas länger in den Textbereich bis die Bearbeitungsleiste erscheint. Hier wählen Sie *Einfügen* ❷ aus. Zu dieser Notiz können Sie natürlich auch einen Titel vergeben.

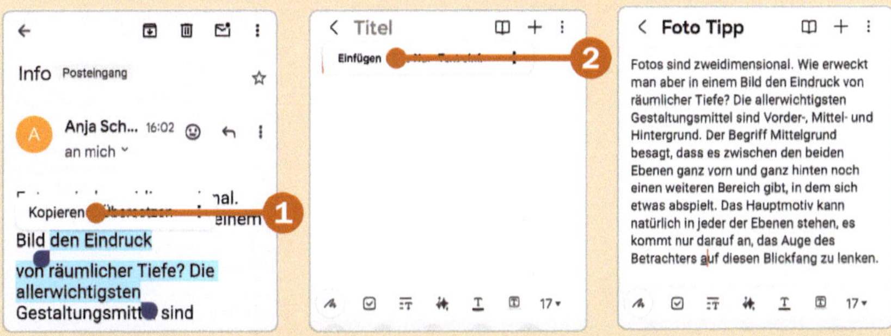

Screenshot erstellen

Ein Screenshot ist ein Foto von Ihrem Smartphonebildschirm. Diese Funktion ist praktisch, wenn Sie eine Frage zu einer App haben oder eine Meldung nicht verstehen. Dann machen Sie einfach einen Screenshot. Diesen können Sie, wie ein Foto, an jemanden in Ihrem Familien- oder Bekanntenkreis senden, der vielleicht eine Antwort weiß.

Das nächste nützliche Einsatzgebiet ist, wenn Sie Informationen behalten wollen, die Sie beispielsweise im Netz gefunden haben, etwa ein Rezept. Machen Sie einfach einen Screenshot. Natürlich stellt auch der Browser eine Merkfunktion zur Verfügung, aber der Screenshot ist so einfach und schnell!

- Um einen Screenshot von Ihrem Bildschirminhalt (im Beispiel ein Rezept auf einer Webseite) zu erstellen, tippen Sie gleichzeitig und kurz auf die Leiser-Taste (Lautstärke) und die Funktionstaste.
- Sie sehen, dass es funktioniert hat, wenn auf dem Bildschirm die Bearbeitungsleiste ❶ erscheint.
- In der Bearbeitungsleiste steht Ihnen die *KI-Auswahl* ❷ zu Verfügung, mit der Sie schnell Inhalte aus dem Screenshot extrahieren, übersetzen, kopieren, zuschneiden, anheften, teilen oder abspeichern können.
- Nach Aufnahme des ersten Screenshot wird in der App *Galerie* im Bereich *Alben* ein neues Album erstellt mit dem Namen *Screenshots*, in dem Ihre Bildschirmfotos automatisch nach Inhalt sortiert ❸ werden .

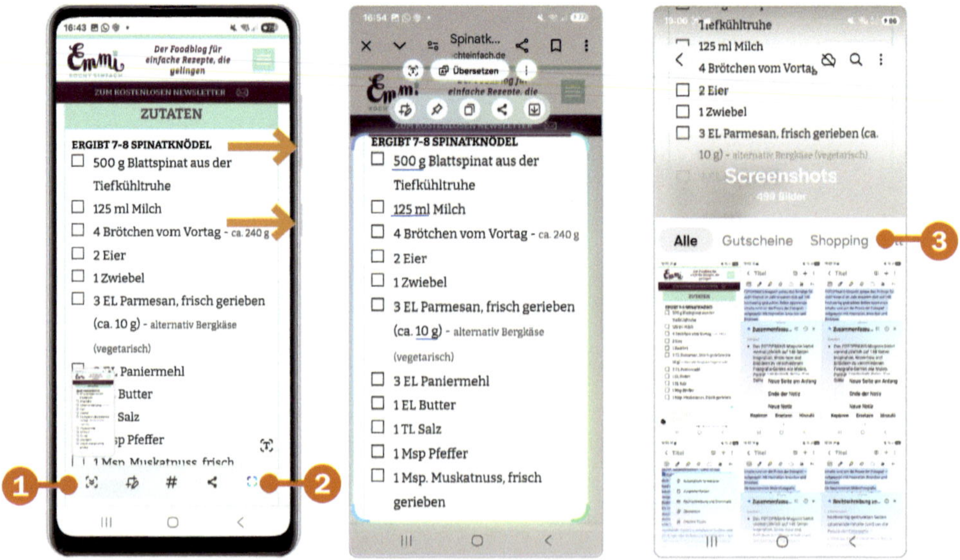

Webseitenadresse wird mit dem Screenshot gespeichert

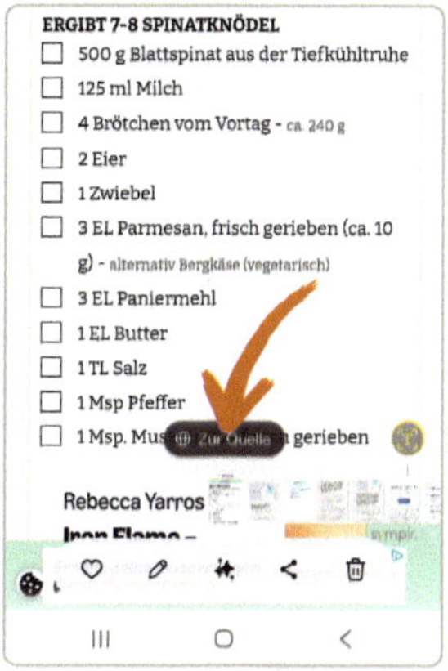

Wenn Sie von einer Internetseite einen Screenshot erstellt haben, dann wird die Adresse der Seite mit dem Screenshot gespeichert und kann so jederzeit wieder angezeigt werden. Zeigen Sie dazu den Screenshot in der Galerie im Album *Screenshots* an und tippen Sie ggf. einmal auf den Screenshot, um die Bearbeitungsleiste unten einzublenden. Hier finden Sie auch die Schaltfläche *Zur Quelle*. Tippen Sie darauf, um die Internetseite im Browser anzuzeigen.

S Pen verwenden

Da der S Pen ausschließlich mit dem Galaxy S26 Ultra kompatibel ist, gehen wir hier nur kurz auf die Verwendung und den Funktionsumfang ein.

- **S Pen-Taste:** An der Seite des Pens befindet sich eine Taste, die verschiedene Funktionen übernimmt je nach App. Beispielsweise wird in *Samsung Notes* der Stift zum Radiergummi, solange Sie die Seitentaste drücken. Die hintere „Taste" hat keine Funktion, sie dient zum Einrasten/Lösen des Stifts.
- **Einrichtung:** Sie finden die S-Pen-Funktionen ❶ in der App *Einstellungen* ⚙ ▶ *Erweiterte Funktionen*. Tippen Sie dort den Eintrag *S Pen* an.
- **Samsung Notes öffnen:** Halten Sie die Seitentaste am S Pen gedrückt und tippen Sie zweimal hintereinander auf einen beliebigen Punkt am Bildschirm. (Die Funktion muss unter *Schnellnotizen* ❷ aktiviert sein). Mit dem S Pen können Sie handschriftliche Notizen verfassen. Mit *X* schließen Sie die Notiz wieder. Weitere Informationen zur Bedienung von Pop-up-Fenstern finden Sie auf Seite 49.
- Sobald Sie den Stift aus dem Steckplatz entnehmen, erscheint der S-Pen-Schnellzugriff ❸. Tippen Sie diesen an, um Zeichnungs-Assistenten, *AI Select* (die KI-Auswahl - siehe vorige Seite) und *Screenshot-Notiz* aufzurufen ❹ (Was erscheint, legen Sie unter *S Pen-Befehle* ❺ fest).
  - Der **Zeichnungs-Assistent** (*Creative Studio*) erlaubt es, schnell Skizzen mit dem S Pen zu zeichnen und diese anschließend in kleine Kunstwerke umzuwandeln.

- Mit der **Screenshot-Notiz** wird ein Bildschirmfoto aufgenommen, zusätzlich können Sie auf diesem jedoch Anmerkungen mit dem S Pen verfassen.

Wenn Sie bei ausgeschaltetem Display den Stift entnehmen, kann ein Notizenfeld angezeigt werden; das aktivieren Sie unter *Screen Off-Modus* ❻.

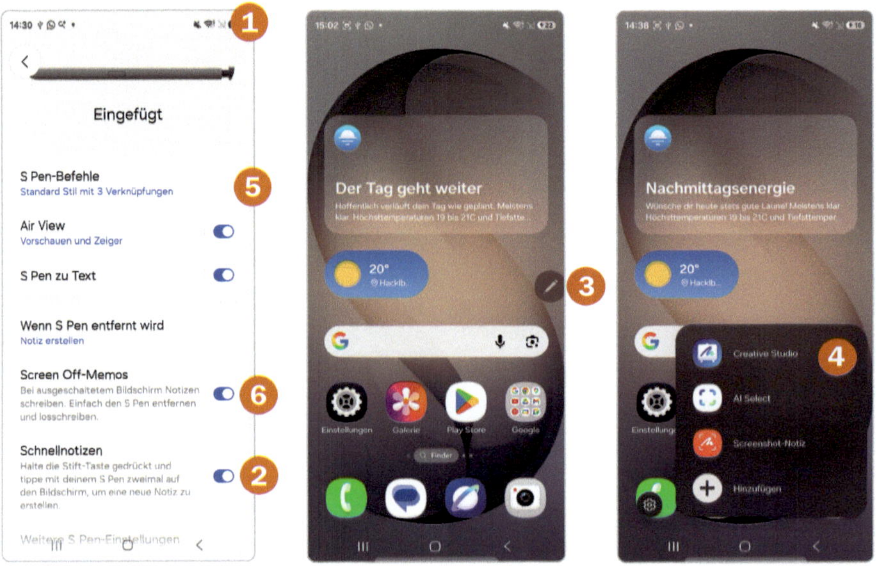

8.4 Diktiergerät verwenden

Möchte man sich schnell etwas merken, kann man die Aufnahme-Funktion des Handys nutzen, beispielsweise die Samsung Diktiergerät-App. Eine Sprachaufnahme geht schneller als jede Notiz.

Aufnahme starten

Öffnen Sie die App *Diktiergerät* und drücken Sie den Aufnahmebutton ❶. Sie können die Aufnahme pausieren ❷ und durch Antippen desselben Buttons weitermachen. Mit der Stopptaste ❸ beenden Sie die Aufnahme. Jetzt muss die Aufnahme noch gespeichert werden. Ein Speichername ❹ wird automatisch vergeben (*Sprache* + eine laufende Nummer). Sie können den Namen auch ändern. Tippen Sie dann auf *Speichern*.

Neben eigenen Sprachaufnahmen werden im Diktiergerät auch die Aufnahmen Ihrer *Direkten Mailbox* sowie die des *KI-Anrufconcierges* abgespeichert. Eigene Aufnahmen mit der Diktiergerät-App werden rot gekennzeichnet, die Aufnahmen aus der Telefon-App grün.

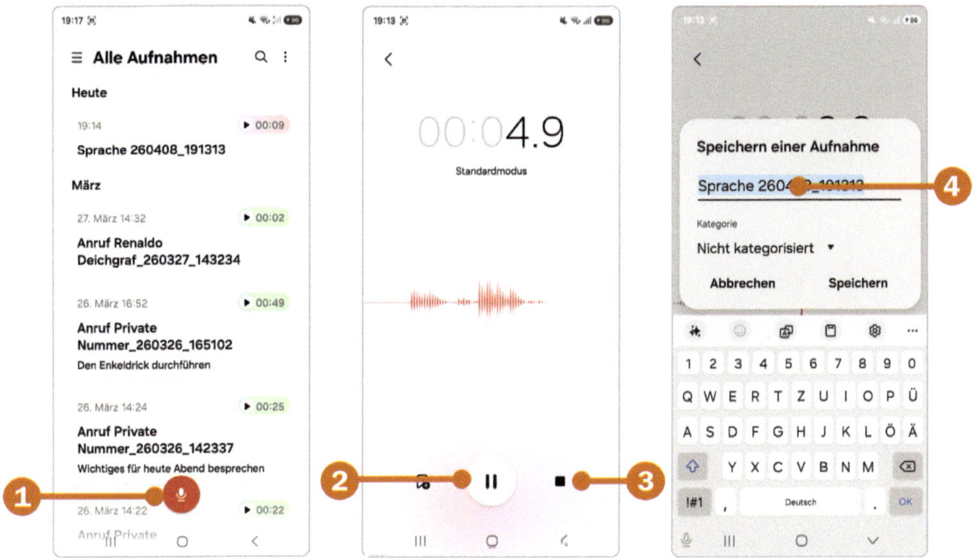

Aufnahme anhören und transkribieren

Wählen Sie die Aufnahme in der Übersicht durch Antippen aus und tippen Sie dann auf die Playtaste ❺. So praktisch es ist, Infos einfach schnell aufzunehmen, so nervig ist es, wenn man einen langen Text mehrmals anhören muss, um herauszufinden, ob man alles erledigt hat.

Hier hilft die Funktion *Transkribieren*. Damit wird vom gesprochenen Wort eine Abschrift erstellt. Tippen Sie auf das AI-Symbol ✨ und dann auf *Transkribieren* ❻, die Sprache wird automatisch erkannt ❼. Sie können den transkribierten Text sogar in eine Fremdsprache übersetzen lassen. Nach kurzer Zeit wird der Text unterhalb als Abschrift angezeigt.

Wenn es sich um eine sehr lange Sprachaufnahme handelt, können Sie diese auch *Zusammenfassen* ❽ lassen. Hier wird der Inhalt auf die wichtigsten Punkte heruntergebrochen, es lassen sich verschiedene Zusammenfassungsarten ❾ auswählen, welche je nach Stil länger oder kürzer sind.

Wir haben das Diktiergerät auf die Probe gestellt und eine kurze Unterhaltung mit mehreren Personen simuliert, die einen Putzplan aufstellen. Die App trennt unterschiedlichen Personen und ordnet Gesagtes dem korrekten Sprecher zu. Auch die Zusammenfassung hat den namentlich genannten Personen in unserem Beispiel die korrekten Aufgaben zugeteilt. Wer möchte, kann diese direkt versenden oder als Notiz ⑩ abspeichern.

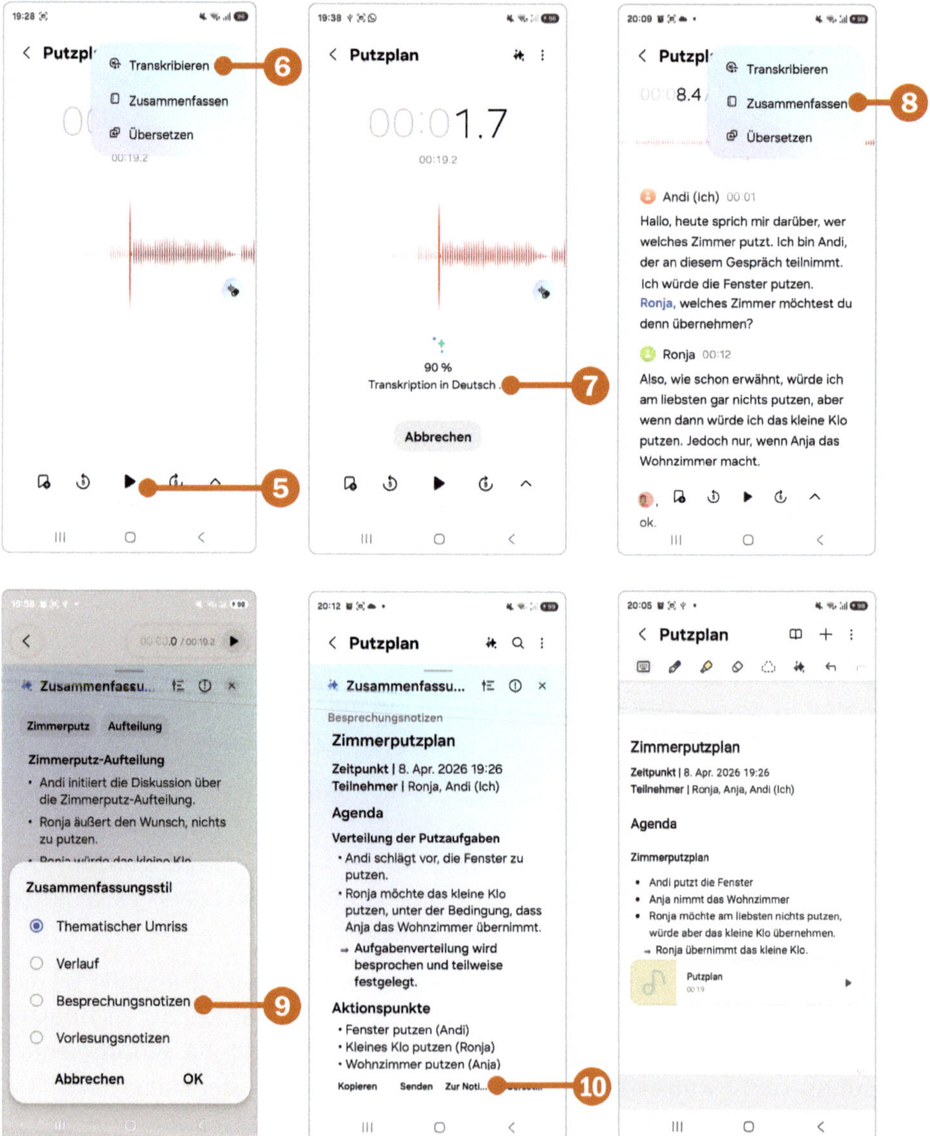

9 Gesucht & Gefunden

Das Internet hält eine Vielzahl an nützlichen Informationen, lustigen Videos, Einkaufsmöglichkeiten u. v. m. bereit. Dieses Kapitel beschäftigt sich mit den Suchfunktionen der App **Google** und dem Videoportal **YouTube**, das Videos zu Musik, Spielen, Filmausschnitte, Sport und Anleitungen zu allen möglichen Themen bietet.

9.1 Im Netz surfen

Google-App verwenden

- Für eine Recherche im Internet können Sie die App *Google* verwenden. Öffnen Sie den Ordner *Google* und wählen Sie *Google* aus. Alternativ tippen Sie im Google-Widget auf das -Symbol. Die App-Google wird angezeigt.

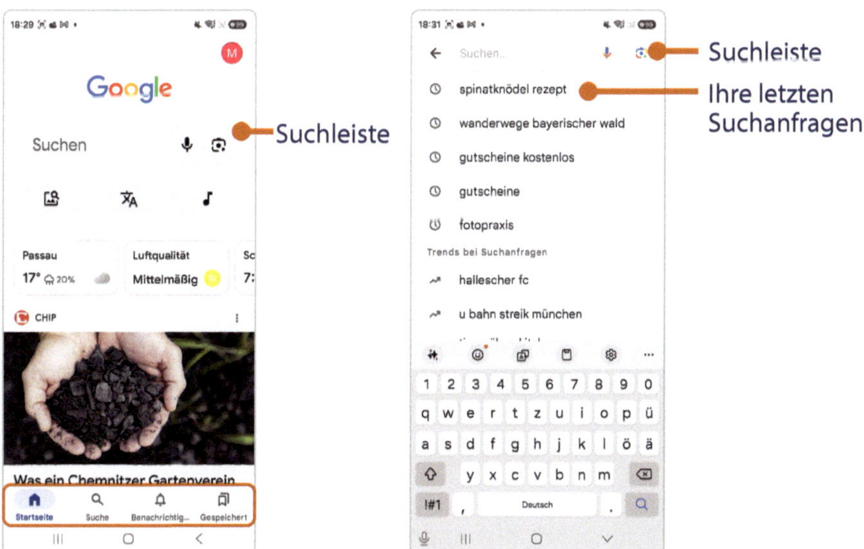

Unten können Sie zwischen verschiedenen Rubriken wechseln: Auf der *Startseite* finden Sie die Suchleiste zur Eingabe Ihres Suchbegriffs und darunter eine Zusammenstellung aktueller Nachrichten. Die *Suche* bietet ebenfalls eine Suchleiste und zeigt darunter Ihre letzten Suchanfragen. In *Gespeichert* finden Sie gespeicherte Webseiten.

- Für eine Suche muss *Startseite* oder *Suche* ausgewählt sein. Geben Sie in der Suchleiste einen Begriff ein, z. B. Wanderwege Bayerischer Wald ❶ (siehe nächste Seite). Schon nach Eingabe der ersten Buchstaben erscheinen Suchvorschläge zu Ihrem Begriff. Wählen Sie einen aus. Oder schreiben Sie das Wort/die Wörter aus und tippen anschließend auf das Lupen-Symbol 🔍 auf der Tastatur.
- Sie erhalten eine Trefferliste bestehend aus Werbung, einer KI-Zusammenfassung sowie einer Vielzahl an Webseiten zu Ihrer Suche. Wählen Sie durch Antippen der blauen Seitenbezeichnung ❷ einen Treffer aus. Sie werden nun zu dieser Webseite weitergeleitet. Bevor Sie den Artikel lesen können, werden Sie aufgefordert die Speicherung von Cookies zu akzeptieren. Mittels der gespeicherten Cookies kann eine Webseite beim nächsten Aufrufen Daten auslesen. Dies können Informationen, wie z. B. benutzte Suchbegriffe, die letzten Einkäufe in einem Webshop oder Ihr Benutzername sein. Cookies können neben sinnvollen Einsatzzwecken auch für Werbezwecke und Datenverfolgung eingesetzt werden. Es gibt notwendige Cookies, denen Sie zustimmen müssen und optionale, deren Zustimmung Sie verweigern können. Mit *Zustimmen* oder einem ähnlichen Begriff akzeptieren Sie meist alle Cookies und mit *Ablehnen* ❸ verhindern Sie optionale Cookies.

> Nach der geltenden DSGVO (Datenschutz-Grundverordnung) der Europäischen Union müssen sich Webseitenbetreiber die Zustimmung der Seitenbesucher einholen, ob und in welchem Umfang sie Cookies nutzen und verwerten dürfen. Dabei geht es auch darum, welche gesammelten Daten an Dritte weitergegeben werden dürfen. Daher werden Sie beim Öffnen einer Webseite (zumindest bei Webseiten aus der EU) gefragt, ob und wie Sie Cookies zulassen wollen. Leider ist diese Abfrage nicht standardisiert und sieht daher meist unterschiedlich aus.

- Wollen Sie wieder zur Auflistung Ihrer Suchergebnisse zurückkehren, tippen Sie auf die Zurück-Taste ‹ . Durch vertikales Wischen über die Trefferliste bzw. über den Webseiteninhalt zeigen Sie weitere Informationen an.

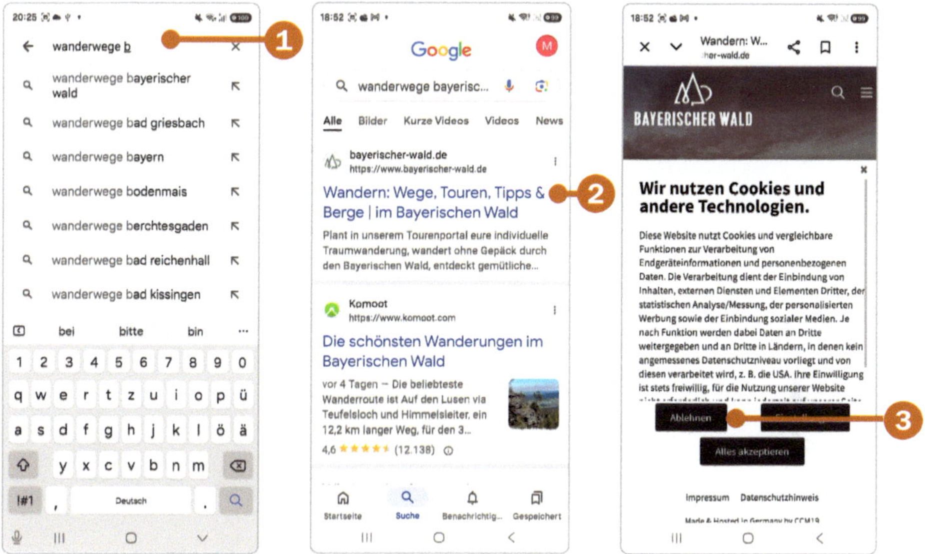

Tipp: *Chrome* von Google ist ein weitverbreiteter Browser. Der Browser bietet gegenüber der Google App den Vorteil, dass Sie in die Suchleiste eine Internetadresse eintippen und diese direkt aufrufen können. Öffnen Sie *Chrome* und geben Sie in der oberen Suchleiste eine Internetadresse oder einen Suchbegriff ein und tippen auf das Pfeilsymbol auf der Tastatur.

Google-Widget Suchleiste

Mit dem Google-Widget auf dem Startbildschirm können Sie schneller eine Suche starten. Dazu geben Sie in der Suchleiste Ihren Suchbegriff ein und bestätigen mit der Lupe auf der Tastatur. Wenn Sie möchten, können Sie Ihre Suchanfrage auch diktieren. Tippen Sie dazu auf das **Mikrofonsymbol** in der Suchleiste und formulieren Sie Ihre Frage zügig. Es muss kein ganzer Satz sein.

Tipp: Musik erkennen

Ihnen fällt der Titel eines Lieds aus dem Radio nicht ein oder Ihnen geht eine Melodie nicht aus dem Kopf. Dann lassen Sie Google die Musik erkennen. Tippen Sie auf das Mikrofon in der Google-Suchleiste und dann auf *Musik erkennen*. Jetzt werden die Töne, ob aus dem Radio oder von Ihnen gesungen, aufgenommen und mit ein bisschen Glück der Titel angezeigt.

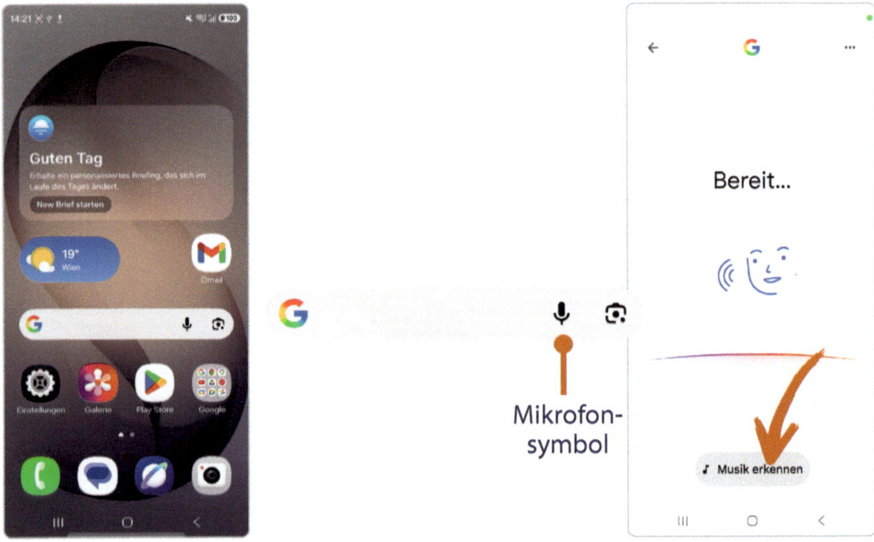

Suche mit Google Lens

Mit Google Lens können Sie nach allem suchen, was Sie sehen! Nehmen Sie ein Objekt durch den Kamerasucher auf und starten eine Internetrecherche. Damit beantworten Sie ganz leicht Fragen wie: Was für eine Pflanze, Sehenswürdigkeit oder Hunderasse ist das?

- Tippen Sie in der Suchleiste auf das Kamerasymbol.

- Um nach Objekten in Ihrer Umgebung zu suchen, verwendet Google Lens den Kamerasucher. Deshalb müssen Sie den Zugriff auf die App Kamera erlauben; wählen Sie hier *Bei Nutzung der App* ❶. Im nächsten Schritt erhalten Sie die Möglichkeit die Nutzungsbedingungen und die Datenschutzerklärung zu lesen. Tippen Sie dann auf *Weiter* ❷. Diese Abfrage erhalten Sie nur bei der ersten Verwendung.
- Die *Suche* ❸ ist standardmäßig ausgewählt; Sie können das Objekt ins Kameravisier nehmen und die Suche mit 🔍 ❹ starten. Es wird dabei kein Foto geknipst. Wenn Sie bereits ein Foto erstellt haben und auf dessen Grundlage eine Suche starten möchten, tippen Sie auf ❺.

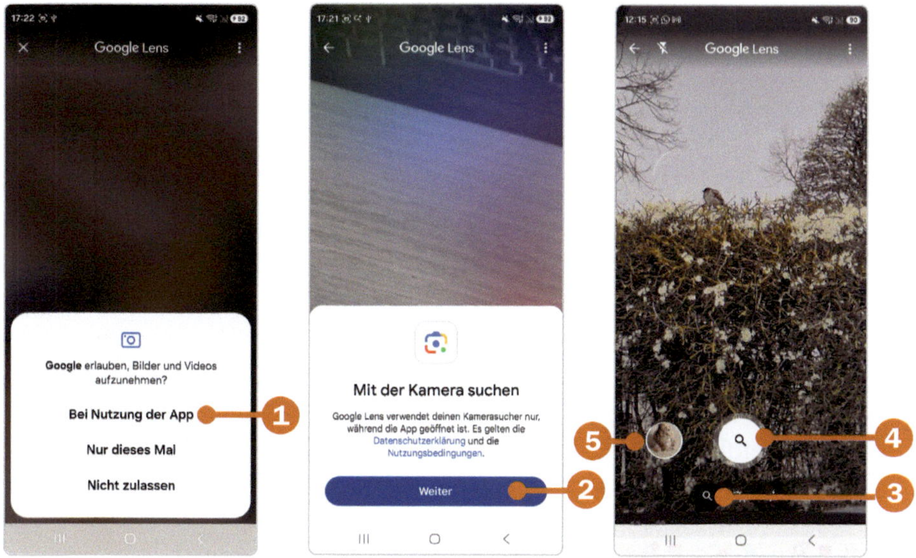

- Die gefundenen Informationen werden unter dem Bild angezeigt. Ziehen Sie den Bereich nach oben ❻, um die Suchergebnisse anzuzeigen. In diesem Beispiel werden sowohl Infos zum Vogel als auch zur Hecke angezeigt.

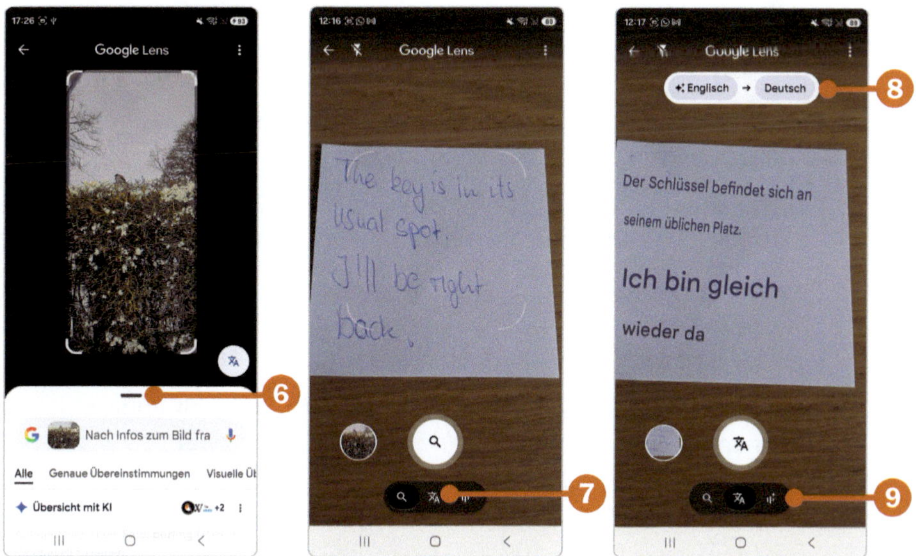

Texte übersetzen

Mit Google Lens können auch Fremdsprachentexte übersetzt werden.

- Öffnen Sie Google Lens und wählen Sie unten *Übersetzen* ❼ aus. Halten Sie die Kamera auf den Text. In der Regel wird die Sprache erkannt und der Text auf dem Handy in deutscher Sprache angezeigt.
- Wird die Sprache nicht erkannt, tippen Sie oben auf die Sprachenleiste ❽ und wählen die passenden Sprachen aus. Je nach Länge des Texts ist es unter Umständen praktischer, diesen zunächst abzufotografieren und dann erst übersetzen zu lassen.
- Im Live-Modus ❾ können Sie Fragen stellen zu Objekten, die Sie im Kamerasucher anzeigen. Damit das funktioniert, tippen Sie auf die Schaltfläche *Ton aus* und stellen Ihre Frage: Wie heißt die Kirche? Übersetze den Text. Wo kann ich das kaufen?

Circle to Search

Mit der Google-Funktion Circle to Search können Sie Inhalte auf dem Bildschirm einkreisen und automatisch eine passende Internetsuche starten. Dazu müssen Sie die App, die Sie gerade verwenden, nicht einmal verlassen.

Angenommen, Sie sehen auf YouTube ein Video und Ihnen gefällt das T-Shirt der Moderatorin. Mit Circle to Search können Sie das Kleidungsstück einkreisen und herausfinden, wo es erhältlich ist. Oder Sie erhalten ein Urlaubsfoto von einem Freund via WhatsApp. Einmal eingekreist wissen Sie schnell, wo er sich gerade aufhält. Auch Textstellen lassen sich markieren, um dazu direkt eine Suche im Internet zu starten. So geht's:

- Halten Sie die Home-Taste ❶ (siehe nächste Seite) gedrückt, bis die Google-Suche erscheint. Damit ist der Bildschirm eingefroren.
- Sie können nun in aller Ruhe mit dem Finger das Objekt umkreisen ❷, über das Sie mehr erfahren möchten. Bei kleineren Objekten oder Texten ist es einfacher, darüber zu kritzeln. Auch das funktioniert.
- Im unteren Bereich werden die Ergebnisse der Suche angezeigt. Sie können diese nach *Genauen Übereinstimmungen* oder *Visuellen Übereinstimmungen* ❸ filtern. Bei ersterem finden Sie nur Ergebnisse, die dem Bild exakt entsprechen, bei zweiterem optisch ähnliche Bilder oder Fotos aus einem anderen Blickwinkel. Wenn Sie wieder zur App zurückkehren möchten, tippen Sie auf das x-Symbol ❹.

Circle to Search aktivieren bzw. deaktivieren Sie unter *Einstellungen* ▶ *Anzeige* ▶ *Navigationsleiste* ▶ *Circle to Search*.

Samsung Browser

Auch der Internetbrowser von Samsung nutzt jetzt die Künstliche Intelligenz und bringt praktische neue Funktionen mit: **Übersetzen, Zusammenfassung** und **Highlights vorlesen**. Wie sich erahnen lässt, können damit fremdsprachige Webseiten übersetzt und die Kernaussagen langer Textpassagen kurz und prägnant aufgelistet werden.

Beim ersten Öffnen der App *Internet* (Samsung Browser) werden Sie auf die neuen Funktionen hingewiesen. Tippen Sie auf *Weiter* ❶. Tragen Sie oben in die Suchleiste eine Webadresse oder Ihre Suchanfrage ein.

- Tippen Sie unten auf der Navigationsleiste auf das Galaxy Ai-Symbol ❷. Falls die Leiste nicht angezeigt wird, streichen Sie auf dem Bildschirm vertikal leicht nach unten. Der Browsing-Assistent bietet Ihnen an, die Webseite zu übersetzen, zusammenzufassen ❸ oder die Highlights vorzulesen. Wählen Sie die gewünschte Option.
- **Übersetzen:** Oben sehen Sie in welche Sprache übersetzt wird. Durch Antippen kann die Sprache gewechselt werden. Wenn Sie die Seite wieder in Originalsprache anzeigen möchten, tippen Sie oben auf das Sprachen-Symbol ❹.

- **Zusammenfassung:** Die erstellte Zusammenfassung können Sie *Kopieren* ❺. Wenn Sie diese nicht mehr benötigen, tippen Sie auf die Zurück-Taste.
- **Vorlesen:** Beim Vorlesen der Highlights können Sie über die Leiste unten die Wiedergabe steuern (Wiedergabegeschwindigkeit, Zurückspulen, Pause, Vorspulen und Sprache wechseln) ❻.

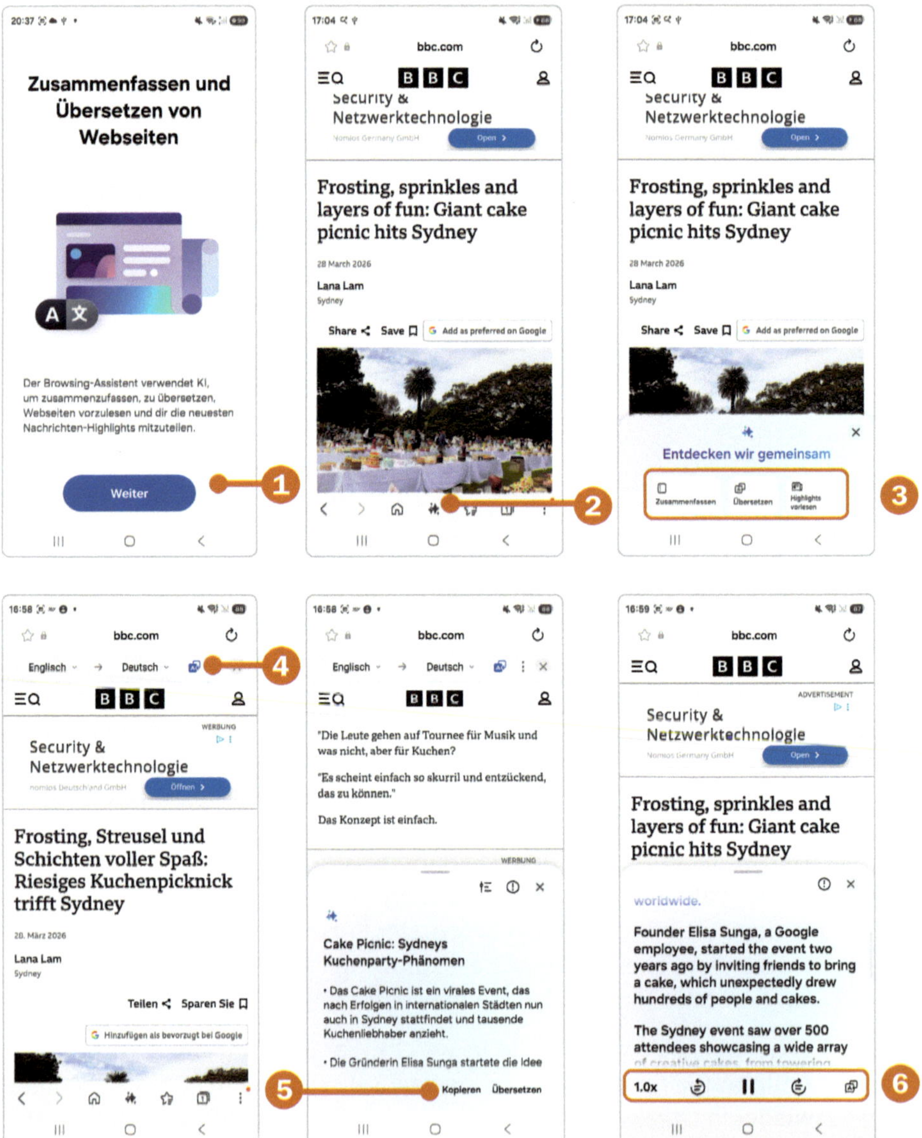

9.2 YouTube - das Videoportal

YouTube enthält alle Arten von Videos - sowohl informative als auch unterhaltende. Hier finden Sie Musikvideos, Tutorials (Anleitungen) zu allen möglichen Themen, Ausschnitte aus TV-Sendungen und vieles mehr. Die YouTube-Inhalte werden nicht auf ihre Richtigkeit überprüft und so kann jeder auch seine ganz persönlichen Ansichten der Welt mitteilen. Der Zuschauer muss selbst entscheiden, was er glauben möchte.

YouTube und auch die Personen (YouTuber, Influencer), die dort Videos hochladen, finanzieren sich durch Werbeeinblendungen. Aus diesem Grund sehen Sie am Anfang eines Videos und zum Teil auch als Videounterbrechung, Werbefilme. Das ist der Preis für das sonst kostenlose Angebot.

YouTube Premium: Während der Nutzung von YouTube wird Ihnen hin und wieder YouTube Premium angeboten. Dieses Angebot kostet nach Ablauf des Testzeitraums 12,99 € im Monat für Einzelpersonen. Dafür wird neben weiterer Vorteile keine Werbung mehr eingeblendet. Tippen Sie auf das *x* ❻ (Grafik vorige Seite) oder auf *Schließen*, um auf dieses Angebot zu verzichten.

YouTube starten

Die App ist auf Ihrem Gerät vorinstalliert. YouTube gehört zum Google-Konzern. Aus diesem Grund finden Sie die App im Google-Ordner.

- Öffnen Sie den Google-Ordner durch Antippen und wählen dann die App *YouTube*.
- Beim ersten Öffnen entscheiden Sie, ob YouTube Ihnen Benachrichtigungen schicken darf und ob der Wiedergabeverlauf aktiviert werden soll. Mit aktiviertem Wiedergabeverlauf erhalten Sie aufgrund Ihres bisherigen Sehverhaltens Videoempfehlungen. Diese werden in den Bereichen *Startseite* und *Shorts* angezeigt. Entscheiden Sie sich für *Verlauf deaktiviert lassen* ❶ erhalten Sie keine Vorschläge und müssen nach Videos, die Sie interessieren, suchen. Dafür ist die App übersichtlicher.

Video suchen und abspielen

- Verwenden Sie die Suchleiste ❷ oder tippen Sie rechts oben auf die Lupe ❸. Geben Sie Ihren Suchbegriff ein und wählen Sie entweder aus den Vorschlägen ❹ aus oder tippen Sie auf Ihrer Tastatur auf die Lupe rechts unten.

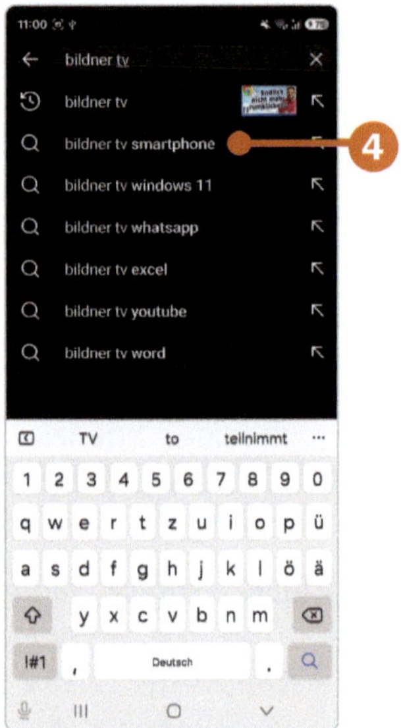

- Blättern Sie durch vertikales Wischen durch die Trefferliste. Wenn Ihnen ein Video zusagt, tippen Sie darauf 5. Das Video wird sofort gestartet. Vor vielen Videos wird zunächst Werbung eingeblendet. Diese können Sie oft nach fünf Sekunden einfach mit einem Tipp auf *Überspringen* 6 beenden.
- Falls das ausgewählte Video keinen Ton hat, kontrollieren Sie die Lautstärke durch Drücken der Lautstärketaste rechts am Handy. Dadurch wird an der Seite die Lautstärkeleiste eingeblendet. Allerdings ist auch nicht jedes YouTube-Video mit Ton hinterlegt.
- Wenn Sie das Video pausieren wollen, tippen Sie auf das Videobild und anschließend auf ⏸ 7. Wieder starten können Sie das Video mit ▶.
- Während das Video oben angezeigt wird, können Sie durch vertikales Wischen in der Trefferliste weiterstöbern. Mit der Zurück-Taste < gelangen Sie wieder zum Suchfeld. Das Video wird nicht beendet, sondern im unteren Bereich eingeblendet. Um das aktuelle Video zu schließen, tippen Sie auf 8 *x*.

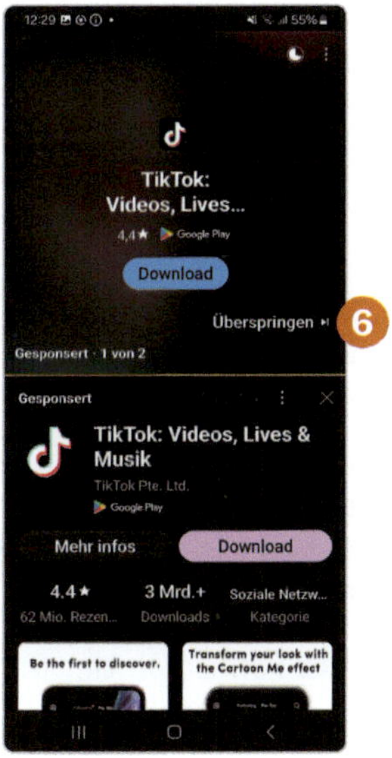

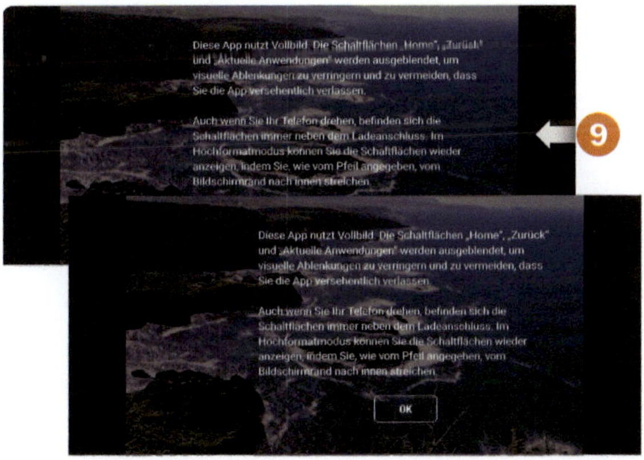

Wenn Sie die YouTube-App schließen, wird auch das Video beendet. Sie können also beispielsweise keine Musik hören und zeitgleich in anderen Apps aktiv sein. Das ist nur mit dem kostenpflichtigen Premium-Konto möglich.

- **Videos im Querformat:** Damit das Video den gesamten Bildschirm ausfüllt, drehen Sie das Smartphone einfach ins Querformat. Das Video wechselt dadurch automatisch in den Vollbildmodus. Wenn Sie das Handy wieder im Hochformat halten, rutscht das Video automatisch ins obere Drittel des Displays zurück.

  Beim ersten Drehen werden Sie darauf hingewiesen, dass die Navigationsleiste abgeblendet wird. Streichen Sie einmal von der Seite nach innen ⑨ (Abbildung oben), um die Navigationsleiste anzuzeigen, und tippen Sie dann auf *OK*. Dies passiert nur beim ersten Mal, um Sie auf diesen Umstand hinzuweisen. Wenn die Navigationsleiste nicht angezeigt wird, streichen Sie mit dem Finger vom Rand des Bildschirms nach innen und zwar von der Seite, an der sich die Multifunktionsbuchse für den Anschluss des Ladegeräts befindet.

  Der Bildschirm dreht nicht: Sollte sich der Bildschirm nicht automatisch drehen, gehen Sie so vor: Öffnen Sie die Schnelleinstellungen, indem Sie vom oberen Bildschirmrand mit zwei Fingern nach unten wischen. Suchen Sie die Option *Porträt* ⑩ und tippen Sie darauf. Dadurch wird *Bildschirm drehen* ⑪ aktiviert. Über diesen Weg können Sie jederzeit das Drehen des Bildschirms auch wieder verhindern. Tippen Sie länger auf die Kachel, um auch die Startbildschirm-Drehung ⑫ zu aktivieren.

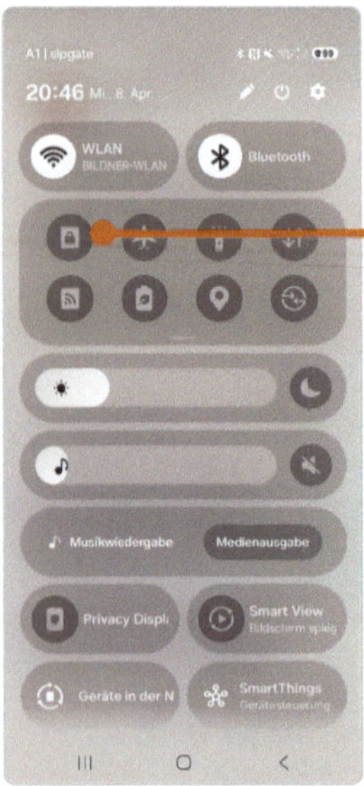

Bildschirm dreht nicht

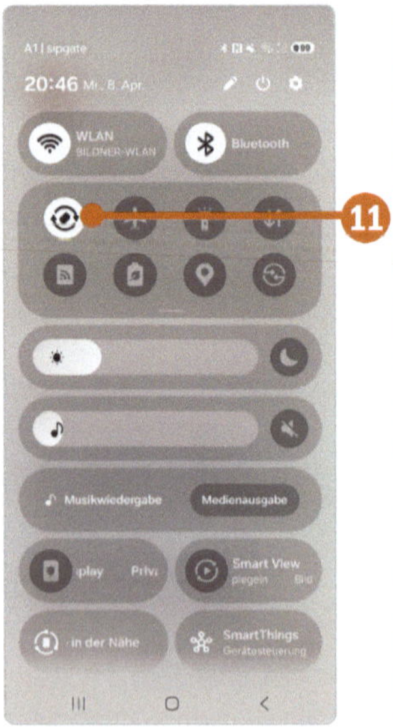

Bildschirm dreht

Startbildschirm drehbar

10 Verbindungen herstellen

Das Smartphone lässt sich für verschiedene Zwecke mit unterschiedlichen Geräten verbinden: Über Bluetooth koppeln Sie Geräte, wie die Freisprechanlage im Auto, einen Bluetoothkopfhörer oder Musiklautsprecher. Um im Internet mit dem Smartphone zu surfen, ohne Ihr Datenvolumen zu belasten, benötigen Sie eine Verbindung zum WLAN-Router und mittels USB-Kabel können Bilder vom Handy auf den PC übertragen werden.

10.1 Smartphone mit einem WLAN verbinden

Bei der Ersteinrichtung haben Sie schon eine Verbindung zu Ihrem WLAN Zuhause hergestellt. Sie können sich aber auch bei Freunden, im Hotel, oder unterwegs in öffentlichen Hotspots mit dem vorhandenen WLAN verbinden.

- Tippen Sie auf *Einstellungen* und wählen Sie *Verbindungen* und dann *WLAN* aus. Die WLAN-Funktion muss am Smartphone eingeschaltet sein ❶. Es erscheint eine Liste aller verfügbaren Netzwerke in der Umgebung.

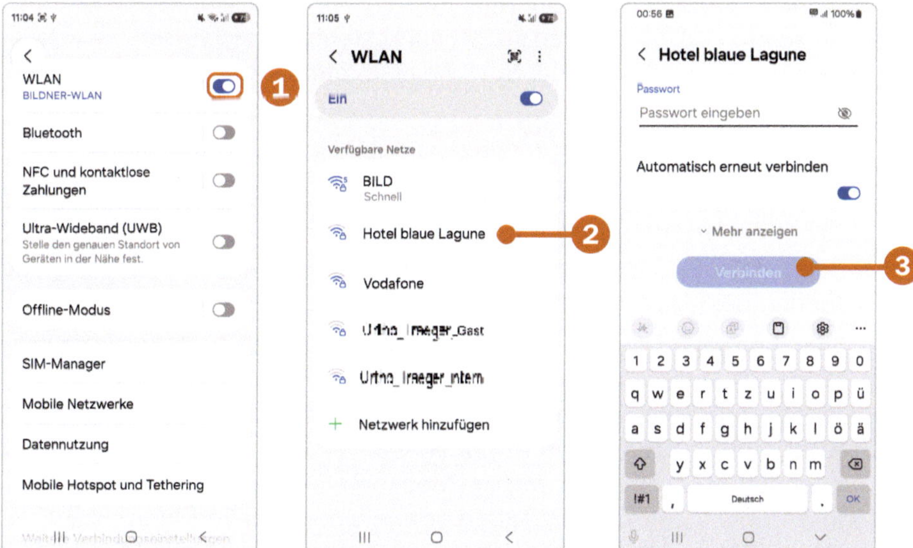

- Tippen Sie das gewünschte WLAN ❷ an. Für den Zugang zu Netzwerken, die mit einem Schloss gekennzeichnet sind, benötigen Sie ein Kennwort. Geben Sie dieses ein und tippen Sie dann auf *Verbinden* ❸. Über das Auge-Symbol können Sie sich das von Ihnen eingetippte Passwort anzeigen lassen. Durch die aktivierte Option *Automatisch erneut verbinden*, wird das Smartphone automatisch wieder mit dem WLAN verbunden, wenn Sie erneut in der Nähe sind.
- WLAN-Netze ohne Schloss-Symbol sind öffentlich. Diese gibt es z. B. in der Bahn, an Flughäfen oder in Einkaufszentren. Hier benötigen Sie kein Kennwort. Sie müssen allerdings meist deren Nutzungsbedingungen akzeptieren. Dazu öffnet sich nach Verbindungsaufbau eine Webseite in Ihrem Browser. Erst dann können Sie das WLAN nutzen.

Profitipp: Sicheres WLAN

Öffentliche WLAN-Verbindungen, z. B. in Zügen oder Cafés, sind in der Regel unverschlüsselt, d. h. die übertragenen Daten könnten von Dritten mitgelesen oder manipuliert werden. Aus diesem Grund sollten Sie beispielsweise in einem öffentlichen Netz (Hotspot) kein Online-Banking erledigen.

Mit der Funktion *Sicheres WLAN* werden Ihre Daten verschlüsselt und damit geschützt. Sie benötigen zur Nutzung der Funktion ein Samsung-Konto. Dann werden 1.024 MB Daten pro Monat kostenfrei verschlüsselt. Sie aktivieren die Schutzfunktion vor der Nutzung eines öffentlichen WLANs wie folgt:

- Öffnen Sie *Einstellungen* ⚙ ▶ *Sicherheit und Datenschutz* ▶ *Weitere Sicherheitseinstellungen* und wählen *Sicheres WLAN*. Tippen Sie auf *Fortsetzen* ❶ (siehe nächste Seite). Falls hier *Anmelden* steht, sind Sie noch nicht mit Ihrem Samsung-Konto am Smartphone angemeldet.
- Beim ersten Mal müssen Sie den AGB zustimmen und die Berechtigung für den Gerätestandort erteilen. Tippen Sie nochmals auf *Fortfahren*.
- Durch Antippen von *Schützen* ❷ aktivieren Sie die Verschlüsselung Ihrer Daten. Da ja nur ein begrenztes Datenvolumen pro Monat kostenlos zur Verfügung steht, sollten Sie, wenn Sie das öffentliche WLAN (Hotspot) nicht mehr nutzen, durch Antippen von *Anhalten* ❸, auch den Schutz beenden. Hier sehen Sie, wie viel Megabyte Sie bereits von Ihren kostenlosen *1024 MB* ❹ genutzt haben bzw. wie noch zur Verfügung steht.
- Unter *WLAN autom. schützen* lässt sich festlegen, wann der Schutz greifen soll und welche Netzwerke als vertrauenswürdig eingestuft werden.

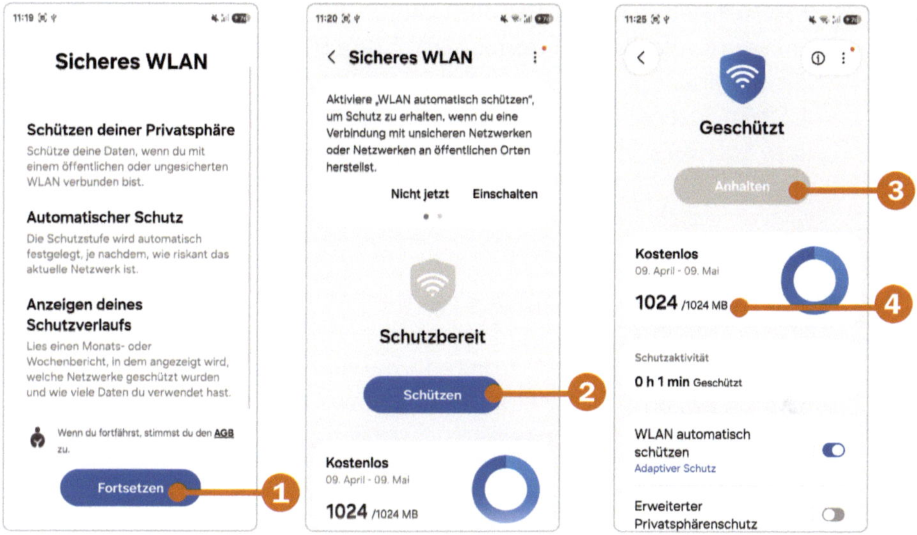

10.2 Smartphone mit dem PC verbinden

Das Smartphone lässt sich ganz einfach mit dem PC verbinden. Dazu brauchen Sie nur ein USB-Kabel, das Sie in der Regel in der Verpackung Ihres Smartphones finden. Gründe für eine Verbindung zum PC könnten sein:

- **Speicher aufräumen:** Wenn der Smartphonespeicher voll ist, sollte man vor allem Medien, wie Fotos oder Videos, vom Smartphone löschen. Damit diese aber nicht ganz verloren sind, kann man sie vorher auf den PC übertragen.
- **Sicherungskopien erstellen:** Fotos, Videos oder andere Dateien können zur Sicherheit auf den PC kopiert werden, vor allem wenn man keinen Cloud-Speicher verwenden möchte. So sind die wichtigsten Daten gesichert, sollten Sie das Gerät verlieren oder Ihr Smartphone plötzlich nicht mehr funktionieren.
- **Musik kopieren:** Wer nicht auf Musik-Streaming-Dienste, z. B. YouTube oder Spotify, zurückgreifen möchte, kann sich Musikstücke vom PC auf das Smartphone kopieren, um sie dann ohne Werbeunterbrechungen oder zusätzliche Kosten anzuhören.

- **Lokales Back-up speichern:** Um alle Daten, z. B. Dateien, SMS, Kontakte, Termine etc., die sich auf dem Smartphone befinden, zu sichern, sollten Sie regelmäßige Back-ups machen. Sie können hierzu entweder einen USB-Stick verwenden oder Ihren Computer. Dazu muss nur die kostenlose Software Smart Switch auf den PC geladen werden.

Bilder auf den PC übertragen

1 Verbinden Sie das Smartphone mit dem mitgelieferten Kabel über den USB-Port mit Ihrem PC oder Laptop. Wir setzen hier voraus, dass Sie mit einem Windows11-Gerät arbeiten. Standardmäßig erscheint nun die Meldung ❶, dass das Telefon zum Laden verbunden ist.

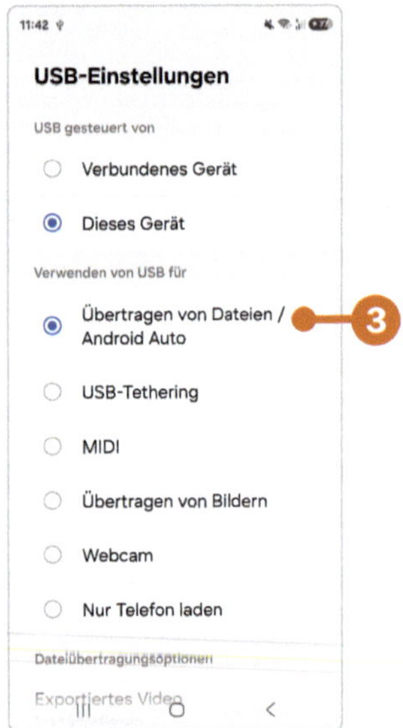

2 Wechseln Sie nun zu den Benachrichtigungen und tippen Sie die Meldung der *USB-Optionen* ❷ an. Mit *Übertragen von Dateien* und *Übertragen von Bildern* erlauben Sie den Zugriff auf Ihre Bilder durch den PC. *MIDI* verbindet Musikinstrumente, mit *USB-Tethering* erlauben Sie dem angeschlossenen Gerät die Internetverbindung des Handys zu nutzen und mit *Webcam* nutzen Sie die Handykamera als Computer-Webcam. Wählen Sie *Übertragen von Dateien* ❸ und geben Sie zur Bestätigung nochmals Ihren Entsperrcode (PIN, Passwort, Muster etc.) ein.

3 Öffnen Sie am PC den Datei-Explorer und klicken Sie links im Navigationsbereich unter *Dieser PC* auf Ihr Gerät. Dadurch wird der Interne Speicher des Handys rechts angezeigt. Klicken Sie diesen doppelt an, um dessen Inhalt anzuzeigen.

- **Kopieren von Handy-Fotos auf den PC:** Klicken Sie den Ordner *DCIM* ❹ doppelt an und dann den Ordner *Camera*. Hier werden alle Fotos angezeigt, die Sie mit dem Smartphone geknipst haben. Bilder, die Sie über WhatsApp erhalten haben, sind nicht in diesem Ordner.
- **Kopieren von Musikdateien auf das Smartphone:** Wenn Sie Musik auf Ihrem PC oder Laptop gespeichert haben, die Sie gerne auch auf dem Handy hören möchten, dann kopieren Sie die Daten in den Ordner *Music* ❺.

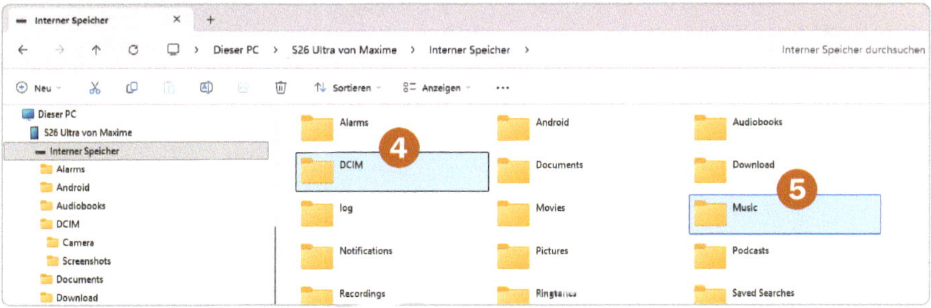

10.3 Zubehör über Bluetooth koppeln

Bluetooth ist eine Methode zur Datenübertragung via Funk zwischen zwei Geräten, die nicht weiter als zehn Meter voneinander entfernt sind. Damit können Sie verschiedene Geräte kabellos miteinander verbinden, beispielsweise Ihr Smartphone mit Bluetoothkopfhörern oder einem -lautsprecher, um Musik vom Handy zu übertragen.

So verbinden Sie ein Gerät via Bluetooth

- Öffnen Sie *Einstellungen* ▶ *Verbindungen* ▶ *Bluetooth*. Schalten Sie Bluetooth ggfs. ein ❶.
- Es wird nun nach Geräten gescannt, die sich in der Nähe befinden und eine Liste mit *Verfügbaren Geräten* angezeigt. Falls Ihres nicht dabei ist, tippen Sie nochmals auf *Scannen* rechts oben. Das Gerät, welches Sie verbinden möchten, muss sich im Kopplungsmodus befinden, d. h. beispielsweise, dass der Bluetoothlautsprecher eingeschaltet ist, das Ladeetui der Kopfhörer muss geöffnet sein, etc.

- Tippen Sie auf das gewünschte Gerät ❷, um dieses mit Ihrem Smartphone zu koppeln. Bei manchen Geräten bestätigen Sie mit *Verbinden* ❸, bei anderen mit *Koppeln*. Falls Sie ein Samsung-Geräte koppeln, wird die App Wearable angezeigt, aber auch für die meisten anderen Bluetooth-Geräte gibt es mittlerweile eigene Apps mit zusätzlichen Funktionen, wie Hörprofil, Geräuschunterdrückung und Geräte-Updates.

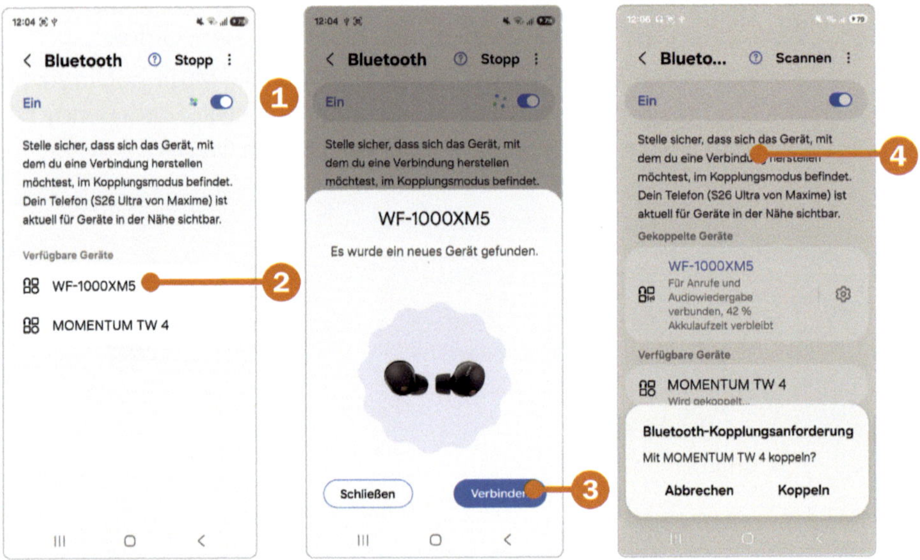

Grundsätzlich bleiben alle Geräte, die in Verwendung sind, gekoppelt. Sie schalten das Gerät nur ab oder legen die Ohrhörer in das Etui zurück. Beim nächsten Gebrauch eines gekoppelten Geräts ❹, muss nur Bluetooth aktiviert und das Gerät eingeschaltet sein, dann wird es automatisch verbunden.

Gerät entkoppeln

Die Verbindung entkoppeln Sie beispielsweise, wenn das Gerät entsorgt oder verschenkt wird. Durch die Entkopplung wird es aus der Liste der *Verfügbaren Geräte* entfernt.

Dazu tippen Sie auf das Zahnrad ⚙ neben dem Gerätenamen und wählen *Entkoppeln* ❺ und bestätigen nochmals mit *Entkoppeln*. Mit *Trennen* unterbrechen Sie die Bluetoothverbindung zum Gerät. Dieses bleibt aber verfügbar und kann jederzeit wieder verbunden werden.

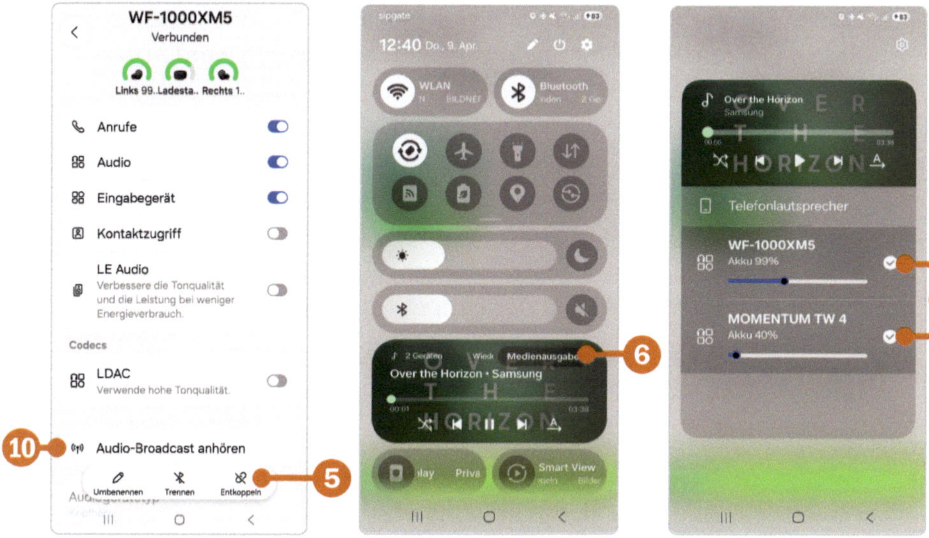

Mit mehreren Geräten gleichzeitig verbinden - Dual Audio und Audio-Broadcast

Mit Ihrem Galaxy-Smartphone können Sie zwei Bluetooth-Geräte verbinden, um Ton gleichzeitig über zwei Kopfhörer wiederzugeben. Verbinden Sie hierzu im ersten Schritt, wie gezeigt beide Bluetooth-Geräte. Im nächsten Schritt rufen Sie die Schnelleinstellungen auf, tippen dort auf *Medienausgabe* ❻ und setzen dann bei beiden Kopfhörern den Haken ❼.

Neben dieser *Dual Audio* genannten Option, steht Ihnen auch die neuste Bluetooth-Funktion zur Verfügung, der *Audio-Broadcast* ❽. Hierbei handelt es sich um eine Ton-Ausstrahlung via Bluetooth, die, ähnlich wie Radio, Inhalte eines Senders an eine Vielzahl von Empfängern gleichzeitig überträgt. Genutzt werden kann dies beispielsweise an Flughäfen, um wichtige Mitteilungen an Passagiere zu senden, in Museen als Ersatz für Audio-Guides oder privat um Musik mit mehreren Personen zu teilen. Selbst eine Verbindung zu modernen Hörgeräten ist möglich, um Menschen mit eingeschränkten Hörvermögen z. B. Durchsagen am Bahngleis zur Verfügung zu stellen.

So starten Sie selbst einen Audio-Broadcast

- Öffnen Sie *Einstellungen* ▶ *Verbundene Geräte* ▶ *Audio-Broadcast*, in der Regel befinden sich unten direkt im Reiter *Teilen*.
- Entscheiden Sie nun, mit welchem Namen der Broadcast angezeigt werden soll, ob ein Passwort benötigt wird und ob Sie Ihre eigene Stimme aufnehmen oder Medien, wie Musik, wiedergeben möchten.

- Tippen Sie anschließend auf ((ᵢ)) 9 wird ein Audiosignal ausgestrahlt, das von Hörern mit kompatiblen Geräten empfangen werden kann.

Audio-Broadcast empfangen und anhören

Um einen Audio-Broadcast hören zu können, benötigen Sie ein Bluetooth-Gerät, das mindestens den Standard 5.2 erfüllt und über die Funktion Auracast verfügt. Die technischen Daten finden Sie meist im Handbuch oder auf der Website des Herstellers. Am Handy sehen Sie, ob Ihr verbundenes Bluetooth-Gerät geeignet ist, anhand des Eintrags *Audio-Broadcast anhören* 10.

- Tippen Sie nun entweder in den *Einstellungen* ▶ *Verbundene Geräte* unter *Audio-Broadcast* auf *Hören* 11 oder in den Bluetooth-Einstellungen auf *Audio-Broadcast anhören*.
- Wählen Sie den gewünschten Audiostream 12 aus. Hier sehen Sie, wer sendet und was aktuell wiedergegeben wird. Sollte die Verbindung nicht auf Anhieb hergestellt werden können, überprüfen Sie, ob unter ▼ 13 Ihr Kopfhörer angezeigt wird und wählen Sie diesen ggf. noch aus. Der Sender kann auch einen QR-Code zur Verfügung stellen. Scannen Sie diesen 14, so verbinden Sie sich direkt mit dem Audiostream.
- Mit ❚❚ 15 pausieren Sie die Wiedergabe, mit ✕ trennen Sie die Verbindung zum Broadcast wieder.

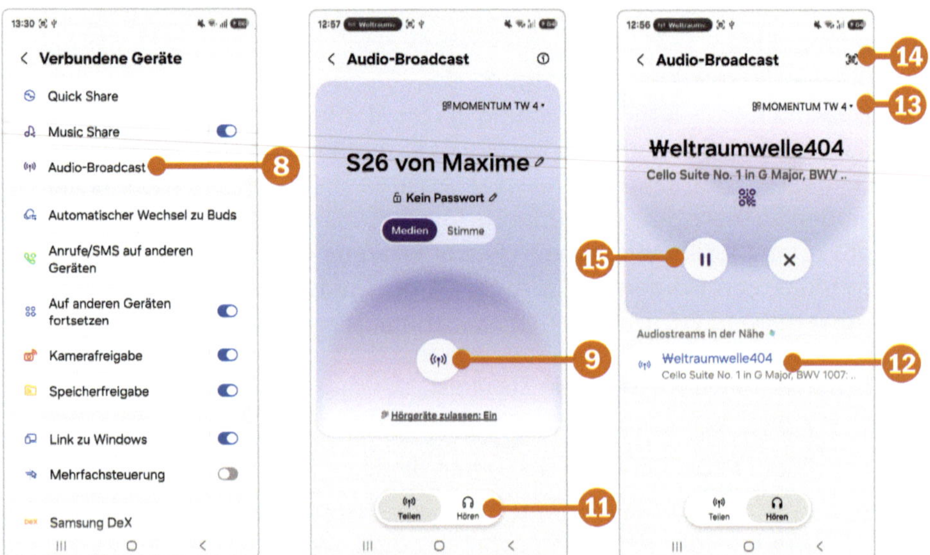

10.4 Quick Share

Bei Quick Share handelt es sich um eine ebenfalls drahtlose Methode des Datentransfers, um etwa Bilder, Videos, Dokumente, sehr schnell und ohne Internetverbindung direkt an andere Geräte in der Nähe zu senden. Hierfür wird via Bluetooth und Wi-Fi Direct eine Verbindung zwischen zwei Geräten aufgebaut.

Dateien mit Quick Share versenden

- Öffnen Sie Ihre Galerie, zeigen Sie das Bild in der Einzelansicht an und wählen Sie *Senden* <.
- Im nächsten Schritt können Sie sowohl *Quick Share* ❶ als auch *Gmail*, *WhatsApp* usw. auswählen. Der Vorteil von ist *Quick Share* ist, dass diese Technologie mit allen anderen Android-Smartphones und Chromebooks interoperabel ist und keine Verbindung zum Internet benötigt wird. Mit Ihrem Samsung Galaxy S26 können Sie sogar an Apple-Geräte, wie iPhones oder MacBooks, Daten transferieren. Denn unteranderem dank EU-Richtlinien, wie den Digital Markets Act, werden *Quick Share* und Apples *AirDrop* nun untereinander kompatibel.

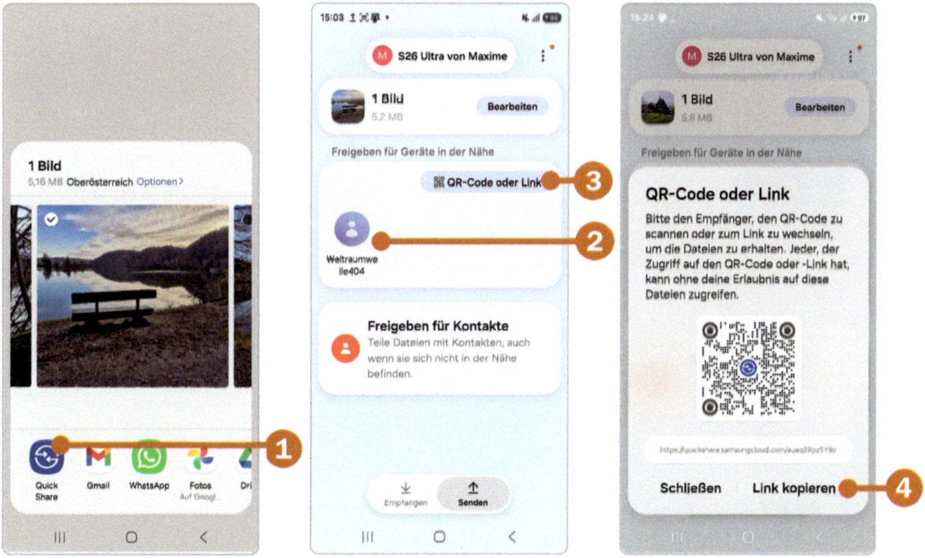

- Tippen Sie nun auf *Quick Share*, so erscheint eine Liste von Geräte in der Nähe ❷, für die Sie die Datei freigeben können.

- Sollte der gewünschte Empfänger nicht auftauchen, so lässt sich auch ein Link oder QR-Code ❸ erstellen, den die andere Person scannen kann, um die Verbindung manuell aufzubauen oder die Datei herunterzuladen. So versendete Daten ❹ werden ggf. auch in die Samsung Cloud geladen und verbleiben dort in etwa 2 Tage. Jeder, der über den Link verfügt, kann diese Daten dann herunterladen. Im *Link Sharing-Verlauf* ❺ lässt sich die Freigabe jedoch vorzeitig wieder beenden.
- Die Übertragung startet sobald der Empfänger die Anfrage akzeptiert.

Quickshare aktivieren, um Dateien zu empfangen

- Tippen Sie im Kontrollzentrum auf *Quick Share* und wechseln Sie zum Reiter *Empfangen*. Sie sind nun bereit Dateien zu erhalten.
- Sollte Ihr Gerät für den Sender nicht sichtbar sein, tippen Sie auf den Namen Ihres Smartphones ❻ und wählen Sie unter *Wer kann etwas für dich freigeben* ❼ ▶ *Jeder (nur 10 Minuten)* ❽.
- Sie nehmen eine Sendungsanfrage mit *Annehmen* ❾ an.

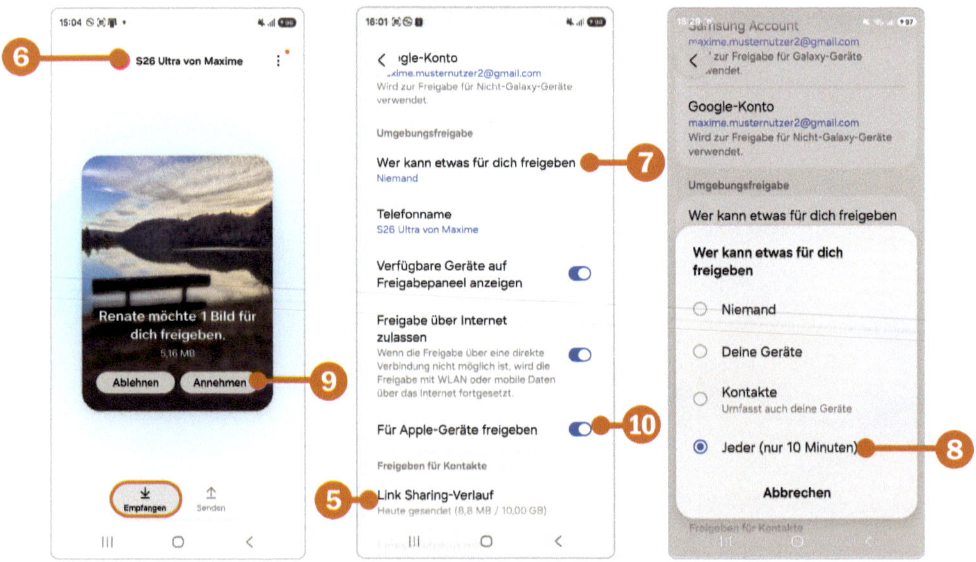

Ist die Funktion *Für Apple-Geräte freigeben* ❿ eingeschaltet, wird während der Freigabe und des Versendens die Verbindung zum Internet via WLAN eingeschränkt.

11 Unterwegs und im Urlaub

11.1 Navigation mit Google Maps

Google Maps ist auf Ihrem Handy vorinstalliert, kostenlos und absolut ausreichend, wenn Sie bei der Navigation zu Fuß oder im Auto Unterstützung benötigen. Die App berechnet die beste Route zu Ihrem Wunschziel und achtet dabei sogar auf die aktuelle Verkehrslage. Damit das funktioniert, müssen Sie Google erlauben Ihren Standort zu ermitteln.

☛ Öffnen Sie *Maps* im Ordner *Google* auf Ihrer Startseite.

- Kontrollieren Sie in den Schnelleinstellungen, ob die **Standortermittlung** auf Ihrem Smartphone aktiviert ist: Wischen Sie mit dem Finger vom oberen rechten Bildschirmrand nach unten und überprüfen Sie, ob der Zugriff auf den *Standort* ❶ aktiviert ist. Falls nicht, tippen Sie das Symbol an.
- **Maps erlauben, den Gerätestandort abzurufen:** Jetzt müssen Sie noch sicherstellen, dass Maps die Berechtigung hat, auf Standortinformationen zuzugreifen. Beim Antippen von / sollte Ihr aktueller Standort auf der Karte angezeigt werden.

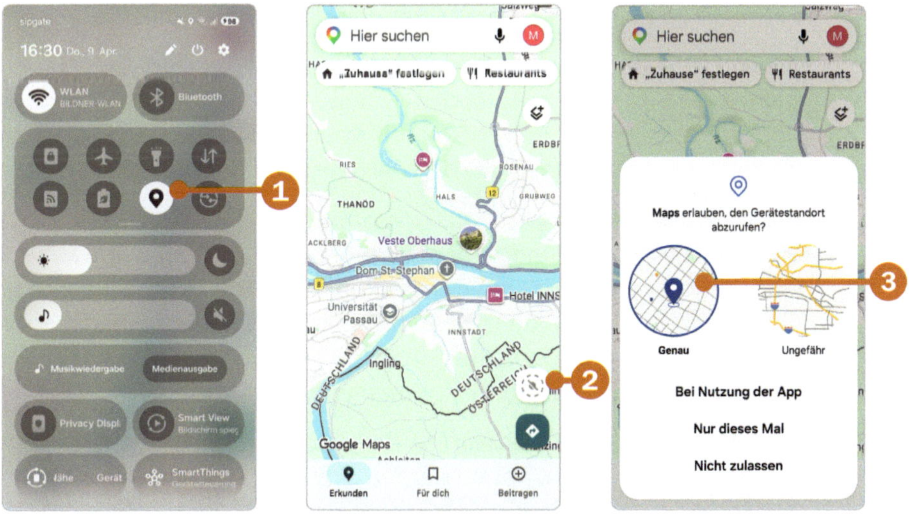

Wird dieses Symbol / ❷ angezeigt, erhalten Sie beim Antippen eine Zugriffsabfrage, da Google Maps nicht die erforderliche Berechtigung hat. Wählen Sie dann die Option *Genau* ❸ und *Bei Nutzung der App*. Außerdem möchte Google, dass Sie die **Google Standortdienste** nutzen. Bestätigen Sie mit *Ok*, andernfalls können Sie Maps nicht verwenden.

Eine Route festlegen

- **Ziel auswählen:** Geben Sie in der Suchleiste ❶ (siehe nächste Seite) die Zieladresse ein. Beginnen Sie mit der Straße, dann die Hausnummer gefolgt vom Ort. Tippen Sie auf die Lupe auf der Tastatur, um den gesuchten Ort auf der Karte anzuzeigen. Meist müssen Sie gar nicht alles eingeben, da Sie in der Trefferliste schon passende Vorschläge erhalten. Tippen Sie diesen dann an.

  Bei langen Straßen ist es sinnvoll, die Hausnummer einzugeben. Wenn Sie einen Vorschlag verwenden möchten, tippen Sie bei diesem auf *Hausnummer hinzufügen* ❷. Der Vorschlag wird ins Suchfeld übernommen und Sie können dann sofort die Hausnummer eintippen. Danach verwenden Sie wieder das Lupen-Symbol auf der Tastatur.

- **Route bestimmen:** Tippen Sie links unten auf *Route* ❸. Google Maps zeigt Ihnen die schnellste Route unter Berücksichtigung der Verkehrslage in blauer Farbe an. Der Kartenausschnitt beinhaltet mehrere Routen (alternative Routen sind grau dargestellt). Wählen Sie eine andere Route aus, indem Sie auf diese tippen. Unten sehen Sie für die ausgewählte Route die zu fahrenden (Kilo-)Meter und die aktuelle Fahrzeit ❹.

- **Wie bin ich unterwegs?** Zur Bestimmung der besten Route ist natürlich auch wichtig, ob Sie mit dem Auto, dem Fahrrad oder gar zu Fuß unterwegs sind. Zur Auswahl des Verkehrsmittels tippen Sie das passende Symbol ❺ an; das kann selbstverständlich die Streckenführung beeinflussen.

- **Startpunkt manuell festlegen:** Durch die Standortfreigabe ermittelt Maps Ihre aktuelle Position und zeigt die Route beginnend bei Ihrem aktuellen Standort an. Falls das nicht so ist, könnte Google unter Umständen die Berechtigung für den Standort fehlen (siehe Seite 94). Natürlich kann auch ein anderer Startpunkt gewählt werden. Tippen Sie auf *Mein Standort* ❻ und geben Sie einen anderen Ort ein.

- **Navigation beginnen und beenden:** Mit der Schaltfläche *Starten* ❼ beginnen Sie die Navigation. Neben der Anzeige am Bildschirm ertönt dann auch eine Stimme, die die Abzweigungen rechtzeitig und mehrfach nennt. Eventuell müssen Sie die Lautstärke am Smartphone anpassen. Zum Abbrechen der Navigation tippen Sie unten links auf *x*.

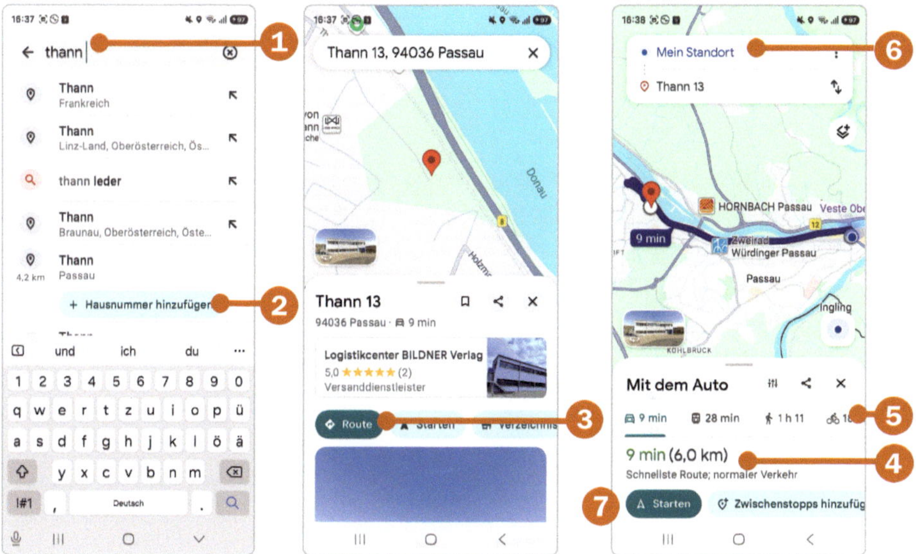

Offlinewegbeschreibungen

Bei Verbindungsproblemen und vor allem im Urlaub sind Offlinekarten toll. Damit laden Sie die Wegbeschreibung einfach auf Ihr Smartphone und sind damit unabhängig.

- **Kartenausschnitt herunterladen:** Geben Sie einen Ort ein, für den und dessen Umgebung Sie eine Offlinekarte benötigen. Tippen Sie unten auf den Bereich mit dem Ortsnamen ❶. Anschließend wischen Sie von rechts nach Links über die Optionen bis ••• *Mehr* ❷ erscheint und wählen hier *Offlinekarte herunterladen*.

  Sie können jetzt mit dem Finger den Kartenausschnitt verschieben, um andere Orte einzubeziehen. Außerdem können Sie den angezeigten Bereich etwas kleiner zoomen (Daumen und Zeigefinger auf der Karte aufeinander zu bewegen), um weitere Gebiete in den Download aufzunehmen. Dieser wird dadurch größer. Wie viele Megabyte (MB) heruntergeladen werden, sehen Sie unten. Bestätigen Sie den Download nochmals mit *Herunterladen* ❸.

- Die Offlinekarte wird automatisch verwendet, wenn Sie über keine Internetverbindung verfügen. In diesem Fall erhalten Sie keine Informationen zur Verkehrslage und auch keine zu Fahrrad- oder Fußwegen.

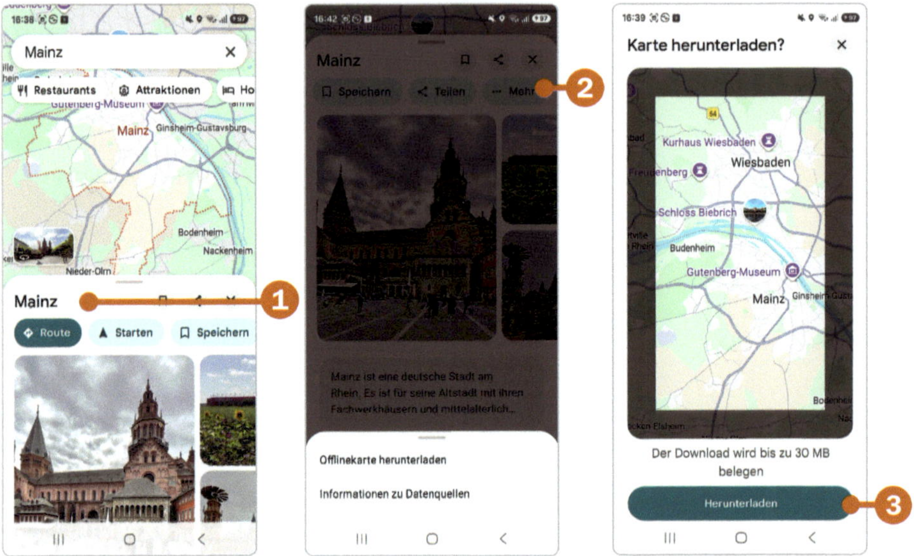

- **Offlinekarte verwalten:** Zur Anzeige von Offlinekarten, tippen Sie in Maps rechts oben auf Ihr Profilsymbol ❹ und wählen *Offlinekarten* ❺ aus.

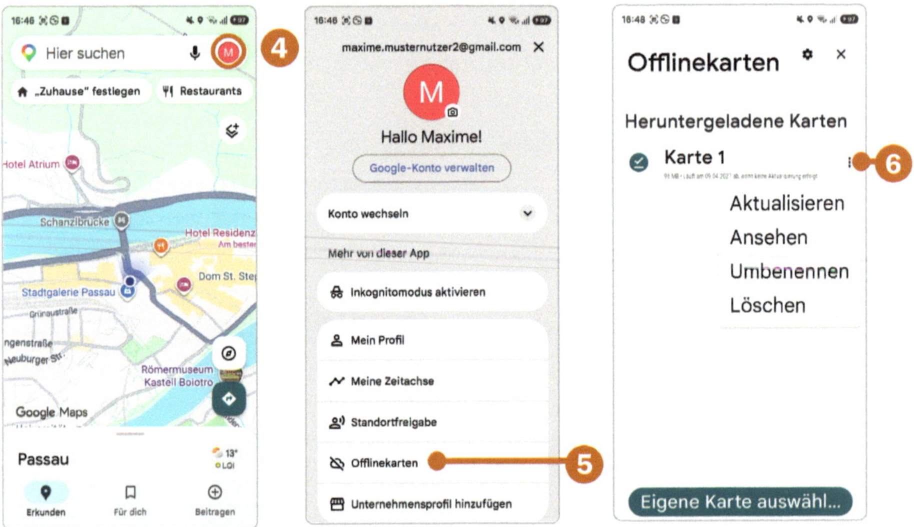

- Um eine heruntergeladene Karte zu aktualisieren, zu löschen, umzubenennen oder anzuschauen, tippen Sie auf das Drei-Punkte-Symbol ❻ hinter der heruntergeladenen Karte und wählen den entsprechenden Befehl aus. Heruntergeladene Karten sind 365 Tage lang offline verfügbar. Wenn sie aktualisiert werden, beginnt die Frist von neuem zu laufen. Karten die Sie verwenden, werden automatisch bei bestehendem WLAN aktualisiert.

- Den Vorschlag, eine *Lokale* Karte herunterzuladen, können Sie direkt annehmen, um eine Karte Ihres aktuellen Standorts zu speichern. Ansonsten lässt sich auch mit *Eigene Karte auswählen* ein frei wählbarer Kartenausschnitt auf Ihr Handy herunterladen.

11.2 Mit der Bahn verreisen

Für eine Reiseauskunft muss man nicht immer zum Bahnhof. Sie können die Informationen schnell im Internet nachschlagen. Wer öfter mit der Bahn verreist, kann auch die App der Deutschen Bahn herunterladen.

- Geben Sie, wie auf Seite 181 beschrieben, den Suchbegriff *Bahn* in die Google-Suchleiste ein und öffnen Sie die Webseite.

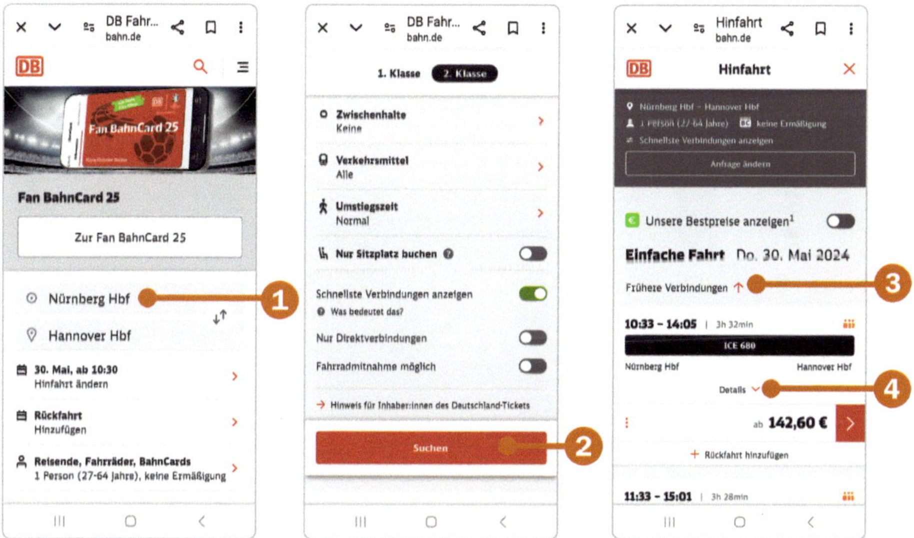

- Auf der Startseite sehen Sie sofort die Reiseeingabefelder (Abfahrts- und Ankunftsort, Datum und Uhrzeit). Geben Sie in die Felder die entsprechenden Details ein ❶. Start- und Zielbahnhof, Datum und Uhrzeit, Anzahl der Reisenden, Erwachsene oder Kinder, Bahncard-Auswahl, etc. Wählen Sie das Passende aus.

- Bestätigen Sie Ihre Eingaben mit *Suchen* ❷.

- Es wird eine Liste mit verschiedenen Abfahrten angezeigt. Tippen Sie auf *Früher* ❸ oder *Später*, um sich Informationen von vorherigen bzw. kommenden Abfahrten anzeigen zu lassen.
- Wenn Sie auf *Details einblenden* ❹ tippen, werden Ihnen weitere Informationen angezeigt. Über *Zwischenhalte einblenden* sehen Sie, wo und wann der Zug auf der Strecke hält.

11.3 Bildschirm vor neugierigen Blicken schützen

Mit der Funktion Privacy Display wird die Sichtbarkeit der Bildschirminhalte aus seitlicher Blickrichtung eingeschränkt. Im Klartext bedeutet das, dass Ihr Platznachbar im Zug, Wartezimmer oder Café Inhalte auf Ihrem Bildschirm schwerer mitlesen kann. Immer wenn Sie das Gefühl haben, hier schaut Ihnen gerade jemand zu sehr über die Schulter, können Sie die Funktion aktivieren. Allerdings steht diese nur für das S26 Ultra zur Verfügung.

Aktivierung und weitere Optionen finden Sie unter *Einstellungen* ▶ *Anzeige* ▶ *Privacy Display*.

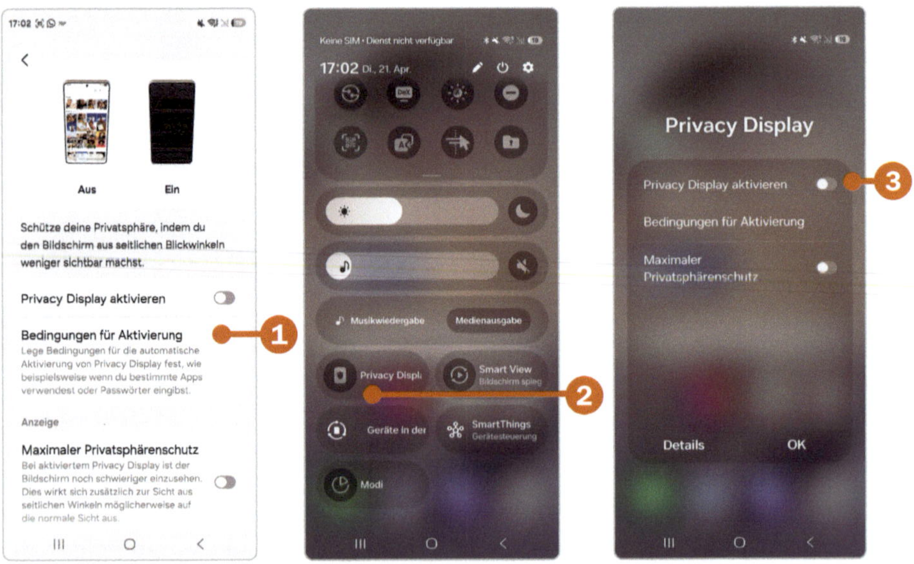

Unter *Bedingungen für die Aktivierung* ❶ können Sie festlegen, dass Privacy Display bei Verwendung von ausgewählten Apps eingeschaltet oder dass er nur auf Benachrichtigungs-Popups angewendet wird.

Am einfachsten aktivieren Sie Privacy Display in den Schnelleinstellungen. Hier wählen Sie *Privacy Display* ❷ aus und schalten diesen durch Antippen des Schalters ❸ ein. Bestätigen Sie mit *Ok*.

Der *Maximale Privatsphärenschutz* verstärkt den Effekt; allerdings können die Einschränkungen dann auch für Sie selbst sichtbar werden. Letztendlich bietet keiner der beiden Modi vollkommenen Schutz vor neugierigen Blicken.

Da Privacy Display den Bildschirm leicht abdunkelt, empfehlen wir, die Funktion nicht dauerhaft zu verwenden, sondern nur bei Bedarf zu aktivieren.

11.4 Sprachbarrieren überwinden

Oft hilft man sich mit Händen und Füßen, wenn man die Landessprache nicht beherrscht. Die Dolmetscher-App kann hier eine Menge zur einfacheren Verständigung beitragen.

- Öffnen Sie den App-Bildschirm und wählen Sie *Dolmetscher* ❶ aus. Sie finden die Anwendung mithilfe der Suchfunktion .
- Beim ersten Öffnen müssen Sie einige Berechtigungen zulassen. Tippen Sie auf *Fortsetzen* und dann jeweils auf *Zulassen* und *OK*.
- Wählen Sie für sich ❷ und Ihr Gegenüber ❸ die passenden Sprachen aus. Hier können Sie auch, falls nötig, ein Sprachpaket herunterzuladen. Tippen Sie ggf. auf *Sprachen hinzufügen* ❹ (siehe dazu Seite 52).
- Um eine Unterhaltung zu beginnen, tippen Sie auf die Mikrofontaste ❺ und stellen Ihre Frage. Die Frage erscheint im Fenster.
- Die andere Person muss nicht auf die Mikrofontaste drücken. Da eine Antwort erwartet wird, leuchtet das Mikrofon blau ❻ und nimmt somit auf. Die Antwort des anderen wird ebenfalls angezeigt. Für eine Anschlussfrage müssen Sie erneut auf Ihr Mikrofonsymbol tippen.

Ansicht ändern: Damit die andere Person auch mitlesen kann, können Sie durch Antippen der Schaltfläche *Anzeigemodus ändern* ❼ den Fremdsprachentext um 180° drehen.

App-Symbol anzeigen: Tippen Sie links oben im Menü auf *Auf App-Bildschirm anzeigen* ❽, um den Dolmetscher auch als Anwendung mit Symbol anzuzeigen.

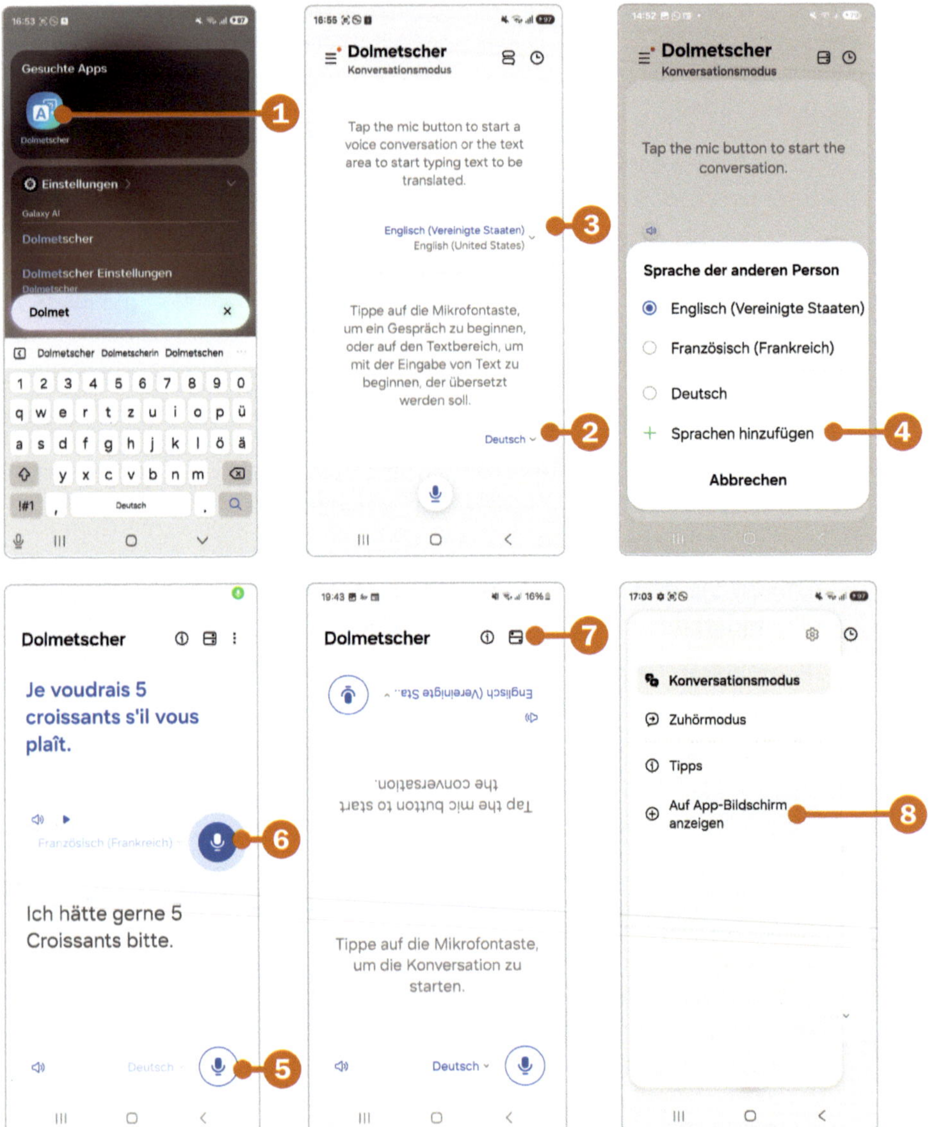
Gesuchte Apps
Dolmetscher
Einstellungen
Galaxy AI
Dolmetscher
Dolmetscher Einstellungen
Dolmet
1
Dolmetscher
Konversationsmodus
Tap the mic button to start a voice conversation or the text area to start typing text to be translated.
Englisch (Vereinigte Staaten)
English (United States)
3
Tippe auf die Mikrofontaste, um ein Gespräch zu beginnen, oder auf den Textbereich, um mit der Eingabe von Text zu beginnen, der übersetzt werden soll.
Deutsch
2
Dolmetscher
Konversationsmodus
Tap the mic button to start the conversation.
Sprache der anderen Person
Englisch (Vereinigte Staaten)
Französisch (Frankreich)
Deutsch
Sprachen hinzufügen
4
Abbrechen
Dolmetscher
Je voudrais 5 croissants s'il vous plaît.
Französisch (Frankreich)
6
Ich hätte gerne 5 Croissants bitte.
Deutsch
5
Dolmetscher
7
Tippe auf die Mikrofontaste, um die Konversation zu starten.
Deutsch
Konversationsmodus
Zuhörmodus
Tipps
Auf App-Bildschirm anzeigen
8

11.5 Das sollten Sie im Ausland beachten

Das Smartphone ist natürlich auch im Urlaub ein wertvoller Begleiter. Allerdings kann es, wenn Sie Ihr Smartphone im Ausland (im Besonderen außerhalb der EU) so verwenden wie Zuhause, schnell teuer werden. Hier gibt es einiges zu beachten.

Überlegen Sie sich vor Reiseantritt, über Google Maps eine Offlinekarte der Region herunterzuladen. Stöbern Sie im Play Store, ob es für das Urlaubsziel Apps zu Sehenswürdigkeiten, Wanderwegen oder Busnetzen gibt. Vielleicht benötigen Sie auch einen Währungsumrechner. Apps, die Sie für den Urlaub herunterladen, sollten nach Möglichkeit auch offline, also ohne Verbindung zum Internet, verwendbar sein. Das ist natürlich nicht immer möglich.

Was ist mit Roaming oder Daten-Roaming gemeint?

Wenn Sie ins Ausland reisen, verbindet sich Ihr Smartphone mit dem ausländischen Mobilfunknetz. Da Sie auf der Grundlage Ihres Vertrags in der Regel nur für die Nutzung des Mobilfunknetzes Ihres Anbieters bezahlen, fallen für die Verwendung des fremden Netzes zusätzliche Gebühren an, z. B. für Anrufe, die Sie erhalten oder tätigen, für das Surfen im Internet mit dem Smartphone oder für das Versenden von Nachrichten in WhatsApp etc.

Eine Möglichkeit, wie Sie diesen sogenannten Roaming-Gebühren im Ausland entgehen können, ist, das Smartphone nur zu nutzen, wenn dieses mit einem WLAN (z. B. das WLAN des Hotels) verbunden ist.

Sonderfall EU-Ausland: Durch die EU-Roaming-Verordnung von 2017 soll mit diesen Zusatzkosten zumindest im EU-Ausland Schluss sein. Die Idee ist, dass Sie im EU-Ausland telefonieren, surfen oder Nachrichten verschicken und dabei nur den Tarif bezahlen, den Sie im Heimatland bezahlen würden. Prüfen Sie vor Reiseantritt mögliche Einschränkungen Ihres Tarifs, z. B. wie wird die Schweiz behandelt oder stellt Ihr Vertrag für das Ausland unter Umständen ein geringeres Datenvolumen zur Verfügung.

Ob bei Mailbox-Nutzung im Ausland Kosten entstehen können, hängt vom Tarif und Anbieter ab. Prüfen Sie dies ebenfalls vor Reiseantritt.

Eine Kreuzfahrt, die ist lustig Aber Achtung! Auf Schiffen oder in Flugzeugen gilt die EU-Roaming-Verordnung nicht. Hier können hohe Roaming-Gebühren anfallen. Auch das WLAN auf einem Kreuzfahrtschiff oder im Flugzeug kostet in der Regel extra.

Daten-Roaming aktivieren bzw. deaktivieren

Überprüfen Sie vor Reisen ins Nicht-EU-Ausland, ob Daten-Roaming ausgeschaltet ist. So vermeiden Sie unerwartete Kosten. Bei ausgeschaltetem Daten-Roaming können Sie über das Mobilfunknetz nicht im Internet surfen und keine WhatsApp-Nachrichten empfangen oder versenden. Über WLAN ist dies weiterhin möglich.

Im EU-Ausland können Sie das Daten-Roaming in der Regel aktiviert lassen. Meist erhalten Sie von Ihrem Anbieter eine entsprechende SMS, die Sie über die geltenden Regelungen informiert. Besonders aufmerksam sollten Sie z. B. bei Reisen nach Großbritannien sein. Seit dem Brexit hängt es vom Anbieter ab, ob dort weiterhin EU-Roaming-Bedingungen gelten oder Zusatzkosten entstehen.

- Öffnen Sie die *Einstellungen* und tippen Sie auf *Verbindungen* ❶.
- Wählen Sie dann *Mobile Netzwerke* ❷ aus.
- Ganz oben finden Sie nun Daten-Roaming. Im Bild rechts ist das Daten-Roaming ausgeschaltet ❸.
- Wenn Sie das Daten-Roaming einschalten möchten, tippen Sie auf den Regler.

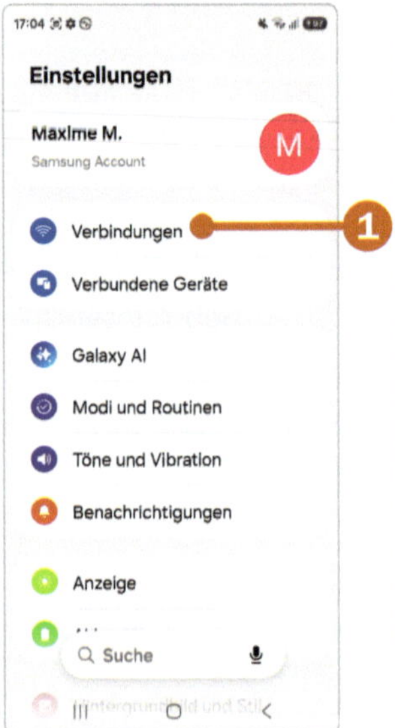

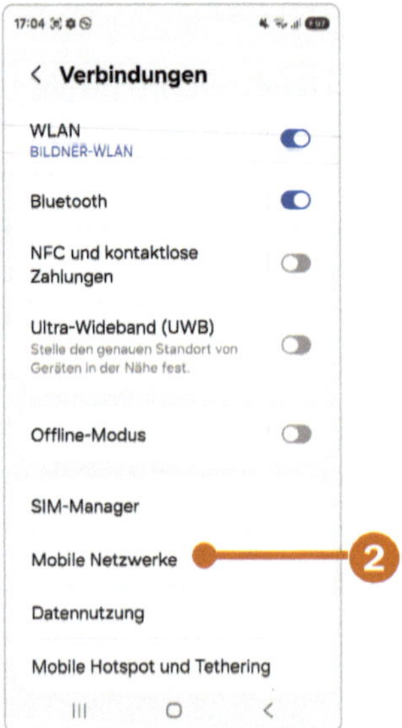

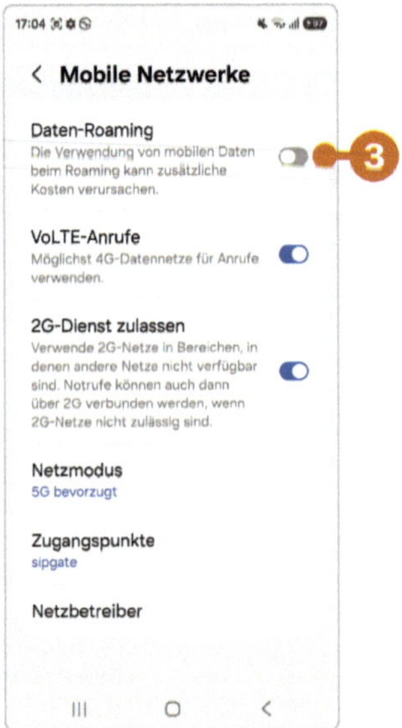

Offlinemodus

Im Offlinemodus, auch Flugmodus genannt, sind mobile Daten, WLAN und Bluetooth ausgeschaltet. Sie sind telefonisch nicht erreichbar und erhalten auch keine SMS oder WhatsApp-Nachrichten. Natürlich können Sie auch nicht im Internet surfen.

- Öffnen Sie die Schnelleinstellungen und tippen Sie auf Offlinemodus ❶. Das Feld wird weiß und ist somit aktiv ❷.

Sie sehen auch, dass der Flugmodus aktiv ist, am Flugzeugsymbol in der Statusleiste. Auf demselben Weg schalten Sie den Modus auch wieder aus.

> **Tipp!** Sie können nach Einschalten des Offlinemodus die Option *Bluetooth* ❸ durch Antippen wieder aktivieren, falls Sie mit einem Bluetoothkopfhörer Musik über das Smartphone hören möchten. Falls Sie das machen, bleibt Bluetooth beim nächsten Mal, wenn Sie den Offline-Modus aktivieren, eingeschaltet. Gleiches gilt für WLAN, Quick Share und den Mobilen Hotspot. Falls Sie das nicht wünschen, müssten Sie es dann abschalten.

12 Back-up und Daten übertragen

Der Umzug von einem Smartphone auf das nächste ist vielleicht ganz schnell geschehen. Manchmal treten Probleme auf und man muss sich überlegen, wie man zuverlässig alle Daten von einem auf das andere Smartphone übertragen kann. Den einen Weg gibt es nicht, da zu viele Faktoren in den Übertragungsprozess hineinspielen, z. B. Handymodell, installierte Apps, welche Daten werden synchronisiert usw. Wir zeigen Ihnen, wie Sie die Daten mit Samsung Switch übertragen. Das hat für uns immer gut funktioniert. Dennoch sollten Sie vorher einige Sicherungen einbauen:

Vorbereitung

- Jetzt ist ein guter Zeitpunkt, Ihr altes Smartphone aufzuräumen. Deinstallieren und löschen Sie, was nicht mehr benötigen.
- Kopieren Sie Daten, wie Musik oder Fotos, via Datenkabel auf Ihren PC, wie auf Seite 194 beschrieben.
- Falls nicht vorhanden, erstellen Sie eine Liste aller verwendeten Konten mit E-Mail-Adresse und Kennwort: allen voran natürlich das Google-Konto und ggf. das Samsung-Konto, aber auch alle Cloud-Speicher, die Sie in Gebrauch haben, das Amazon-Konto, etc. Gehen Sie Ihre Apps durch und verifizieren Sie, dass Sie für jede App, bei der Sie sich angemeldet haben, auch die Zugangsdaten vorliegen. Falls Ihnen jetzt auffällt, dass Ihnen Kennwörter fehlen, ist es leichter, solange noch alle Konten verbunden sind, ein neues Kennwort zu beantragen.
- Erstellen Sie Back-ups wo möglich. Die Inhalte von WhatsApp können beispielsweise auf Google Drive gesichert werden und so ganz leicht auf das neue Smartphone übertragen werden. Ihre Kontaktdaten werden wahrscheinlich mit dem Gmail-Konto synchronisiert usw.
- Erstellen Sie Screenshots (siehe Seite 174) von Ihren Start- und App-Bildschirmen und übertragen Sie diese ebenfalls auf Ihren PC. So haben Sie eine Vorlage, falls etwas schief geht.
- Haben Sie eine Push-TAN-App Ihrer Bank auf dem Smartphone sollten Sie sich vorher erkundigen, wie diese auf ein neues Handy umziehen kann. Es kann sein, dass Sie die App vom alten Handy abmelden müssen.

Back-up

Ein Back-up, also die Sicherung Ihrer Daten auf einem externen Speicher, ist immer sinnvoll, nicht nur beim Wechsel des Smartphones. So haben Sie Zugriff auf Ihren Daten, auch wenn Sie Ihr Smartphone verlieren oder dieses kaputt geht. Am einfachsten ist die Nutzung eines Cloud-Speichers für die Sicherung, wie Google Drive. Dieser Online-Speicherplatz mit einer Größe von 15 GB wird Ihnen kostenlos zur Verfügung gestellt. Hier wird auch das Back-up von WhatsApp gespeichert, was mit der Zeit sehr viel Platz einnehmen kann. Eine kostenpflichtige Erweiterung ist möglich.

Für die Sicherung in Google Drive ist in den *Einstellungen* ▶ *Konten und Sicherung* ▶ *Sichern von Daten* ❶ bereits das Google-Konto hinterlegt. Die Sicherung auf Google Drive haben Sie vielleicht bei der Einrichtung des Handys schon erlaubt. Falls nicht, tippen Sie jetzt auf *Bestätigen* ❷.

Soll ich auch meine Fotos und Videos sichern?

Die Antwort lautet natürlich „Ja", an den Fotos hängt man ja oft am meisten. Allerdings nehmen sie auch oft den größten Teil des Speichers ein. Deshalb sind hier die Fotos von der Sicherung ausgenommen! Wenn Sie nur wenig mit dem Handy knipsen, können Sie die Fotos auch automatisch auf Google Drive sichern. Dann tippen Sie unten auch auf *Fotos und Videos* ❸ und erlauben den Upload in die Cloud von Google. Durch Antippen von *Jetzt sichern* ❹ können Sie jederzeit eine Sicherung der ausgewählten Daten anstoßen.

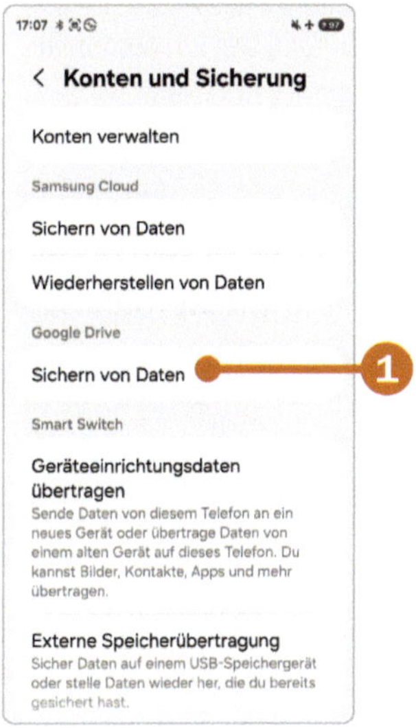

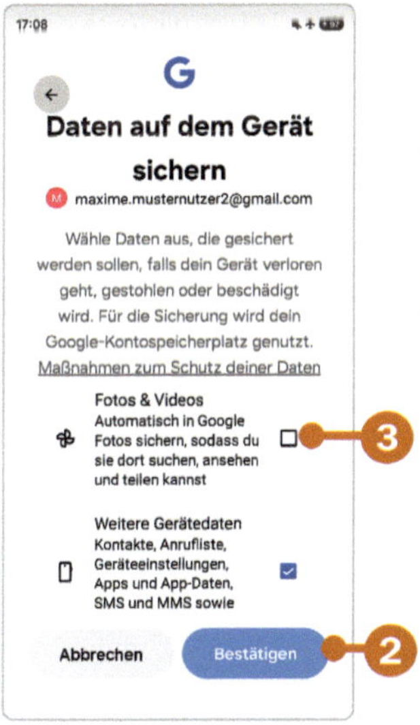

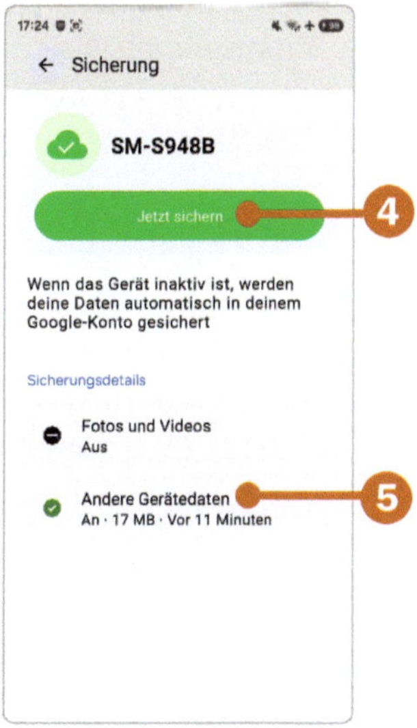

Tippen Sie *Andere Gerätedaten* ❺ an, um die Sicherungsdetails aufzurufen. Hier prüfen Sie auch, ob der Schalter bei *Mobile Daten oder kostenpflichtiges WLAN verwenden* ❻ ausgeschaltet ist. Außerdem sehen Sie hier, wie viel Speicherplatz bereits belegt ist.

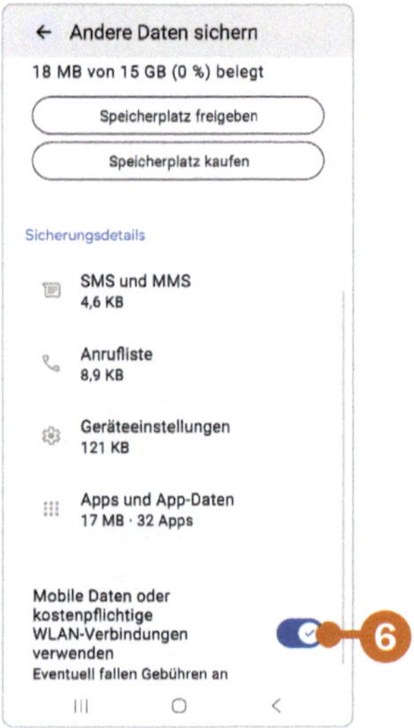

Der Eintrag *Fotos und Videos* leitet Sie direkt in die Google-App *Fotos* weiter, in der Sie aufgefordert werden, Ihre Bilder in die Google-Cloud zu sichern. Wie bereits erwähnt, benötigt die Sicherung von Fotos und Videos viel Speicherplatz und 15 GB können schnell voll sein. In diesem Fall benötigen Sie eine andere Lösung. Am einfachsten ist es, von Zeit zu Zeit Fotos vom Smartphone auf den Computer oder ein anderes externes Speichermedium zu übertragen. Natürlich kann das Smartphone in der Zwischenzeit kaputt gehen und Sie verlieren Fotos oder aber der Computer stellt den Dienst ein. Das ist keine optimale Sicherung, aber besser als nichts. Mehr Sicherheit bietet die Nutzung eines anderen Cloud-Speichers.

Tipp! Sie können Ihr Back-up auch auf einen USB-C-Stick speichern. Stecken Sie hierzu einen USB-Stick unten in die Ladebüchse und wählen Sie *Externe Speicherübertragung*. Im nächsten Schritt tippen Sie auf *USB-Speicher*, die Daten für die Sicherung werden auf Ihrem Gerät vorbereitet. Wählen Sie die gewünschten Daten aus und tippen auf *Weiter* und *Sichern*.

Smart Switch

Smart Switch ist eine kostenlose App von Samsung. Mit ihr werden nicht nur Fotos, sondern auch Kontaktdaten, Apps, Geräteeinstellungen und sogar das Hintergrundbild des Startmenüs von Ihrem alten Smartphone auf Ihr neues übertragen.

Achtung! Wenn Sie WhatsApp verwenden, müssen Sie in WhatsApp ein Backup auf Google Drive erstellen und dieses dann später auf dem neuen Smartphone in WhatsApp einspielen. Smart Switch überträgt nicht die WhatsApp-Chatverläufe.

- Achten Sie darauf, dass beide Smartphones aufgeladen sind.

Altes Smartphone:

- Öffnen Sie *Einstellungen* ▶ *Konten und Sicherung* und tippen Sie auf *Geräteeinrichtungsdaten übertragen*. Falls Smart Switch noch nicht installiert ist, laden Sie die App aus dem Play Store herunter und öffnen diese anschließend. Sie müssen den AGB zustimmen, tippen Sie auf *Mehr* und dann auf *Fortsetzen*. Danach zeigt Smart Switch an, welche Berechtigungen benötigt werden, tippen Sie bei allen auf *Zulassen*, damit alle Daten übertragen werden können.
- Im nächsten Schritt geben Sie nun an, ob die Dateien *Von diesem Telefon gesendet* ❶ oder *Auf diesem Telefon empfangen* werden. Entscheiden Sie dann, ob Sie eine *Kabel* oder *Drahtlos*-Verbindung ❷ herstellen möchten. Wir wählen hier die Drahtlos-Verbindung. Sie müssen nun den QR-Code, der am neuen Gerät angezeigt wird, scannen ❸.
- Für den Datenaustausch müssen beide Handys mit demselben WLAN verbunden sein. Für das alte Smartphone ist das schon der Fall und das neue Smartphone verbinden Sie im Einrichtungsprozess. Falls es Probleme bei der Übertragung gibt schalten Sie beim alten Smartphone *WLAN automatisch verbinden* aus, da das den Übertragungsprozess stören kann. Dazu wählen Sie *Einstellungen* ▶ *Verbindungen* und *WLAN*. Tippen Sie dann auf das Zahnrad-Symbol neben dem verbundenen WLAN und ziehen Sie den Regler bei *Automatisch erneut verbinden* auf *Aus*.

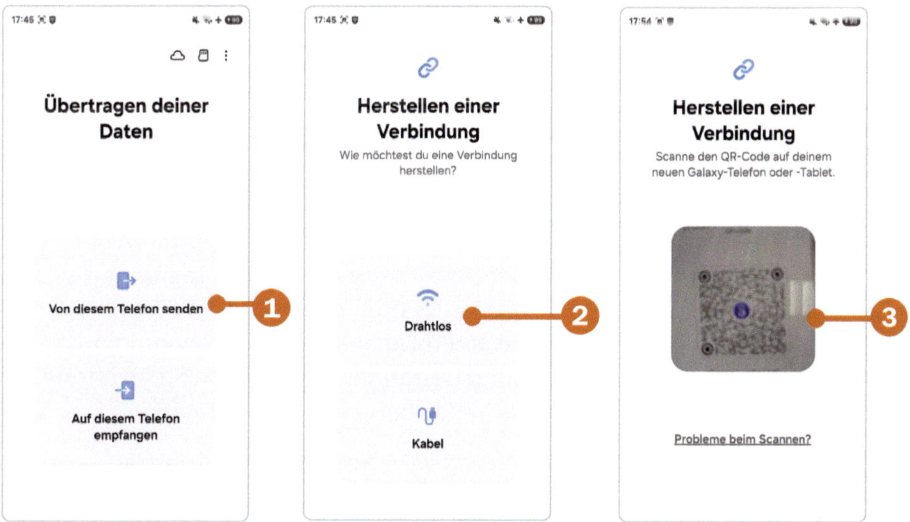

Altes Smartphone

Neues Smartphone

- Altes und neues Smartphone sollten nah zusammen liegen.
- Beginnen Sie mit der Einrichtung Ihres neuen Smartphones, wie im ersten Kapitel beschrieben. Wählen Sie die Sprache aus, akzeptieren den Endbenutzervertrag.
- Auf dem neuen Handy erscheint die Abfrage um was für ein Handy es sich handelt. Wir wählen hier *Galaxy- oder Android-Gerät* ❹. Nach Auswahl von Android wird der QR-Code ❺ angezeigt. Scannen Sie den QR-Code mit dem alten Gerät, wie in Schritt ❸ zu sehen.
- Sie erhalten die Meldung, dass Sie mit dem neuen Smartphone verbunden sind. Die Einrichtung wird nun auf diesem fortgesetzt.

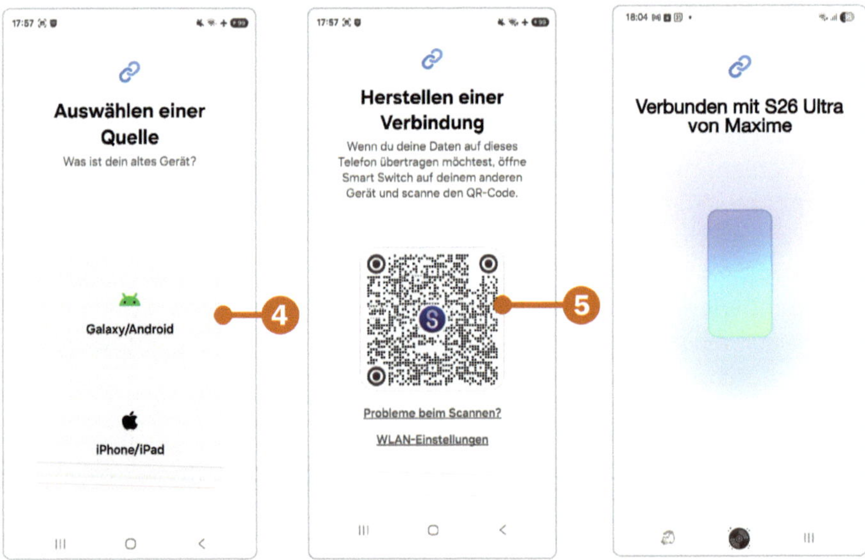

Neues Smartphone | Neues Smartphone | Altes Smartphone

- Geben Sie ggf. die PIN, das Muster oder das Kennwort zum Entsperren des Sperrbildschirms Ihres alten Geräts auf dem neuen Smartphone ein. Tippen Sie auf *Weiter* und bestätigen Sie am alten Smartphone mit *Ja*, dass Sie sich am neuen Gerät soeben eingeloggt haben.
- Tippen Sie bei *Apps & Daten kopieren* auf *Weiter* ❻.
- Anschließend können Sie auf Ihrem **neuen** Gerät aussuchen, welche Daten übertragen werden sollen. Sie haben die Wahl zwischen *Alles*, *Nur Konten, Kontakte, Anrufe und Nachrichten* sowie *Individuell*. Auf

der sichern Seite sind Sie mit *Alles* ❼. Sie erhalten ggf. eine Hinweis, dass WhatsApp nicht übertragen werden kann.

- Die Übertragung der Dateien beginnt ❽.

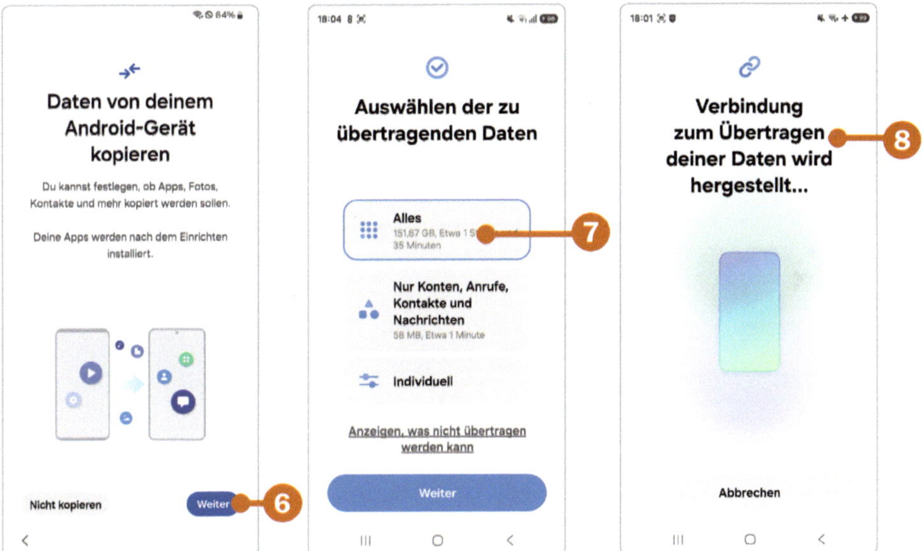

Altes Smartphone

- Wählen Sie auf den Smartphones noch *Bildschirm immer an* ❾ (siehe nächste Seite), um zu verhindern, dass die Übertragung abbricht.

Neues Smartphone

- Der Einrichtungsprozess, wie am Anfang des Buchs beschrieben (siehe Seite 36), wird fortgesetzt mit Browserauswahl, empfohlenen Apps etc. Schließen Sie den Einrichtungsprozess ab. Die Übertragung der Daten kann etwas dauern. In den Benachrichtigungen sehen Sie den Übertragungsfortschritt ❿.

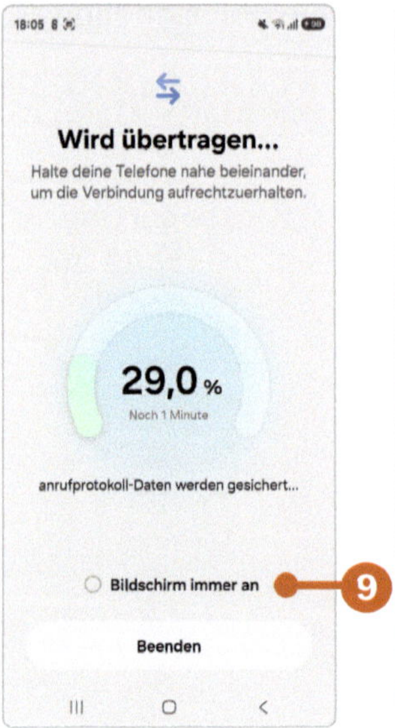

Smartphone zurücksetzen

Sie sollten Ihr Smartphone erst zurücksetzen, wenn Sie kontrolliert haben, dass Ihr neues Smartphone alle gewünschten Daten enthält. Das Zurücksetzen auf Werkseinstellungen bedeutet dass das Smartphone auf den Auslieferungszustand zurückgesetzt wird. Beim Einschalten des Smartphones muss dieses erneut eingerichtet werden und alle Fotos, Anpassungen, neu hinzugefügte Apps, etc. wurden vom Gerät entfernt.

Google- und Samsung-Konto entfernen

Löschen Sie zunächst die hinterlegten Konten von Ihrem Smartphone. Vor allem, wenn Sie das Gerät weitergeben, müssen Sie das Google-Konto sowie Samsung-Konto vom Gerät entfernen, da sich sonst der neue Besitzer nicht mit seinem Konto anmelden kann. Ein von Ihrem Gerät gelöschtes Konto ist nur auf diesem Gerät entfernt, es existiert weiterhin und kann von Ihnen auf anderen Endgeräten genutzt werden.

Öffnen Sie die *Einstellungen* ► *Konten und Sicherung* und tippen auf *Konten verwalten*. Hier wählen Sie dann das gewünschte Konto ❶ durch Antippen aus und im nächsten Schritt bestätigen Sie mit *Konto entfernen*. Analog verfahren Sie mit den weiteren Konten. Für das Samsung Konto benötigen Sie das Kennwort, um dieses von Ihrem Gerät zu entfernen.

Mit der zuvor gezeigten Übertragung via Smart Switch haben Sie bereits die selben Konten auf Ihrem neuen Smartphone und können diese dort weiter verwenden. Wenn Sie Daten auf Google gesichert haben, müssen Sie sogar dasselbe Konto verwenden, da Sie sonst keinen Zugriff auf die Sicherungen haben.

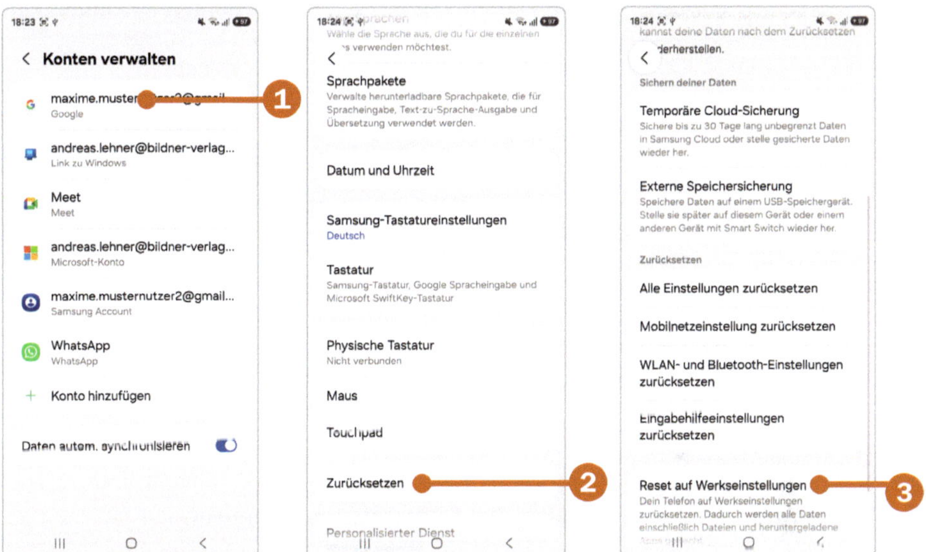

Achtung! Verlassen Sie sich nicht darauf, dass alles kopiert wurde. Kontrollieren Sie die Inhalte des neuen Smartphones, bevor Sie das alte Handy zurücksetzen.

Auf Werkseinstellungen zurücksetzen

Öffnen Sie *Einstellungen* ▶ *Allgemeine Verwaltung* ▶ *Zurücksetzen* ❷.

Wählen Sie hier den Eintrag *Reset auf Werkseinstellungen* ❸ aus. Wischen Sie nach unten und tippen Sie auf *Zurücksetzen* und im nächsten Schritt auf *Alles löschen*. Wenn Sie einen PIN etc. als Geräteschutz vereinbart haben, muss dieses eingegeben werden.

Glossar

5G bezeichnet den Mobilfunkstandard der 5. Generation und ist der Nachfolger von 4G.

Account: englische Bezeichnung für ein Nutzerkonto, z. B. ein E-Mail-Konto.

Android: Android ist ein Betriebssystem für mobile Geräte, wie Smartphones oder Tablets. Das Betriebssystem bietet die Plattform zur Speicherung der Apps und deren Bedienung, vergleichbar mit Windows für PCs. Ein konkurrierendes Betriebssystem ist iOS von Apple für iPhones; siehe auch Stock-Android.

App (Anwendung): Der Begriff App ist eine Abkürzung der englischen Bezeichnung Application, zu deutsch Anwendung oder Programm. Apps aus dem Google Play Store werden speziell für Endgeräte mit einem Android-Betriebssystem entwickelt und optimiert.

Back-up: Um dem Verlust Ihrer Daten (Fotos, Videos, Nachrichten, Musik etc.) vorzubeugen, kopieren Sie diese auf ein externes Speichermedium oder in die Cloud. Diese Kopien werden als Back-up oder Datensicherung bezeichnet. Bei einem Defekt des Smartphones oder falls dieses verloren geht, haben Sie zumindest noch Ihre Daten. Sie können Ihre Daten beispielsweise in die Google Cloud (siehe Google Drive) sichern oder Ihre Fotos auch auf den Computer kopieren.

Bildschirm-Time-out: Wenn Sie für kurze Zeit nichts am Smartphone machen, dann wird der Bildschirm ausgeschaltet und das Handy automatisch mit dem Sperrbildschirm geschützt. Diese Funktion nennt sich Bildschirm-Time-out.

Bluetooth: Bluetooth ist eine Methode zur Datenübertragung via Funk über eine Distanz zwischen 10-30 Meter je nach Gerät und Umgebung. Damit können Sie verschiedene Geräte kabellos miteinander verbinden, beispielsweise Ihr Smartphone mit Bluetooth-Kopfhörern oder einem Lautsprecher, um Musik vom Handy zu übertragen. Durch Bluetooth können Sie auch Ihr Smartphone mit der Freisprechanlage im Auto verbinden oder mit einem anderen Smartphone.

Browser: Als Browser (engl. to browse = durchsuchen) bezeichnet man Apps, mit denen Sie im Internet surfen, z. B. Chrome von Google oder Samsungs Internet Browser.

Chat: Als Chat (engl. to chat = plaudern) bezeichnet man eine Unterhaltung bzw. einen Austausch von kleinen Textnachrichten über das Internet. Synonym verwendet werden kann der Begriff Instant Messaging.

Chrome: Der Browser von Google, mit dem Sie Seiten im Internet anzeigen.

Circle-to-Search: Mit dieser Funktion kreisen Sie auf Ihrem Bildschirm einen beliebigen Inhalt ein, um schnell eine Suche mit Google Lens zu starten.

Cloud(-Speicher): In der Cloud speichern bedeutet, Daten nicht auf dem lokalen Speicher des eigenen Handys, sondern auf einem entfernten Server zu sichern und über das Internet auf diese zuzugreifen. Der Begriff „Cloud" (zu deutsch Wolke) rührt daher, dass für die Nutzer der genaue Speicherort nicht nachvollziehbar ist. Ein Cloud-Speicher (bekannt sind z. B. Google Drive oder OneDrive) dient der Speicherung von Sicherungskopien und dem Austausch von Daten.

Datenvolumen: Als Teil Ihres Vertrags für Ihr Smartphone wird Ihnen ein bestimmtes Datenvolumen für den laufenden Monat zur Verfügung gestellt, z. B. 1 GB (ein Gigabyte). Dieses Datenvolumen verbrauchen Sie, wenn Sie nicht mit einem WLAN-Netzwerk verbunden sind und im Internet surfen oder z. B. WhatsApp verwenden.

Direkte Mailbox: Anrufbeantworter für das Samsung Smartphone. Bietet mehr Funktionen als die Mailbox des Netzbetreibers, z. B. Transkription der Nachricht des Anrufers.

Display: Das Display ist der digitale Anzeigebereich, also der Bildschirm. Auf einem Touchdisplay können Eingaben mittels Antippen erfolgen.

Download: Download ist der englische Begriff für das Herunterladen von Daten aus dem Internet.

Drag & Drop: Hierbei handelt es sich um die Funktionsbezeichnung, bestimmte Daten, Apps oder Ordner durch Antippen/Anklicken über das Display zu ziehen, um diese zu Verschieben.

EDGE: Das kleine **E** in der Statusleiste des Smartphones steht für **E**nhanced **D**ata Rates for **G**SM **E**volution und bedeutet, dass Ihr Handy aktuell nur Empfang des Mobilfunknetzes der 2. Generation (GSM) hat. Anrufe und das Versenden von SMS sind noch möglich, die meisten Webseiten laden mit EDGE-Empfang jedoch nur sehr langsam oder gar nicht. EDGE ist veraltet und wird nur noch als Rückfallnetz bei Ausfällen genutzt.

E-Mail: Das ist ein „elektronischer" Brief, der über das Internet versendet wird.

Emoji: Ein Emoji (jap. für Bildschriftzeichen) ersetzt insbesondere in Kurznachrichten und Chats längere Begriffe. Emojis können Gesichter bzw. Gesichtsausdrücke darstellen, aber auch Herzen, Gesten, Objekte usw.

eSIM: Eine eSIM (embedded SIM) ist eine fest im Gerät eingebaute SIM-Karte. Statt eine physische SIM-Karte ins Smartphone einzulegen, wird das Mobilfunkprofil per QR-Code, App oder Aktivierungscode auf die eSIM geladen. So können Sie bequem zwischen Tarifen oder Anbietern wechseln, ohne eine neue Karte einsetzen zu müssen. Viele aktuelle Smartphones, Tablets und Smartwatches unterstützen bereits eSIM.

Facebook ist ein „soziales Netzwerk" von Meta, in dem man sich ein Mitgliederprofil erstellen und damit Texte, Fotos, Videos etc. hochladen kann. Außerdem ist es möglich, Inhalte zu bewerten, zu kommentieren und sie mit anderen Nutzern zu teilen. Die Plattform verarbeitet Nutzerdaten u. a. zur Personalisierung von Werbung.

FAQs: Unter **F**requently **A**sked **Q**uestions findet man auf Webseiten und Shops im Internet einen Bereich mit häufig gestellten Fragen und deren Antworten.

Flatrate: Eine Flatrate ist ein Pauschaltarif, mit dem man zu einem monatlichen Fixpreis z. B. unbegrenzt telefonieren oder Daten aus dem Internet herunterladen kann.

Flugmodus: Aktivieren Sie den Flugmodus Ihres Smartphones, werden alle Funkschnittstellen, wie die Telefonfunktion, Bluetooth, NFC oder WLAN, abgeschaltet. WLAN und Bluetooth können danach wieder manuell eingeschaltet werden.

Galaxy AI ist eine Sammlung verschiedener KI-Funktionen von Samsung. Galaxy AI wird auf den High-End-Smartphones von Samsung ausgeliefert, während Awesome Intelligence, mit reduzierten KI-Funktionen, den A-Reihe-Geräten zur Verfügung gestellt wird. Galaxy AI unterscheidet sich vor allem durch generative KI-Funktionen, wie Textzusammenfassungen, Echtzeit-Übersetzung oder den Bildgenerator.

Galaxy Store ist das Samsung-Einkaufszentrum für Apps. Auch hier gibt es ein kostenloses Sortiment; ein Besuch lohnt sich, aber das umfangreichere Angebot finden Sie im Play Store.

Galerie dient der Anzeige und Bearbeitung Ihrer Fotos und Videos. Die Galerie ist eine Samsung-App.

Gemini ist der neue KI-Assistent von Google. Er kann Fragen beantworten, Texte erstellen, zusammenfassen oder übersetzen, Bilder erzeugen u.v.m. Außerdem übernimmt er auch klassische Aufgaben des Google Assistant, wie z. B. einen Alarm einstellen oder einen Anruf starten. Gemini ersetzt den Google Assistant schrittweise.

Gmail: App zum Empfangen und Versenden von E-Mails. Die Gmail-Adresse, die Sie bei der Einrichtung des Smartphones verwendet haben, ist hier bereits hinterlegt.

Google (App): Die Google-App ist kein Browser im engeren Sinne, obwohl Sie auch mit dieser Suchanfragen stellen und das Internet durchsuchen können. Darüber hinaus bietet sie noch weitere Funktionen, z. B. Zusammenstellung aktueller Nachrichten.

Google Assistant: siehe Gemini

Google Drive: Cloud-Speicher von Google mit 15 GB kostenlosem Speicherplatz.

Google Lens ist eine App zur Bilderkennung, die künstliche neuronale Netzwerke zur Identifizierung von Objekten, Pflanzen, Texten etc. verwendet.

GPS: Global Positioning System (Globales Positionsbestimmungssystem) bedeutet, dass Ihr aktueller Standort via Satellit ermittelt wird.

Hotspot: Als Hotspot bezeichnet man einen öffentlichen Internetzugang, meist kostenloses WLAN, in das man sich einloggen kann.

Icon: ein grafisches Symbol, das auf dem Display die verschiedenen Apps, Dateien usw. darstellt.

Instagram ist ein werbefinanzierter Onlinedienst zum Teilen von Fotos und Videos. Nutzer können ihre Fotos und Videos bearbeiten und mit Filtern versehen.

Konto: Ein Konto wird im Internet zur Nutzung verschiedener Angebote benötigt, z. B. E-Mail oder in Form eines Kundenkontos beim Einkaufen im Internet. Zu einem Konto gehören meist eine E-Mail-Adresse oder Telefonnummer und ein Kennwort. Die E-Mail-Adresse / Telefonnummer ist weltweit einzigartig und erfüllt eine ähnliche Funktion wie die Kontonummer eines Bankkontos.

Link (Hyperlink): Als Link oder Hyperlink bezeichnet man einen Verweis auf eine Information, die sich an einem anderen Ort befindet. Ein Antippen eines Links genügt, um zu dieser Stelle zu gelangen. Auf diese Weise „surfen" Sie im Internet zwischen den unterschiedlichsten Seiten.

LTE steht für Long Term Evolution und bezeichnet die vierte Generation des Mobilfunks, weshalb man auch häufig nur von 4G spricht. Der Nachfolger 5G ist der aktuelle Standard bei neuen Geräten.

Mailbox Die Mailbox ist der Anrufbeantworter Ihres Smartphones. Sie wird nicht von Samsung sondern von Ihrem Netzanbieter zur Verfügung gestellt. Die Einrichtung der Mailbox variiert je nach Anbieter und wird zum Teil in der Telefon-App vorgenommen.

Malware: Als Malware bezeichnet man eine Software, z. B. Viren, die entwickelt wurde, um in Systemen Schäden zu verursachen. Viren kann man sich unter anderem im Netz beim Surfen, beim Öffnen eines E-Mail-Anhangs etc. einfangen. Mit der nötigen Software kann man dem aber entgegenwirken.

Maps: Karten-App von Google, hier können Sie nach Adressen suchen und eine Navigation von Ort zu Ort durchführen.

Megabit ist die Einheit für die Datenübertragungsgeschwindigkeit (z. B. für mobiles Internet oder WLAN), meist angegeben in Megabit pro Sekunde (Mbit/s). Achtung! Megabit (Mbit) ist nicht dasselbe wie Megabyte (MB): 8 Megabit entsprechen 1 Megabyte.

Megabyte: Maßeinheit für die Größe von Dateien und Speicher (kurz MB). 1024 Megabytes entsprechen 1 Gigabyte (1 GB), 1 MB entsprechen 1024 Kilobytes (KB).

MicroSD-Karte: Eine microSD-Karte ist ein digitales Speichermedium, das aufgrund seiner geringen Größe häufig bei mobilen Endgeräten zum Einsatz kommt. Mit ihrer Hilfe lässt sich der Speicherplatz auf dem Handy vergrößern.

Online/Offline: Online bedeutet, dass Sie mit dem Internet verbunden sind. Offline hingegen ist das Gegenteil.

PDF: ein Dateiformat für Text und Bild, das sich dadurch auszeichnet, Inhalte originalgetreu wiederzugeben und das nicht versehentlich verändert werden kann.

Pixel (Megapixel): Als Pixel bezeichnet man die Bildpunkte, die zur Darstellung auf dem Bildschirm verwendet werden. Die Auflösung eines Bildschirms gibt die Anzahl der darstellbaren Pixel pro Zeile und Spalte an. Eine Millionen Pixel bilden zusammen ein Megapixel.

Play Store: Hier können Sie sowohl kostenlose als auch kostenpflichtige Apps, Spiele, Filme und Bücher herunterladen.

Podcast: Ein Podcast ist ähnlich einer Radioshow eine Serie von Medienbeiträgen, wie Interviews, Meldungen, Reportagen, Comedy-Beiträge usw., welche in bestimmten Abständen regelmäßig über Apps wie Spotify, YouTube Music oder Pocket Cast etc. bezogen werden können.

QR-Code: QR steht für Quick Response (schnelle Antwort). Ein QR-Code liefert Informationen, wenn man ihn mit dem Smartphone einscannt, z. B. Webadressen, Telefonnummern etc.

RAM: Bezeichnet den Arbeitsspeicher (engl. RAM = Random Access Memory) eines Gerätes. Dort werden alle aktuell ausgeführten Programme, Prozesse und verwendeten Daten zwischengespeichert. Die Größe des Arbeitsspeichers ist im Wesentlichen für die Leistungsfähigkeit eines Gerätes verantwortlich.

RCS: Der Nachfolger der SMS und somit ebenfalls ein Kommunikationsstandard im Mobilfunk, wird allerdings noch nicht von allen Anbietern und Geräten unterstützt.

Reminder: Eine Funktion oder ein Dienst, welche den Ersteller oder Abonnenten an etwas Bestimmtes erinnern, z. B. durch eine Benachrichtigung oder einen Alarm.

Roaming: Mobilfunknutzung im Ausland, umfasst Telefonie, SMS und mobiles Internet. Innerhalb der EU fallen für Roaming in der Regel keine zusätzlichen Gebühren mehr an.

Router: Router sind kleine Geräte, die in einem lokalen, d. h. räumlich begrenzten, Netzwerk die korrekte Übermittlung der Daten regeln und das Netzwerk mit dem Internet verbinden. Aus Sicherheitsgründen sollte jeder Router mit einem Kennwort gesichert werden.

Samsung Notes: App zum Speichern von Notizen, z. B. einer Einkaufsliste. Es gibt Notizen-Apps wie Sand am Meer. Wenn Ihnen diese nicht zusagt, installieren Sie einfach eine andere.

Screenshot: Wenn man einen Screenshot macht, wird der aktuelle Bildschirminhalt abfotografiert und automatisch abgespeichert.

Scrollen: Als Scrollen bezeichnet man das horizontale und/oder vertikale Verschieben des sichtbaren Bildschirmausschnitts. Sie streifen dazu mit dem Finger über den Bildschirm.

Signal (Messenger): Signal ist ein freier und sicherer Messenger-Dienst, der von Sicherheitsexperten und Datenschützern empfohlen wird. Die Kommunikation erfolgt verschlüsselt. Zusätzlich haben die Betreiber der App keinerlei Zugriff auf Nutzerdaten.

SIM-Karte: Eine SIM-Karte ist eine Chipkarte, die ins Handy eingelegt wird. Die SIM-Karte stellt die Verbindung zum Anbieter her und ermöglicht die mobile Datennutzung, Anrufe und SMS-Versand.

SMS: **S**hort **M**essage **S**ervice ist ein Telekommunikationsdienst zur Übertragung von Textnachrichten, die meist Kurzmitteilungen oder SMS genannt werden.

Spam: Nervige oder gar gefährliche Nachrichten, die Werbung oder sogar Viren auf Ihr Gerät zu schleusen versuchen. Meist wird mit billigen Produkten, Gewinnen oder dergleichen versucht, den Empfänger zu locken.

Standort: Wenn Sie die Standortermittlung zulassen, dann wird die Position Ihres Smartphones via GPS ermittelt. Viele Apps (Wetter, Google-Suche, Google-Maps, Fahrpläne etc.) nutzen diese Standortinformationen, um Ihnen passgenaue Informationen anzubieten.

Stock-Android: Das pure Android oder auch Stock-Android bezeichnet ein unverändertes Android-Betriebssystem, wie es z. B. auf Google Pixel Smartphones ausgeliefert wird. Viele andere Hersteller, darunter auch Samsung, nehmen Veränderungen an Android vor und passen die Oberfläche des Betriebssystems an.

Update: Sowohl Ihre Apps als auch die Software Ihres Smartphones erhält von Zeit zu Zeit Aktualisierungen, um Sicherheitslücken zu schließen, Fehler zu beheben, bestehende Funktionen zu verbessern oder neue hinzuzufügen.

VoIP: Mit **V**oice **o**ver **I**nternet **P**rotocol wird zum Telefonieren nicht der traditionelle Mobilfunk genutzt, sondern die Internetverbindung.

WhatsApp: Mit WhatsApp schreiben Sie Nachrichten, versenden Fotos oder telefonieren mit der Familie mit Übertragung eines Videos. Diese App muss heruntergeladen und installiert werden.

Widget: Mit Widgets kann man die wichtigsten Informationen einer App schnell anzeigen, z. B. aktuelle Termine der App Kalender. Widgets können in verschiedenen Größen auf dem Startbildschirm angeordnet werden und zeigen Inhalte, ohne dass man sie öffnen muss.

Wi-Fi: steht für Wireless Fidelity und ist die Markenbezeichnung für einen drahtlosen Datenübertragungsstandard des Institute of Electrical and Electronics Engineers. Wi-Fi-gekennzeichnete Geräte sind fähig, WLAN zu empfangen. Daher werden die Begriffe WLAN und Wi-Fi meist synonym gebraucht, obwohl Wi-Fi nicht die einzige Art von WLAN ist. Der neueste und schnellste WLAN-Standard ist **Wi-Fi 7** und **Wi-Fi 6E** (nutzen Kanäle im Frequenzbereich 2,4 GHz, 5GHz und 6 GHz), jedoch sind **Wi-Fi 6** (2,4/5 GHz), **5** (5 GHz) und **4** (2,4/5 GHz) nach wie vor verbreitet.

WLAN: steht für Wireless Local Area Network, also ein kabelloses, lokales Netzwerk. Für Zuhause haben Sie wahrscheinlich einen Router (Internetzugang über die Telefonleitung) oder ein Kabelmodem (Internetzugang über eine TV-Kabelverbindung) erhalten und eingerichtet. Mit diesem Gerät verbinden Sie Ihr Smartphone, aber auch den Computer, Laptop oder das Tablet und erhalten dadurch eine Verbindung zum Internet. Außerhalb eines WLANs verbindet sich das Smartphone über das Mobilfunknetz mit dem Internet (mobile Datenverbindung).

YouTube: Portal mit Videos zu fast allen Themen, kann kostenlos verwendet werden.

Zwei-Wege-Authentifizierung: Das ist ein zusätzlicher Sicherheitsschutz. Ein Account wird nicht nur durch ein Passwort geschützt, sondern durch eine weitere Abfrage.

Index

A

B

C

D

E

F

G

H

I

K

L

M

N

O

P

Q

R

S